高等院校财会专业系列教材

U0661177

管理会计

（第二版）

主　编　杜　炜　张庆平
副主编　简东平　穆　涌

微信扫码
申请课件等相关资源

南京大学出版社

前　言

　　管理会计是一门以会计学和现代管理科学为基础，以强化企业内部管理为目的，对企业经营全过程进行规划、控制和考核的新兴边缘学科。它从传统的会计学领域中分离出来，经过了近一个世纪的发展，逐渐成为和财务会计并列的两大会计领域之一。它不仅可以详细地分析过去、控制现在，而且可以科学地筹划未来。它摆脱了传统会计记账、算账和报账的束缚，着重于对会计信息的再加工和利用，直接满足企业管理的需要，成为现代企业管理理论体系的重要组成部分。

　　目前，会计教学面临着严峻的挑战，会计专业的人才标准不仅是记账、算账和报账，更多涉及的是企业的战略管理。为了更好地为企业和社会服务，更好地为会计专业学生服务，我们编写了这本教材——《管理会计》，以期通过教材创新，为我们的人才培养创新提供条件。本书全面系统地介绍了现代管理会计的基本原理和基本方法，同时也非常注重管理会计领域的新发展和新动向。在内容的编排上，本书既体现了管理会计的特色方法，又尽可能地根据相关学科的要求，努力吸收新成果，扩大信息量，强化可读性。在结构框架中，本书通过"导入案例"展开每个项目的基本内容，提高趣味性；用"知识链接"丰富信息量，用"技能实训"提高实践能力。本书在编写的过程中，尽量使内容安排做到由浅入深、循序渐进；同时还运用了大量的图表和例题来解释较为复杂的问题。对于管理会计在近几年所取得的新进展和未来发展的方向，本书也做了简要的描述和介绍，力争将管理会计的内容比较完整地呈现在读者面前。

　　本书由具有多年管理会计教学经验的教师参加编写，武汉纺织大学杜炜、云南工商学院张庆平担任主编，武汉纺织大学简东平、穆涌担任副主编。具体分工如下：杜炜编写项目一、四、五，张庆平编写项目三，祝建军编写项目六，简东平编写项目八，施梅艺兰编写项目九，阮班鹰编写项目二，穆涌编写项目七、项目十。最后由杜炜对全书进行统稿。

　　本书的编写参阅了相关著作，在此向其作者致以诚挚的谢意！由于编写者学识水平和能力有限，书中难免有错误和不当之处，恳请广大读者批评指正。

编　者

2018 年 6 月

目 录

项目一 管理会计基础

【知识目标】

1. 了解现代管理会计的形成与发展历史,熟悉管理会计的基本内容;
2. 掌握管理会计和财务会计的区别与联系;
3. 熟悉管理会计发展所涉及的相关领域及知识体系。

【能力目标】

1. 能够掌握管理会计的基本理论和思想;
2. 能够运用管理会计理论和知识为企业经营发展服务。

【导入案例】

未来十年管理会计是中国的"蓝海",人才缺口 300 万。

——财政部原部长张佑才

"管理会计成为中国经济转型引擎"这一观点获得了广泛的认可。年中,在中国会计学会管理会计专业委员会专题研讨会上,与会的企业家代表、学界专家、政府官员甚至将管理会计如何推动企业转型作为核心讨论问题,他们一致认为:促进国内企业转型和管理升级,是管理会计的使命和责任。

国家外国专家局培训中心引进并推广注册管理会计师 CMA 证书,为我国培养了一大批企业急需的高层次、国际化管理会计人才。

——国家外国专家局副局长陆明

面对日趋激烈的竞争环境,中央企业需要一批掌握国际先进管理会计方法、工具的管理会计人才,支持提升企业价值,这也是央企发展过程中的重要需求。

——国务院国有资产监督管理委员会财务监督与考核评价局副局长廖家生

作为企业的财务负责人,我们不仅仅需要做好会计的本职工作,还要更多地为企业的管理决策提供信息和服务,我们非常需要 CMA 这样的知识体系,为企业发展提供新的思路。

——南车洛阳机车有限公司副总经理兼财务总监黄建东

CMA 认证项目帮助我们辨认出那些既具有很强专业技能、又拥有很高水准的职业道德修养的财会人才,是强生员工领导能力培养计划的一个重要部分。

——强生公司商业财务分析公司副总裁 William L. Brower

财务员工要向高层迈进并成为合格的财务总监,最基本的是要精通管理会计方面的知识,特别是预测预算、成本控制、投资回报分析等核心内容,这些都是 CMA 认证诠释的精髓。

——天合光能预算与分析总监周金炳

任务一　管理会计的历史发展介绍

一、管理会计的形成(19 世纪初到 20 世纪 50 年代)

管理会计的起源可以追溯到 19 世纪早期。当时的一些较为先进的企业为了提高内部生产过程的效率,开始对企业内部特定管理信息提出了需求。19 世纪中期,铁路业的出现和迅速成长为成本会计的发展提供了巨大动力。由于铁路公司在当时规模最大、组织最为复杂,且营业场所跨越广阔的区域,这必然对成本会计提出了更高的要求。铁路业的这种需求,对企业成本规划和控制理论的发展产生了巨大的推进作用。当时的成本控制还只局限于直接人工和材料,很少注意到间接制造费用和资本成本。19 世纪末期,随着股份公司的大量出现,所有权与经营权逐渐分离,这一时期会计工作的重点是企业的财务报表,成本计算只是作为计量期间损益的一种辅助手段。它主要是根据财务会计的要求,以正确核算产品成本为目的。股东不仅关心企业的经营成果,而且关心企业的经营过程。传统会计提供的信息具有滞后性和综合性的特点,并不能完全满足他们对企业管理信息的需求;同时,经营者也面临着如何提高企业管理水平的问题,在生产中如何进行科学的管理和准确计量的要求十分迫切。会计计量工作中逐步实施管理职能的需要已初见端倪。总之,在生产经营活动中如何准确计量业绩、有效控制成本和做出科学决策的问题逐渐成为理论界和实务界共同关注的对象,管理会计开始萌芽。

19 世纪末 20 世纪初,被誉为"科学管理之父"的美国人泰勒根据自己多年来对劳动过程和作业成果的研究,提出了著名的科学管理理论。在他的科学管理理论中,第一次提出了时间研究和动作研究,使工人的操作过程从经验化转变为标准化和科学化,为手工作坊式的生产上升到科学化大生产奠定了理论基础。同时,由于生产加工时间和操作流程的标准化,为加工成本的标准化奠定了基础,从而导致了标准成本制度的产生。标准成本制度的产生虽然一开始是和生产技术过程紧密结合在一起的,但它的产生极大地丰富了成本计算的内容,同时与期间损益的计算有机地结合在一起,使会计的管理职能得以发挥。标准成本制度和预算控制制度的建立为管理会计的形成奠定了重要基础。20 世纪早期,生产力获得了巨大的发展,泰勒的科学管理理论在实践中得到了广泛的应用,使企业的科学管理水平得到了空前的提高,生产经营中的损失和浪费也被减少到最低限度。生产经营活动在实现制度化和标准化的同时,原有的会计体系和内容也发生了相应的变化,同泰勒的科学管理方法紧密相连的一些技术方法,如标准成本、预算控制、差异分析等相继出现,并被引进到会计体系中来,使会计工作逐渐从单纯的事后分析转变为事前计算和事后分析相结合。这个转变可以看作是会计发展史上一个重要里程碑,它不仅使会计直接服务于企业管理,而且使管理会计也逐步从传统会计中分离出来。

在西方会计发展史上,第一次提出"管理会计"一词的是美国会计学者奎因斯坦,他在1922年发表的《管理的会计:财务管理入门》一书中首次使用了管理会计这一术语。1924年麦金西出版了专著《管理的会计》,同年,布利斯也发表了一本名为《通过会计进行管理》的专著。这些书被西方誉为早期管理会计学的代表作。虽然这些学者只是零星地介绍了在会计中如何运用标准成本制度和进行预算控制,但无疑这些著作的发表对管理会计从传统财务会计中分离出来,成为一门崭新学科起到重大影响。

管理会计的形成是与会计的发展和企业管理理论的发展紧密相连的。近代企业会计的最初形态是复式记账,复式记账的基本作用是反映经济活动。随着经济的发展,商业资本转化为产业资本,这时的会计计量工作必须对产业资本的运动过程加以反映与控制,由此形成了完善的会计计算技术体系,但会计的管理职能并没有真正完全发挥出来。这一阶段的管理会计基本满足了企业管理的部分需要,但要成为一门独立学科还有待于进一步发展与完善。

二、管理会计的发展(20世纪50年代至今)

虽然20世纪初就已经在企业中出现了有别于财务会计的工作内容,但当时的管理会计并未形成一整套独立的科学理论方法体系,在实际工作中仍将标准成本和预算控制视为财务会计的辅助手段,管理会计的真正发展是在20世纪50年代以后。

第二次世界大战以后,西方国家进入战后经济发展期,科学技术日益进步,生产力获得巨大发展,企业规模不断扩大,竞争日益激烈,资本利润率下降。在这种情况下,一方面要求企业的内部管理更加科学化、规范化;另一方面还要求企业充分考虑市场变化情况,具有灵活的反应能力,以适应瞬息万变的外部市场。显然,单纯依靠泰勒的科学管理理论解决上述问题是远远不够的。首先,泰勒的科学管理理论着眼于对生产过程的科学化和标准化管理,是为尽可能提高生产效率和工作效率创造条件。但对企业与外部市场的关系考虑得很少。在当时的市场环境中,大量的实践证明,企业的生存和发展首先取决于企业的目标是否与外界的客观经济情况相适应,决策是否正确。其次,泰勒的科学管理学说没有强调人的主观能动性,而是将人视为机器的奴隶,长时间的紧张工作势必影响工人的积极性,劳动效率可想而知。基于上述缺陷,泰勒管理模式已不能适应战后资本主义经济发展的要求,西方现代管理科学的发展成果为管理会计的发展提供了新的方法与手段。

西方现代管理科学体系有两个重要的支柱:一个是运筹学,一个是行为科学。这两个支柱在很大程度上克服了泰勒科学管理学说的缺陷。20世纪50年代以后,现代管理科学的发展突飞猛进,各种管理方法层出不穷。运筹学中的线性规划,概率论和数理统计等方法,通过建立数学模型帮助企业进行最优化的预测和决策。1962年,贝格尔和格林发表的《预算编制和职工行为》对管理会计的另一项重要内容——行为会计做出了精辟的论述,首次将行为科学的研究成果应用到管理会计中。进入20世纪70年代之后,又有柯普兰的《管理会计和行为科学》、霍普伍德的《会计系统和管理行为》等优秀著作问世。上述这些著作对决策性管理会计的形成与发展,在理论上起着奠基和指导的作用。1952年,世界会计年会正式通过了"管理会计"这个专有名词,传统的会计部分被称为财务会计。20世纪70年代以后,管理会计师协会在美国成立,管理会计的理论框架进一步地明朗化和规范化,在实践中也得到了较广泛的推广和应用。

【知识链接 1-1】

美国管理会计师协会(The Institute of Management Accountants,简称 IMA)是全球领先的国际管理会计师认证和服务机构,属非营利性组织,总部设在美国新泽西州,在全球 120 个国家、200 个分会中拥有 6.5 万多名会员,并通过设立在苏黎世、迪拜和北京的办事处为会员提供本土化服务。

在国际上,作为 COSO 委员会的创始成员和国际会计师联合会(IFAC)的主要成员,IMA 在管理会计、公司内部规划与控制、风险管理等领域始终参与最前沿的实践。此外,IMA 还在美国证券交易委员会(SEC)等组织中发挥了举足轻重的作用。

1987 年,美国哈佛大学商学院的罗伯特·S. 卡普兰和另一位著名学者托马斯·H. 约翰逊合作出版了轰动西方会计学界的专著《相关性消失:管理会计的兴衰》。他们认为近年来的管理会计实践一直没有多大变化。目前的管理会计体系是几十年前研究成果的产物,难以适应新的经济环境。这种早已过时的管理会计体系目前存在很大的危机,管理会计信息失去了决策的相关性。现行的管理会计体系必须进行根本性的变革,才能适应当今科学技术与管理科学发展的需要。

为此,卡普兰等人致力于管理会计信息相关性的研究,并创造了一个以"作业"为核心的"作业管理会计"新时代。从 1988 年到 1990 年,罗宾·库珀和卡普兰连续在《成本管理杂志》推出多篇论述作业成本计算的文章,从而在西方掀起了一场"作业成本计算"的研究浪潮。"作业成本计算"和"作业管理"成为西方管理会计教材的"新宠",与波特提出的"价值链"观念相呼应。管理会计借助于"作业管理",致力于为企业"价值链"优化服务。管理会计在 20 世纪 80 年代取得许多引人注目的新进展都是围绕着管理会计如何为企业"价值链"优化和价值增值提供相关信息而展开的。

20 世纪 90 年代西方管理会计理论研究的发展趋势体现在以下三个研究领域:管理会计在组织变化中的地位与作用,管理会计与组织结构之间的共生互动性,管理会计在决策支持系统中的作用。由于电子计算技术的迅速发展和社会经济条件的重大变化,管理会计的发展进入了一个五彩缤纷的新阶段,从而形成了许多新领域,如作业成本制度、质量成本会计、人力资源会计、资本成本会计、战略管理会计等。这些内容的研究,使得管理会计与现代企业管理理论和会计制度结合得更加紧密,使得该学科的现实指导性越来越强,学习和研究管理会计的前途越来越宽广。

进入 21 世纪第二个 10 年,管理会计在我国得到全面推进,相关理论研究与推广进入了黄金期。党的十八届三中全会对全面深化改革做出了总体部署,在会计领域贯彻落实全面深化改革要求,非常重要的一项内容就是要大力加强管理会计工作,强化管理会计应用。近五年财政部作为国家的会计主管部门为此做了大量工作,并取得丰硕成果。

2012 年 2 月召开的全国会计管理工作会,提出建设"会计强国"的宏伟目标。2013 年《企业产品成本核算制度》的发布,拉开了管理会计体系建设的序幕。根据《会计改革与发展"十二五"规划纲要》,在总结我国管理会计理论发展与实践经验的基础上,2014 年 1 月印发

《财政部关于全面推进管理会计体系建设的指导意见(征求意见稿)》;经过广泛征求意见和修订,该指导意见于 2014 年 10 月正式印发,在全国范围部署推进。2014 年 3 月,财政部启动了管理会计咨询专家选聘工作,2016 年 6 月,又公开选聘第二届管理会计咨询专家。为指导单位管理会计实践应用和加强管理会计体系建设,制定发布《管理会计基本指引》的任务被纳入《财政部会计司 2016 年工作要点》。该指引于 2016 年 6 月正式发布。2016 年 10 月,财政部制定发布《会计改革与发展“十三五”规划纲要》,明确了推进管理会计广泛应用的三大具体任务:① 加强管理会计指引体系建设;② 推进管理会计广泛应用;③ 提升会计工作管理效能。确立了“2018 年年底前基本形成以管理会计基本指引为统领、以管理会计应用指引为具体指导、以管理会计案例示范为补充的管理会计指引体系”的目标。2016 年 12 月 20 日,财政部官网公布了《关于印发财政部第二届管理会计咨询专家名单的通知》(财会函〔2016〕14 号),聘任丁淑英等 85 位管理会计资深专家为第二届管理会计咨询专家,任期为两年,此举将进一步发挥管理会计专家智库作用,加快推进我国管理会计体系建设。2016 年 12 月 23 日,财政部印发了《管理会计应用指引第 100 号——战略管理》等 22 项管理会计应用指引征求意见稿,内容包括战略管理、预算管理、成本管理、营运管理、投融资管理、绩效管理和企业管理会计报告应用、管理会计信息模块等共 6 项概括性指引和 16 项工具方法指引。此举标志着管理会计从国家顶层政策设计走向具体实际操作,从理论宏观指导走向企业落地实践,将对企业提高管理效率、加速转型升级起到实质性的助推作用。2017 年 1 月,财政部会计司发布《会计改革与发展“十三五”规划纲要》解读之八,指出“十三五”时期会计人才战略的主要任务和措施之一是加快推进管理会计人才培养。力争到 2020 年培养 3 万名精于理财、善于管理和决策的管理会计人才。2017 年 3 月,财政部会计司发布 2017 年工作要点,积极推进管理会计体系建设仍是重点工作之一。具体内容包括,继续研究制定相关管理会计应用指引,加快构建管理会计案例库,组织开展 2017 年度管理会计专项课题公开招标工作,继续加强管理会计国际交流与合作等。2017 年 10 月 19 日,为贯彻落实财政部《关于全面推进管理会计体系建设的指导意见》,财政部官网发布了《财政部关于印发〈管理会计应用指引第 100 号——战略管理〉等 22 项管理会计应用指引的通知》,总结提炼了目前在企业普遍应用且较为成熟的部分管理会计工具,以指导单位管理会计实践。“应用指引”是我国管理会计指引体系建设的主体内容,是对单位管理会计工作的具体指导,其制定和发布对于我国管理会计体系建设的快速推进具有划时代的意义。

任务二　管理会计的基本内容

一、管理会计的基本定义

管理会计是指以现代管理理论和会计学为基础,以加强企业内部管理和提高经济效益为目的,通过广泛利用财务会计信息和其他资料,对企业经营活动的全过程进行预测、决策、规划、控制、考核和评价,为企业内部管理人员和决策者提供有用信息的管理系统。

对管理会计定义的描述有很多,但应该注意掌握以下几点:一是管理会计是配合管理理论的发展，从会计学科体系中分离出来的，与会计有着千丝万缕的联系，需要利用大量的会计资料；二是管理会计主要是为企业内部管理服务，为企业管理人员进行内部管理与决策提供支持；三是管理会计的服务形式是信息，它实际上是一个管理信息系统。

二、管理会计的职能

管理会计的职能是指管理会计实践本身所具备的内在功能。管理会计的基本职能可以归纳为五个方面。

（一）预测职能

预测是决策的基础和前提。预测是指采用科学的方法预计和推测客观事物未来发展的必然性或可能性的行为。为了有效地帮助企业管理部门在经营活动中做出正确的选择，管理会计可以对生产经营活动中发生的各项经济指标进行科学的加工和整理，按照企业未来的总体目标和经营战略，充分考虑经济规律的作用及约束，选择合理的量化模型，有目的地预计和推测企业经营活动某方面的变动趋势和水平，为企业的经营决策提供备选方案。

（二）决策职能

决策的正确与否直接关系到一个企业的成败。决策是在充分考虑各种备选方案的前提下，尊重客观经济规律，通过一定的方法和程序对各种备选方案进行分析、计算和判断，最终进行评价抉择的行为过程。决策是管理会计的一项重要职能，也是企业经营管理的核心。管理会计发挥经济决策的职能，主要体现在根据企业决策目标收集、整理有关信息资料，选择科学的方法，计算有关长短期决策方案的评价指标，并做出正确的财务评价，最终筛选出最优的行动方案。

（三）规划职能

管理会计的规划职能是通过编制各种计划和预算来实现的。它一般是在决策方案的基础上，将经济目标分解落实到有关预算中去，从而合理地组织协调企业的各项资源，对企业的经营活动做出具体的安排，并为经营控制和责任考核提供参照。规划是决策与实施之间的中间环节，是决策的延伸和具体化，是通向决策目标的重要途径。

（四）控制职能

控制职能是管理会计的重要职能之一。这一职能的发挥可以将企业经济管理过程的事前控制与事中控制有机地结合起来，在事前确定科学可行的各种标准，并根据执行过程中实际与计划发生的偏差进行原因分析，以便及时采取措施进行调整，确保预算目标的实现，如全面预算控制、标准成本控制、保本分析控制等。

（五）考核评价职能

管理会计实施考核评价职能，是通过建立责任会计制度来实现的。责任会计制度是行为科学在企业管理中应用的结果。通过落实责任制，明确各部门及个人的经济责任，逐级考核责任指标的执行情况，找出成绩与不足，为奖惩制度的实施提供必要的依据。

三、管理会计的基本内容

管理会计的内容是指与其职能相适应的工作内容，具体包括预测分析、决策分析、成本控制、全面预算和责任会计等方面。随着社会生产力的提高和科学技术的不断进步，管理会计的内容也在不断地充实和发展。我们一般将管理会计的内容分为三大部分,即决策性管理会计、执行性管理会计和责任会计。这三个部分既相互独立又相辅相成,共同构成了现代管理会计的基本内容。

决策性管理会计是指管理会计系统中预测经济前景和实施经营决策职能的最具有能动性作用的会计子系统,处于现代管理会计的核心地位,又是现代管理会计形成的重要标志之一。决策性管理会计利用相关财务会计信息,对收入、成本、利润、销售量和现金流等进行科学分析,做出各项经营决策,并在此基础上,将已确定的最优方案目标以数量形式加以分解、汇总和协调,编制企业的全面预算。一般来说,决策性管理会计包括经营预测、短期经营决策、长期投资决策、战略管理会计和全面预算等内容。

执行性管理会计是指在决策目标和经营方针已经明确的前提下,为执行既定的决策方案而进行的有关规划和控制,以确保预期经营目标顺利实现的会计子系统。执行性管理会计利用标准成本制度对日常生产经营活动进行记录和计算,分析差异,找出原因,为企业落实经济责任制提供依据。一般来说,执行性管理会计包括变动成本计算、本量利分析、标准成本制度、存货控制、作业成本计算、人力资源会计和质量成本会计等内容。

责任会计是指在组织企业经营时,按照分权管理的思想,划分各个内部管理层次的相应职责、权限及所能承担义务的范围和内容,通过考核评价各有关方面履行责任的情况,反映其真实业绩,从而调动企业全体职工积极性的会计子系统。责任会计通过把实际发生额与预算额进行对比和分析,确定责任,编制日常绩效报告,以评价和考核各个责任中心的业绩与成果。一般来说,责任会计包括责任会计制度、企业业绩评价系统与激励机制等内容。

任务三　管理会计的特点

管理会计和财务会计是现代企业会计的两个重要分支。企业会计中相当于组织日常会计核算和对外报告的那部分内容被称为财务会计。传统的财务会计和新兴的管理会计之间关系既有区别又有联系,它们之间相互补充、相互配合,在企业管理中共同发挥重要作用。

一、管理会计与财务会计的区别

(一) 服务对象不同

管理会计是运用各种专门的技术方法,针对企业经营管理中遇到的特定问题进行分析研究,向企业内部管理人员提供有关信息资料,以便正确地确定目标、做出决策。从这个角度看,管理会计侧重于对企业内部管理服务,因此,管理会计又被称为"内部会计"。

财务会计通过对企业日常经济业务的记录、分类、计算和汇总编制财务报表,向企业外部的利害关系者,如投资人、债权人、税务机关、政府等提供服务。他们可以从这些财务报表中准确地了解企业的财务状况和经营成果,并通过财务报表做出决策。从这个角度看,财务会计是侧重对外服务。正是由于财务会计具有这个特点,因此又被称为"外部会计"。

(二) 服务层次不同

管理会计的服务层次是多样的,它既可以将整个企业作为主体进行服务,也可以将企业内部的某个部门或某个环节作为其服务的主体。在管理会计工作中,以各个部门为主体进行服务的情况占绝大多数。

财务会计的服务层次只有一个,即以整个企业的经营活动为记录标准,它一般在报表中反映的是完整的企业经营过程和经营成果。财务报表一般不涉及企业内部各部门局部性的问题。

(三) 作用时效不同

管理会计不仅限于分析过去,而且可以利用现成的财务会计资料预测和规划未来,并为当前的经营决策服务,即管理会计的作用时效横跨过去、现在和将来三个时段。管理会计常常把面向未来的作业时效放在第一位,它分析过去是为了更好地控制现在和指导未来。因此,管理会计属于"经营型会计"。

财务会计主要是记录和反映过去已经发生的经济业务,并采用历史成本原则和客观性原则,保证会计信息的真实性。即财务会计的作用时效是过去的某一段时间。因此,财务会计属于"报账型会计"。

(四) 核算原则不同

管理会计虽然要利用财务会计的概念和信息,但并不受会计原则或会计准则的约束和限制,它所使用的许多概念和方法都超出了传统会计要素的概念框架。如在长期投资决策中,可以不受权责发生制的限制而采用收付实现制;在短期经营决策中,可以不执行历史成本原则和客观性原则而充分考虑机会成本因素;克服了传统会计核算只注重物而不考虑人的缺陷。西方国家的会计界也曾在管理会计规范化方面做出了很多尝试,例如国际会计师联合会(IFAC)发布的《管理会计概念公告》(*Statement of Managerial Accounting Concepts*);美国管理会计师协会(IMA)发布的《管理会计公告》(*Statement of Management Accounting*);英国特许管理会计师协会(CIMA)发布的《管理会计正式术语》(*Management Accounting：Official Terminology*);加拿大管理会计师协会(IMA)发布的《管理会计指南》(*Management Accounting Guidelines*)等等。

财务会计必须严格遵守公认的会计原则(GAAP)。在我国,财务会计工作必须遵守会计法、企业会计准则、企业财务通则的要求,以保证财务报表所提供的信息在时间上的前后一致性和内容上的可比性。比如,在财务会计准则体系中,对成本的核算更关注的是成本归集的完备性及间接费用分摊的合理性,而在管理会计中,对于成本核算而言,更侧重如何能更好地反映成本习性,帮助企业内部决策者制定营销、生产、投资等方面的决策。

(五) 信息特征不同

管理会计所提供的信息往往是为了满足企业内部管理的特定要求,因此,信息的表现形式也是丰富的,既有实物量指标也有价值量指标。由于并不需要对外公布,信息的精度要求相对不高且不具有法律效力。管理会计信息的格式、种类、编制时间没有统一的要求,相对灵活机动。

财务会计能定期地向与企业有利害关系的机构和个人提供较为全面的、系统的综合财务信息。这些信息一般是以价值形式加以反映,信息的真实性和准确性要求较高。由于需要公开发表,故具有一定的法律效力。另外,会计信息格式、种类、编制时间具有统一性和规范性要求。

（六）工作程序不同

管理会计工作没有固定的程序可以遵守,企业可以根据自己的实际情况自行设计工作流程,因此,不同企业之间管理会计工作的差异性较大。

财务会计有严格的、固定的会计工作程序。从审核原始凭证开始到编制财务报表,都必须按既定的程序处理。在通常情况下,不能随意变更工作内容或颠倒工作顺序。

（七）观念取向不同

管理会计不仅注重管理行为所产生的结果,而且更为关注管理的过程。特别强调管理过程及其结果对企业内部各方面人员心理和行为的影响,对企业未来发展的影响。

财务会计一般注重如何真实准确地反映企业生产经营过程中各种资源的耗费情况,及时提供财务报表反映企业的财务状况和经营成果,并不十分注重管理过程对结果的影响。

（八）报告形式不同

管理会计由于其服务于企业的内部管理,因此报告的形式并没有统一的格式,一般需要根据企业管理者的决策需要来编制,其提供的报告不受固定期间的限制,报告形式也比较自由;财务会计必须按照公认会计准则的要求,以一定的期间(年、季、日)来编制。因此,报告的形式一般都有统一的格式要求。

（九）会计人员素质要求不同

由于管理会计是一种深度参与管理决策、制订计划与绩效管理系统、提供财务报告与控制方面的专业知识以及帮助管理者制定并实施组织战略的职业,因此从企业整体发展的战略高度来认识和处理问题,力求能够帮助企业决策者"运筹于帷幄之中,决胜于千里之外"。因此管理会计人才的素质要求较高,应当是一种具有高智能、高创造力的人才,相比对财务会计人才的要求要高。

（十）国际化内容不同

财务会计的国际化主要研究各国不同的国际惯例,以致力于不同国家会计的协调化和趋同化;管理会计的国际化研究则是在跨国经营活动的环境和条件下进行的,不要求实现协调化和趋同化。

管理会计与财务会计的区别与联系,如表1-1所示。

表1-1　管理会计与财务会计的区别与联系

比较项目	财务会计	管理会计
服务对象	外部会计	内部会计
服务层次	整个企业	整个企业或者单个部门
作用时效	事后报账性会计	事前经营性会计
核算原则	一般公认会计原则(GAAP)	管理会计公告(SMA)
信息特征	定量资料	定量或定性资料
工作程序	较强固定性	较大灵活性
观念取向	真实反映企业经营过程	注重管理对结果的影响
报告形式	统一财务报告	无统一格式,内部报告
会计人员素质要求	较低	较高
国际化内容	要求协调化和趋同化	不要求协调化和趋同化

二、管理会计与财务会计的联系

(一) 信息同源,相互制约,共同构成现代企业会计信息系统

财务会计是依据会计要素的要求,按照经济业务发生的先后顺序,进行全面的记录、计算、登账和编制报表的工作,形成比较系统的核算资料。管理会计在工作中所需资料基本来源于财务会计信息系统,它的主要工作是对财务会计信息进行加工和再利用,依据这些资料进行预测分析和决策分析,为企业内部管理服务,所以受到财务会计工作质量的约束。二者相互影响,相互补充,缺一不可,共同构成完善的现代企业会计信息系统。

(二) 工作总目标一致,都需要不断发展和完善

虽然管理会计和财务会计服务对象的侧重点不同,但它们工作的总目标是一致的,都是企业经营过程中的价值运动,两者统一服从于现代企业会计总体要求,共同为实现企业的经营目标服务。管理会计和财务会计都是企业重要的管理活动。随着科学技术的飞速发展,它们都面临如何确保信息的客观性、时效性、相关性和经济性的问题,都需要不断丰富和完善。

三、学习管理会计应注重的相关学科

(一) 经济学

管理会计与经济学的关系,实际上就是企业与宏观经济环境的关系。众所周知,企业的生产经营总是在一定的经济环境中进行的,而一定的经营环境取决于一定的经济体制,而经济体制的形成有赖于相应的经济学的理论指导。在社会主义市场经济理论的指导下,我国社会主义市场经济体制逐步形成,企业成为市场主体,企业内外部环境发生了巨大的变化,企业管理者从单纯的执行者向独立自主的决策者转变,他们的工作水平和质量直接关系到企业的生存和发展,从而也为管理会计服务于企业提供了广阔的空间。同时,管理会计也要不断地吸取宏观经济学和微观经济学的研究成果,使之得以不断丰富和完善。

(二) 理财学

理论界对于会计和财务的关系有几种观点,归纳起来主要是相互独立论、大财务论和大会计论,这里暂不叙述。在旧的经济体制下,由于并不存在现代意义上的"理财"活动,企业的财务工作和会计工作并没有严格划分。社会主义市场经济体制确立和发展,企业作为市场的主体,理财活动日益复杂。例如,如何进行科学的筹资、投资决策;如何合理地利用财务杠杆,降低资本成本,提高经济效益。以上活动所涉及的内容不是会计学所能全部包含的,需要利用一门独立的学科——理财学。财务工作同会计工作是两种不同性质的工作,财务管理实际上是一种业务管理,有权对企业的人、财、物进行专业范围内的决策,而会计部门是一个综合性的信息部门,是为决策提供信息支持的系统。由于管理会计在工作对象和职能方面和财务管理有所交叉,所以,熟悉理财学的理论和方法对学习管理会计是有帮助的。

(三) 数学

数学是关于量及其关系的科学,是从量的角度出发来反映和研究客观世界的运动变化及其规律性的工具。可以说,数学是一切科学的基础。管理会计中数学方法的应用,是以广泛地应用经济数学模型为标志的,通过经济数学模型将经济数量关系用数学的形式表达出

来,能准确地反映有关因素之间的内在依存关系。例如:企业经营决策中常用的最优化方法,就是利用数学中求极值的方法和数学规划方法。这些数学方法在管理会计中得到广泛的应用,它可以在一定程度上弥补一般定性方法的不足。但不能夸大其作用,它只能作为一种重要的工具来使用,并不能解决经济生活中的所有问题。

(四) 行为科学

行为科学是 20 世纪 50 年代以后发展起来的一门新兴学科,它主要是应用心理学、社会学等方面的研究成果来研究人的各种行为的规律性,分析人产生各种行为的客观原因和主观动机的一门学科。将"行为科学"应用到管理会计中来,使得企业管理由原来的以"事"为中心变为以"人"为中心。这种变化使企业管理的理论和实践产生了重大的变革。管理会计把激励人的行为作为其基本职能的一部分,使行为科学和管理会计融为一体,成为当代管理会计的一个重要发展方向。

任务四　管理会计的职业教育与发展

✎ 【知识链接 1 - 2】

IMA 自 1972 年 12 月,在全美 22 个城市为 410 名考生举办了第一次注册管理会计师(CMA)认证考试。

CMA 认证的目的在于培育管理会计人员和财务管理人员的知识广度,使其能预测商业的需求及参与策略决策制定。而其考试的内容所包含的知识范围能反映管理会计人员和财务管理人员在现今商业环境所需要的能力。因此,取得 CMA 资格不仅代表其具备完整会计及财务相关领域知识,也表现了具备着高度专业标准与能力来分析企业内部财务报表,协助管理当局掌握状况,参与财务管理与拟定未来策略及执行。CMA 证书持有者主要是世界各大公司及金融机构的财务主管、财务长、CFO、CEO、成本核算师、理财师、企业管理人员。美国 100 强企业的财务经理几乎都具有 CMA 等专业资格,CMA 证书是 CEO、CFO的强有力的敲门砖。成为 CMA,首先必须通过 CMA 的考试,而且还要符合 IMA 订立的学历和道德操行标准,CMA 的入会标准比其他专业职称要求高。目前,中国大陆已有超过 20人获得了 CMA 或者 CFM 认证,其中绝大多数在著名跨国公司担任财务总监和高级财务经理的职务,平均年薪超过 50 万元人民币。

一、管理会计的职业教育

西方国家对管理会计在企业中的作用十分重视,美国不仅有职业注册会计师考试,而且有职业管理会计师资格考试。美国会计师协会于 1972 年设立了管理会计师协会,具体负责管理会计师资格的考试和职业教育,他们不仅对管理会计师的业务水平有统一的考试,同时对职业管理会计师的职业道德也有严格的要求。

(一) 管理会计师职业道德

管理会计师是管理团队的重要成员,工作在组织中的各个层级,从高层管理者到支持层面的会计和财务专家,其主要职能是对企业的未来进行预测与决策。关于管理会计人员的职业道德规范,中国目前还没有自己的法定标准,只有中国证券委出台的一些禁止企业高管利用内部信息进行证券内幕交易的规定。但美国管理会计师协会于1982年便颁布了《管理会计师职业道德标准》,该标准是到目前为止世界上较为完整的关于管理会计师职业道德的规定。这一标准认为管理会计师的职业道德应当由技能、保密、廉正和客观性四个方面组成。

1. 对专业能力方面的规定

(1) 不断丰富自身知识和技能,维持一定的专业竞争水平。

(2) 依据相关的法律、法规和技术标准履行自己的专业职责。

(3) 在对相关的和可靠的信息进行分析后,编制完整、清晰的报告与建议书。

2. 对保密性方面的规定

(1) 除非在法律上不得不这样做,否则除了得到授权,不得披露工作过程中所获取的机密信息。

(2) 告知下属应重视工作中所获取信息的机密性,并且监督下属的行为以保证保守机密。

(3) 禁止利用或变相利用在工作中所获取的机密信息为个人或通过第三方谋取不道德或非法利益。

3. 对诚实正直方面的规定

(1) 避免事实上或表面上可能引起的利益冲突,并对任何潜在冲突的各方提出忠告。

(2) 不得从事道德上有损于履行职责的活动。

(3) 拒绝接受影响或行将影响他们做出正确行动的任何馈赠、好处或招待。

(4) 不得积极地或消极地破坏企业合法的、符合道德的目标;

(5) 找出妨碍业务活动的可靠判断或顺利完成工作的限制与约束条件,并与有关方面进行沟通。

(6) 告知有利和不利的信息以及职业的判断及意见。

(7) 不得从事或支持各种有损企业的活动。

4. 对客观性方面的规定

(1) 公正而客观地交流信息。

(2) 充分披露相关信息,帮助使用者对所公布的报告、评论和建议获得正确的理解。

(二) 管理会计师职业教育

1. 管理会计学科课程体系

全美会计人员协会(National Association of Accountants,简称NAA)于1986年发布了管理会计公告ID号:《管理会计师基本知识体系》(CBOK),不仅明确了合格的注册管理会计师应当掌握的基本知识体系内容,而且也为建立管理会计专业的课程体系提供了总的指导方针,其中管理会计学科课程体系主要分为普通教育、商业教育和会计教育三个部分。普通教育课程包括传播技术、行为科学、数学和统计学、经济学原理、信息系统导论、会计学导论、其他人文科学学科(例如美术、人类学等);商业教育课程包括法律环境、道德和法律环境、全球经济环境、财务规划与环境、技术管理、生产经营管理、市场营销、人力资源管理、数量方法在工商管理中的应用、商业传播学、企业政策、其他商业课程(例如管理过程、工业工程、国际商业实务以及生产管理等);会计教育课程包括信息系统、成本管理会计、财务会计、税收政策与规划、审计概念与准则、当代会计问题、内部审计与经营审计、当代管理会计问题、其他会计问题等等。

2. 管理会计师考试

美国注册管理会计师(Certified Management Accountant,简称 CMA)是成立于 1919 年的美国管理会计师协会(Institute of Management Accountants,简称 IMA)针对管理会计领域和财务管理领域的专业资格证书。CMA 是全球最主要、最权威的会计资格之一,与美国 AICPA 和 CFA 并称为美国三大财务认证。

(1) 学历背景要求:拥有教育部认可的大学学历(包括教育部认可的大专学历);拥有与 CMA 同类的认证(比如 CPA、CIA、CFA 等);在 GRE 或 GMAT 考试成绩中取得 50% 的分值。所有考试均完成后,欲获取 CMA 认证,学员必须提交相应的证明文件,也可提交由学校盖章的英文证明信,或大学学历的英文公证件。

(2) 考试时间:中文 CMA 考试每年有三次,确切的日期以 CMA 官方网站发布的信息为准。2018 年的考试时间分别是 4 月 14 日、7 月 28 日和 11 月 10 日。考生可以在中国的 21 个城市参加考试,考生需提前 45 天与 Prometric 普尔文网站预约考试。

(3) 考试内容:CMA 考试内容涉及两大部分见下表 1－2。

表 1－2　CMA 考试内容

第一部分:财务计划、业绩及控制(4 小时:100 道选择题及 2 道问答题)	
章节内容	考试所占比重
外部财务报告决策	15%
规划、预算与预测	30%
绩效管理	20%
成本管理	20%
内部控制	15%
第二部分:财务决策(4 小时:100 道选择题及 2 道问答题)	
章节内容	考试所占比重
财务报告分析	25%
公司理财	20%
决策分析	20%
风险管理	10%
投资决策	15%
职业道德	10%

二、管理会计的发展

(一)管理会计内容上的丰富与拓展

1. 研究内容的丰富

传统观点认为管理会计是预测决策会计,具有参与决策的作用。相比传统管理会计而言,现代管理会计研究的内容开始出现"对内深化"与"对外扩展"的特征。主要体现在战略管理会计、产品生命周期成本计算和目标成本与 Kaizen 成本计算方法的结合等方面。

(1)战略管理会计:从战略的角度,围绕企业、顾客与竞争对手组成的"战略三角",结合具有战略相关性的外部信息和企业的内部信息,运用先进管理方法和技术,例如作业成本计算(Activity-Based Costing)、ABM(Activity-Based Management)、准时生产系统(Just In Time)、全面质量控制(Total Quality Control)、柔性制造系统(Flexible Manufacture System),来制定与实施企业各个层次的战略,以促进企业战略目标的顺利实现。

(2)产品生命周期成本的计算:不再局限于产品的生产成本,还要求估算产品消费者的使用成本以及销售后期的处置和服务成本。因此,它已经超出了传统的只从生产成本看待企业成本的问题,实现了成本的企业观向社会观的转变,有利于企业综合判断企业的成本水平,优化社会资源的配置。

(3)目标成本与 Kaizen 成本计算方法的结合:Kaizen 为日语词汇,有持续不断改进(Continuous Improvement)之意,它是通过目标成本计算程序确定成本目标,进一步具体分解落实到各有关生产经营单位,直到生产经营第一线的具体执行人员。在日常生产经营工作中,不断挖掘降低成本的潜力,使得整个生产经营处于不断改进的状态,从而保证生产经营各个环节成本目标的实现。

2. 投资效益评价内容丰富

当前世界经济发达的国家已经发展到了由工业经济向知识经济过渡的阶段。知识经济既是以知识为核心生产要素的经济,企业的投资取向理所当然应当以智力投资为主体。为了保证长期的竞争优势,企业在人才开发、科学研究、技术开发和新产品的研制方面投入资金的比例正在不断增加。因此,传统在劳动密集或低技术密集型的生产条件下对于财务效益的评价已经无法满足知识经济时代变化的要求。在知识经济体系中,对于投资效益的评价的范围也发生了变化,应当以该方案可能产生的全方位效益作为基本的评价内容。评价标准可以从直接效益(如直接材料、直接人工成本的减少、生产经营过程中存货的减少)、间接效益(场地占用率的减少、员工劳动环境的改善以及劳动安全的保护等)和无形效益(产品质量的改进、客户满意度的提高、企业社会责任的履行、企业综合竞争能力的提升等)三个方面来展开。

3. 绩效考核评价体系丰富

相比传统的企业绩效考核与评价体系,现代管理会计绩效考核和评价体系在对价值观的评价中有了进一步的扩展。传统的绩效考核主要是以财务指标评价为主,财务指标可以综合反映企业在一定期间内的财务成果,例如经营收入、经营成本、经营利润;现金流入、流出的动态及其存量的占用情况;企业资金的流动性和偿债能力等,注重的是对结果的反映,带有片面性和被动性。然而,在知识经济时代,企业的生存环境发生了很大的变化,市场竞争程度迅速提高,产品和服务更新换代的周期更加缩短,这使得企业的技术创新能力、管理创新能力、战略分析能力、人力资源状况、核心竞争能力等对于企业的生存和发展变得至关重要。因此,反映这些方面的非财务指标也应纳入企业绩效评价体系中,并在现代绩效考核和评价体系中占有重大地位,只有将财务指标和非财务指标结合起来,才能使企业的管理决策人员能够全面综合分析企业的经营状况。非财务指标可大致分为三个方面。

(1)顾客导向方面:顾客忠诚与满意度;售后服务质量与效果;产品市场占用率的增长;上下游企业的协同程度;生产系统灵活性;新品种投产的频率;JIT、TQM的实施效果。

(2)人力资源方面:人才开发的超前性;员工学习积极性、团队精神、思想交流、知识共享和创新精神的发挥程度等;

(3)综合方面:企业战略定位与整体竞争优势;企业核心生产能力的形成与发展;企业核心生产力的形成与发展;企业的信誉和社会形象以及履行社会责任的情况。

(二)管理会计人员综合素质的提高

1. 符合企业管理要求的专业人才

从广义上来理解,这样一种"专"才是指既立足于专业,又超越专业,使之成为视野宽广、"一专多能",具有高度灵活性和应变能力的柔性人才。

2. 体现社会责任意识的管理人才

作为企业的管理决策层的一员,管理会计人员进行任何管理分析和决策时,不能仅仅为了追求股东财富的最大化,还应当考虑到决策结果对于企业其他利益相关者的影响,例如客户、供应商、债权人、员工、工会组织、政府部门等,保证企业可持续发展,体现管理会计人才的社会责任意识。

3. 具有人文素质情怀的创新人才

人文素质是人才素质的基础,人的全面发展必须以人文素质的提高作为前提条件。一个人无论从事哪一方面的工作,人文素质越高,思路必然越开阔、思想越活跃、感悟能力越强,从而能够提高思维的创造能力,不断取得创造性的丰硕成果。因此,在当前这样一个处在大变革、大发展中的时代,从企业动态发展的角度来看企业的管理会计人才,除了应具备基本人文素质,例如文学艺术修养、伦理道德修养、历史哲学修养和文明礼仪修养之外,还应当能够随时把握时代的脉搏,积极、主动、不断地进行知识更新,不断地在相关学科前沿努力开拓,并掌握相关学术思想的形成和发展,把握其内在规律及今后的发展趋势。可见,管理会计人才又是一种具有高素质、高智能和高创造力的人才。

【技能实训】

1. 管理会计的发展阶段分为哪几个阶段,每个阶段分别有哪些特点?
2. 简述管理会计和财务会计的区别和联系。
3. 管理会计的基本职能和工作内容有哪些?
4. 管理会计师应遵循的基本职业道德有哪些?
5. 当代管理会计的发展特点是什么?

项目二　成本习性与变动成本法

【知识目标】

1. 了解成本分类的标准、作用及其结果；
2. 明确成本习性的概念及其分类结果；
3. 掌握混合成本分解的方法及变动成本法的应用。

【能力目标】

1. 能够按成本习性对企业成本进行分类；
2. 能够对企业的混合成本进行分解；
3. 熟悉完全成本法与变动成本法的区别及对损益的影响。

【导入案例】

令人困惑的业绩考核

华达工艺制品有限公司宣布业绩考核报告后，二车间负责人李杰情绪低落。原来他任职以来积极开展降低成本活动，严格监控成本支出，考核却没有完成责任任务，严重挫伤了工作积极性。财务负责人了解情况后，立即召集有关成本核算人员，努力寻求原因，并将采取进一步行动，改进业绩考核标准和办法。

华达公司自成立以来，一直以"重质量、守信用"在业内享有较好的口碑，并取得了良好的经济效益。近期，公司决定实行全员责任制，寻求更佳的效益。企业根据3年来实际成本资料，制订了较详尽的费用控制方法。

材料消耗实行定额管理，产品耗用优质木材，单件定额6元，人工工资实行计件工资，计件单价3元，在制作过程中需用专用刻刀，每件工艺品限领1把，单价1.30元，劳保手套每产10件工艺品领用1副，单价1元。当月固定资产折旧费8 200元，摊销办公费800元，保险费500元，租赁仓库费500元，当期计划产量5 000件。

车间实际组织生产时，根据当月订单组织生产2 500件，车间负责人李杰充分调动生产人员的工作积极性，改善加工工艺，严把质量关，杜绝了废品，最终使材料消耗定额由每件6元降到4.5元，领用专用工具刻刀2 400把，价值3 120元。但是，在业绩考核中，却没有完成任务，出现了令人困惑的结果。

如果你是该公司的财务负责人,你认为出现这种结果的原因是什么? 并将如何改进呢?

(资料来源:根据 MBA 智库文档相关资料整理)

任务一　成本分类及习性分析

一、成本的分类

成本分类是指根据成本核算和成本管理的不同要求,按不同的标准对成本所做的划分。

(一)根据成本与产品之间的关系,划分为产品成本和期间费用

在企业发生的各种费用支出中,应该计入本月、由当月负担的费用,应进一步区分为产品成本和期间费用。凡在产品生产中发生的费用,属于产品成本;凡在非生产领域中发生的管理费用、销售费用和财务费用都属于期间费用。

(二)根据成本计入产品成本的方式,划分为直接计入成本和间接计入成本

成本和受益者之间形成一一对应的关系,这种成本叫作直接计入成本;成本与受益者之间形成一对多的关系,这种成本叫作间接计入成本。

(三)根据成本与产品生产工艺的关系,划分为直接生产成本和间接生产成本

直接生产成本是指由生产工艺本身引起的、直接用于产品生产的各项成本;间接生产成本是指与生产工艺没有联系、间接用于产品生产的各项成本。

(四)根据成本与决策的关系,划分为相关成本与非相关成本

相关成本是指对企业经营管理有影响或在经营管理决策分析时必须加以考虑的各种形式的成本。非相关成本是指与相关成本相对应的成本概念。它是指过去已经发生的,与某一特定决策方案没有直接联系的成本,指不适宜用于决策分析的成本。不可避免成本、沉落成本等均属于非相关成本。

(五)根据成本是否可以控制,划分为可控成本与不可控成本

可控成本即能被某个责任单位或个人的行为所制约的成本。可控成本具有多种发展的可能性,并且有关的责任单位或个人可以通过采取一定的方法与手段使其按所期望的状态发展。不可控成本是可控成本的对称,是指不能被某个责任单位或个人的行为所制约的成本。不可控成本一般是无法选择或不存在选择余地的成本。它也具有相对性,与成本发生的空间范围和时间范围有关。

(六)根据成本与业务量之间的关系,划分为变动成本、固定成本和混合成本

固定成本是指在一定的范围内不随产品产量或商品流转量变动的那部分成本。变动成本与固定成本相反,是指那些成本的总发生额在相关范围内随着业务量的变动而呈线性变动的成本。混合成本则是指同时兼有变动成本和固定成本两种不同性质的成本。

二、成本习性

(一)成本习性的含义

成本习性亦可称为成本性态,是指成本总额对业务量(即产量或销售量)的依存关系。

• 17 •

这种关系是客观存在的,具有固有的性质,故称之为习性。研究成本与业务量之间的规律性联系,有助于企业实行最优化管理,充分挖掘内部潜力,争取实现最佳经济效益。

(二) 成本按其习性的分类

按照成本的习性,企业的全部成本可分为变动成本、固定成本和混合成本三大类。

1. 变动成本

在一定时期和一定业务量范围内,总额与业务量成正比例变动关系的成本称为变动成本。显然,在一定时期和一定业务量范围内,单位产品的变动成本是保持不变的。

例如,东风汽车公司专门生产神龙牌轿车,每辆轿车需配一组电瓶。若每组电瓶的外购价为 500 元。当轿车产量发生增减时,则耗用电瓶的总成本就随轿车的产量成正比例增减,但每辆轿车的电瓶成本,则仍保持 500 元不变。因此,电瓶的成本对于东风汽车公司来说,就是生产轿车的变动成本。变动成本总额与单位变动成本的习性模型,如图 2-1 所示。

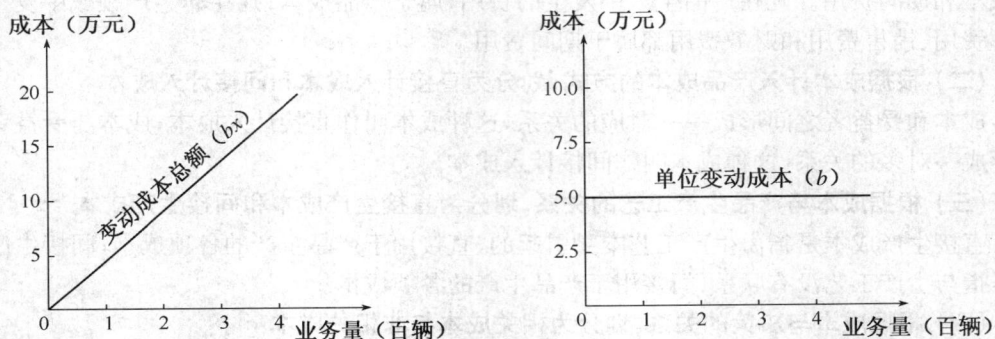

图 2-1 变动成本的习性模型

2. 固定成本

在一定时期和一定业务量范围内,总额不受业务量变动影响而固定不变的成本称为固定成本。显然,在一定时期和一定业务量范围内,单位产品中的固定成本与业务量成反比例的变动关系。根据上述东风汽车公司生产神龙牌轿车的资料,得出固定成本总额和单位固定成本的习性模型,如图 2-2 所示。

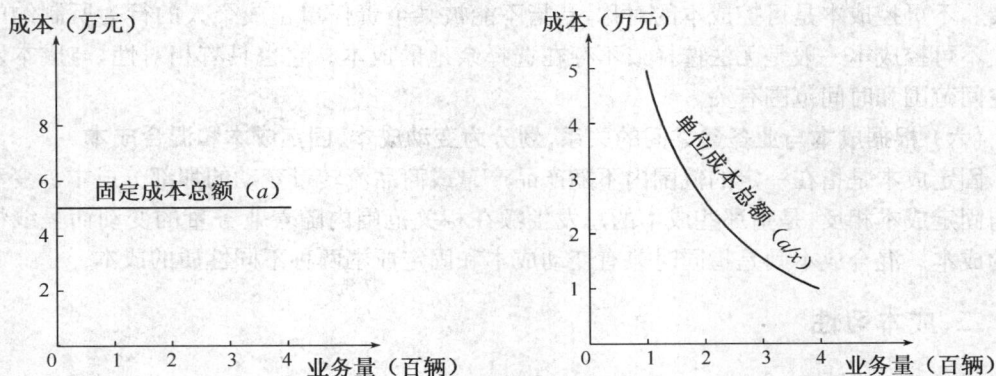

图 2-2 固定成本的习性模型

究竟哪些属于固定成本？在成本会计中的房屋及设备租金、保险费、管理人员薪金、不动产税捐、固定资产折旧费、办公费、差旅费、文具用品费、广告费、新产品研究开发费、科研试验费、职工培训费等，都属于固定成本。

应该注意的是，在实际工作中，固定成本还可根据其支出数额是否能改变，进一步细分为酌量性固定成本和约束性固定成本两类。现分述如下：

（1）酌量性固定成本。酌量性固定成本是指通过管理当局的决策行动能改变其数据的固定成本。例如，广告费、新产品研究开发费、职工培训费、科研试验费等。这些费用的开支对企业的业务经营肯定有好处，可以扩大产品的销路，提高产品的质量，增加企业的竞争能力。但是，其支出数额的多少并非绝对不可改变。一般都是企业的管理当局在会计年度开始前，斟酌企业的具体情况和财务承担能力，对这类固定成本项目是否需要增加或减少，或者完全停止支出，分别做出决策。因此，降低酌量性固定成本的途径可以从精打细算、厉行节约、杜绝浪费着手，减少其绝对额。

（2）约束性固定成本。约束性固定成本是指通过管理当局的决策行动不能改变其数额的固定成本。例如，固定资产折旧费、保险费、房屋及设备租金、不动产税捐、管理人员薪金等。这些费用是企业经营业务必须负担的最低成本，是维持整个企业生产能力必不可少的成本，具有很大程度的约束性。如果稍加削减，将影响企业的盈利能力和长远目标。因此，一般情况下，即使企业经营临时性中断，相关固定成本往往仍须保持不变。因此，降低约束性固定成本的途径可以从经济合理地利用企业的生产能力、提高产品的产量入手。

3. 混合成本

在实际工作中，往往会碰到一些成本明细项目同时兼有变动成本和固定成本两种不同的性质。它们既非完全固定不变，也不随业务量成正比例变动，不能简单地把它们列入固定成本或变动成本，故称之为混合成本。

在管理会计中，根据混合成本同时兼有变动与固定两种性质的具体情况，可进一步细分为半变动成本、半固定成本、曲线变动成本和延期变动成本四类。现分述如下：

（1）半变动成本。半变动成本通常有一个基数，类似于固定成本。但在这个基数之上，随着业务量的增长，成本会相应成比例地增加，这部分的性质又类似于变动成本。例如，电话费、暖气费、机器设备的维护保养费等均属此类。这些提供服务的单位每月开出账单，一般包括两个部分，一部分是基数，属于享受服务单位必须支出的金额，不管该月使用与否都应支付，属于固定成本性质；另一部分则根据耗用量与单价的乘积计算应支付金额，属于变动成本性质。可见，半变动成本的总额虽随着业务量的增减而有所变动，但不保持严格的正比例关系。其成本习性模型如下图2-3所示。

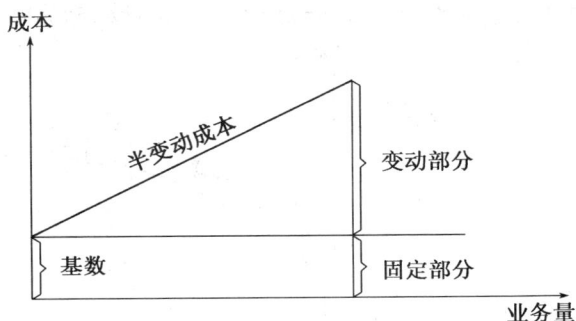

图 2-3　半变动成本的习性模型

(2)半固定成本。半固定成本是指在一定业务量范围内的发生额是固定的,但当业务量增长到一定限度,其发生额就突然跳跃到一个新的水平,然后在业务量增长的一定限度内,发生额又保持不变,直到另一个新的跳跃为止。企业的化验员、运货员、检验员、保养工、领班等的工资,以及受班次影响的动力费、整车运输费、设备修理费等,都属于这一类。

例如,南方制药厂"三九胃泰"的产量在 10 吨以内,只需化验员 4 人,每人每月工资 3 000 元,共 12 000 元。若产量在 10～20 吨以内,则需增加化验员 2 人,化验员工资总额即应保持在 18 000 元的水平上。以后产量每增加 10 吨,化验员的人数都需在原有基础上增加 2 人,工资总额增加 6 000 元。正由于这种成本的习性模型呈阶梯状,故其亦称阶梯式变动成本。半固定成本的习性模型如图 2-4 所示。

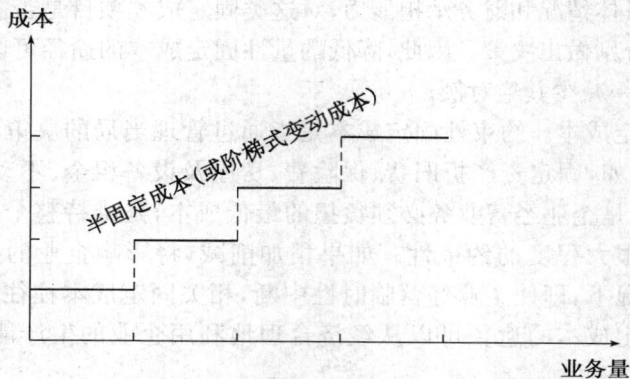

图 2-4 半固定成本(或阶梯式变动成本)的习性模型

(3)曲线变动成本。曲线变动成本通常有一个初始量,一般不变,相当于固定成本。但在这个初始量的基础上,随着业务量的增加,成本也逐步增加,不过两者不呈正比例的直线关系,而呈非线性的曲线关系。这种曲线成本又可进一步细分为递减曲线成本和递增曲线成本两种类型。

① 递减曲线成本。例如,热处理的电炉设备,每班需预热,因预热而耗电的成本(初始量)属于固定成本性质;至于预热后进行热处理的耗电成本,则随业务量的增加而逐步上升。但两者不成正比例,而呈非线性关系,并且成本上升越来越慢,即其上升率是递减的。故这类曲线成本称为递减曲线成本。其习性模型如图 2-5 所示。

图 2-5 递减曲线成本的习性模型

② 递增曲线成本。例如,累进计件工资、各种违约金、罚金等,当刚达到约定产量(或约定交货时间)时,成本是固定不变的,属于固定成本性质。但在这个基础之上,随着产量(或延迟时间)的增加,计件工资(或违约金、罚金)就逐步上升,而其上升率是递增的。故这类曲线成本就称为递增曲线成本。其习性模型如图 2-6 所示。

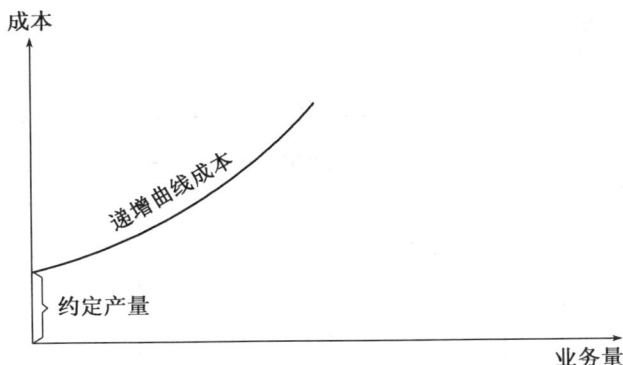

图 2-6　递增曲线成本的习性模型

(4) 延期变动成本。延期变动成本是在一定的业务量范围内成本总额保持稳定,但超过一定业务量后随业务量按比例增长的成本。例如,企业在正常工作时间(或正常产量)的情况下,对职工所支付的薪金是固定不变的。但当工作时间(或产量)超过规定水准,则须按加班时间的长短(或超产数量的多少)成比例地支付加班薪金(或超产津贴),所有为此而支付的人工成本都属于延期变动成本。其习性模型如右图 2-7 所示。

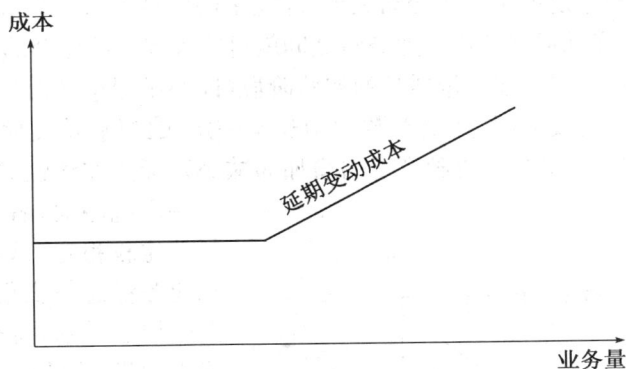

图 2-7　延期变动成本的习性模型

(三) 相关范围问题

1. 固定成本的相关范围

成本性态是在一定时间范围内和一定业务量范围内所表现出来的特性,如固定成本的发生额不受业务量增减变动的影响,是有条件的。也就是说,只有在这个范围内,固定成本总额才不会发生改变,这个范围在管理会计中称为相关范围。依前例,东风汽车公司 3 台专用设备的每月租金 48 000 元,其最大生产能量为 400 辆,若超过 400 辆,势必还需要增租固定设备,租金支出就要相应增加。另外,若该厂的轿车产量低于 100 台,租用的设备就无须 3 台,租金支出就可相应减少。由此可见,东风汽车公司的租金总成本 48 000 元仅在产量为 100~400 台时才是固定不变的。这就是东风汽车公司租金总成本固定不变的相关范围,如图 2-8 所示。

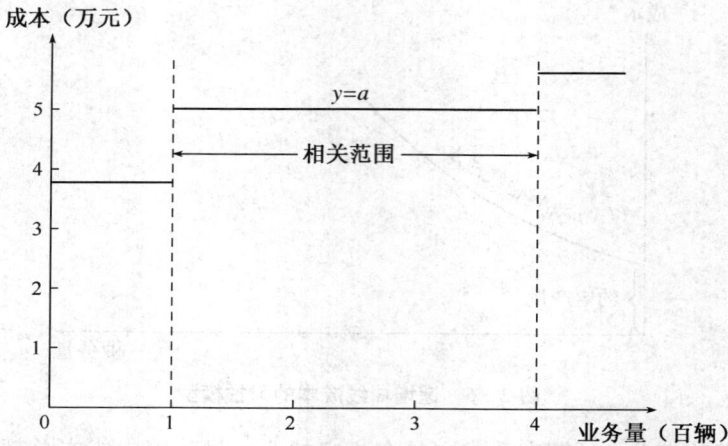

图 2-8 固定成本的相关范围

2. 变动成本的相关范围

在实际工作中,许多行业的变动成本总额和业务量之间的依存关系同固定成本总额一样,也存在着一定的相关范围,即在一定的业务量范围和时间范围内,变动成本总额和业务量之间才会保持相当稳定的正比例变动关系,即完全的线性关系。但如果超出一定的业务量范围和时间范围,变动成本总额和业务量之间就可能表现为不完全的线性关系。

例如,化工行业的产品,在产量增长的初始阶段(即小批量生产时),单位产品消耗的直接材料和直接人工可能较多,与产量总数的增长不一定成比例,从而使变动成本总额(bx)曲线呈向下弯曲的趋势(即斜率 b 随产量的增加而减小),形成非线性关系。但当产量增长到一定范围时,各项材料和人工的消耗就比较稳定,从而使变动成本总额和业务量总数之间呈现出严格的、完全的线性关系,这个范围就称为变动成本的相关范围。如果产量超出相关范围继续增长,就可能出现一些新的不利因素,促使产品的单位变动成本(b)增高,从而使变动成本总额(bx)曲线呈向上弯曲的趋势,又形成非线性关系,如图 2-9 所示。可见,变动成本总额与业务量之间的线性关系,通常也只存在于一定的相关范围内,若超出相关范围,则表现为非线性关系。

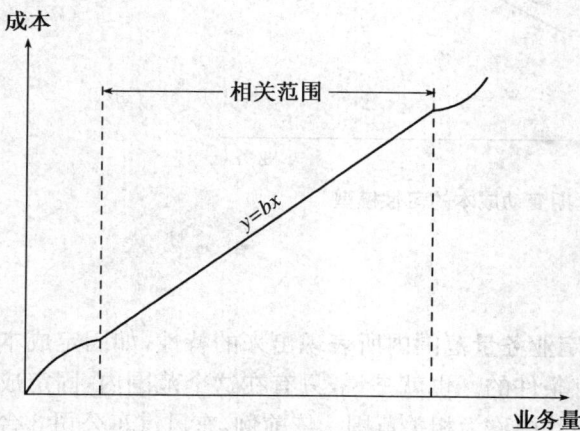

图 2-9 变动成本的相关范围

任务二 混合成本分解的方法

管理会计为了规划与控制企业的
经济活动,首先把全部成本按其习性划分为变动成本、固定成本和混合成本。然而在实际工作中,混合成本的变化形式比较复杂,不便于分析和应用,因此需要采用不同的专门方法将其中变动和固定两种因素分解出来,再分别纳入变动成本和固定成本两大类中,这就称为混合成本的分解。

在实际工作中,混合成本最常用的分解方法有高低点法、布点图法和回归直线法三种。

一、高低点法

高低点法是以某一期间内的最高业务量(高点)的混合成本与最低业务量(低点)的混合成本之差,除以最高业务量与最低业务量之差,计算出单位变动成本;再将其代入高点或低点的混合成本公式,并分别计算出混合成本中的固定成本和变动成本。

高低点法的基本原理是,任何一个混合成本项目都包含有变动成本和固定成本两种因素,因而混合成本的数学模型与总成本的数学模型相似,亦可用直线方程式 $y=a+bx$ 来表示,只不过参数 a 和 b 的含义有所不同。

必须指出,在混合成本 $y=a+bx$ 的方程式中,根据成本习性,a 在相关范围内是固定不变的,高低点业务量发生变动对它没有影响,故可舍去不加考虑。若 b 在相关范围内是个常数,则变动成本总额就随着高低点业务量(x)的变动而变动。因此,上述混合成本公式可改写为

$$\Delta y=b\Delta x$$

式中,Δy 代表高低点混合成本之差;Δx 代表高低点业务量之差。

整理后的公式如下:

$$b=\frac{\Delta y}{\Delta x}$$

将 b 的值代入高点或低点的混合成本公式,移项即可求得 a 的值。即

$$a=y_{高}-bx_{高}$$

或

$$a=y_{低}-bx_{低}$$

【实务 2-1】 长虹机械厂 2×17 年下半年 6 个月的设备维修费数据如表 2-1 所示。

要求:采用高低点法将混合成本设备维修费分解为变动成本和固定成本。

表 2-1 长虹机械厂 2×17 年 7~12 月份的设备维修费 单位:元

月 份	7	8	9	10	11	12
业务量(x)(千机器小时)	6	8	4	7	9	5
维修费(y)	110	115	85	105	120	100

解析:先根据上述维修费的历史资料,找出最高业务量与最低业务量实际发生的维修费

数据并列表如表2-2所示。

表2-2　高低点的有关数据　　　　　　　　　　　　　　单位:元

项　　目	高点(11月)	低点(9月)	差额(Δ)
业务量(x)(千机器小时)	9	4	$\Delta x = 5$
维修费(y)	120	85	$\Delta y = 35$

$$b = \frac{\Delta y}{\Delta x} = \frac{35}{5} = 7(元/千机器小时)$$

将b值代入高点混合成本公式,并移项,可得

$$a = y_高 - bx_高 = 120 - 7 \times 9 = 57(元)$$

或将b值代入低点混合成本公式,并移项,可得

$$a = y_低 - bx_低 = 85 - 7 \times 4 = 57(元)$$

通过以上计算,可见长虹机械厂混合成本(维修费)采用高低点法进行分解后,其固定成本总额为57元,其余部分就是变动成本总额。

最后,把维修费的上述关系归纳为下列混合成本公式:

$$y = 57 + 7x$$

必须指出,采用高低点法选用的历史成本数据,应能代表该项业务活动的正常情况,不得含有任何不正常状态下的成本。此外,通过高低点法分解而求得的混合成本公式($y = 57 + 7x$),只适用于相关范围内的情况,即在本例中只适用于4 000~9 000机器小时的相关范围,超出相关范围则不适用。

在实际工作中,若混合成本的变动部分与业务量基本上保持正比例关系,采用高低点法进行分解最为简便。但此法也有明显的局限性,因其只采用了历史成本资料中的高点和低点两组数据,没有考虑其他数据的影响,故其准确性较差。

二、布点图法

布点图法亦可称为散点图法。它是把过去某一期间混合成本的历史数据逐一标明在坐标图上,一般以横轴代表业务量,纵轴代表混合成本。这样,各个历史成本数据就形成若干个成本点散布在坐标图上。通过目测,在各个成本点之间画一条能反映成本变动的平均趋势直线,并据以确定混合成本中的固定成本和变动成本数额。

【实务2-2】　仍沿用【实务2-1】所列举的长虹机械厂2×17年下半年6个月设备维修费数据。

要求:采用布点图法加以分解。

解析:根据长虹机械厂2×17年下半年6个月的历史数据,首先在坐标图上标出6个成本点,如图2-10所示。

通过目测,在6个成本点之间画一条能反映混合成本的平均变动趋势直线,并尽量要求该直线上下各成本点与直线之间的误差之和为0。该直线与纵轴相交之处就是维修费的固定成本总额(a)。在图2-10中,$a = 58$。

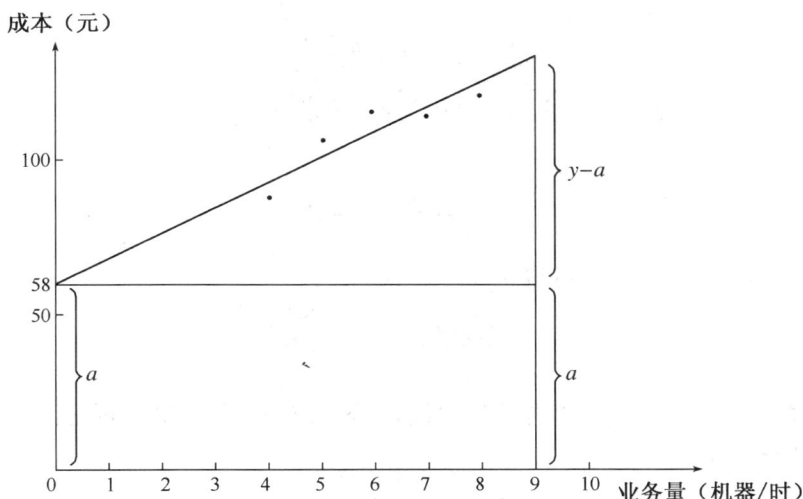

图 2-10　维修费的布点图

图上所画的混合成本平均变动趋势直线的斜率,即 b(单位变动成本),可按下列公式计算:

$$b = \frac{y-a}{x} = \frac{120-58}{9} = 6.89(元/千机器小时)$$

得到 a 和 b 值以后,就可以将混合成本的公式确定为

$$y = 58 + 6.89x$$

必须指出,采用布点图法,通过目测所画出的成本变动的平均趋势直线,往往因人而异,一般很难统一,但该方法使用简便,容易理解。

三、回归直线法

回归直线法是根据过去一定期间的业务量和混合成本的历史资料,应用最小平方法原理,算出最能代表业务量与混合成本关系的回归直线,借以确定混合成本中的固定成本和变动成本。

回归直线法的基本原理是,首先按布点图法,把过去一定期间的混合成本历史数据,逐一在坐标图上标明。然后通过目测,在各个成本点之间画一条能反映业务量与混合成本关系的平均变动趋势直线。从数学的观点来看,应选用全部观测数据(即成本点)的误差平方和最小的直线,这条直线在数理统计中称为回归直线。正因为这种方法要使所有成本点误差的平方和达到最小值,故亦称为最小平方法。

回归直线法的数学推导,仍以混合成本的直线方程式为基础,即

$$y = a + bx$$

其中,y 代表混合成本总额;x 代表业务量;a 代表混合成本中的固定成本总额;b 代表混合成本中的单位变动成本。

根据上述混合成本的基本方程式及实际所得到的 n 个观测值,即可建立回归直线的联立方程组,然后将上述方程组中的 n 个方程式相加,从而得到用 n 个观测值和 n 个形式表达

的方程式,即

$$\sum y = na + b\sum x \tag{2-1}$$

$$\sum xy = a\sum x + b\sum x^2 \tag{2-2}$$

由(2-1)式得

$$a = \frac{\sum y - b\sum x}{n} \tag{2-3}$$

将(2-3)式代入(2-2)式,可得

$$b = \frac{n\sum xy - \sum x\sum y}{n\sum x^2 - \left(\sum x\right)^2} \tag{2-4}$$

根据公式(2-3)和(2-4),将有关数据代入,先求 b,后求 a,最终可把混合成本分解为固定成本和变动成本。

【实务2-3】 仍沿用【实务2-1】所列举的长虹机械厂2×17年下半年6个月的设备维修费数据。要求:采用回归直线法加以分解。

解析:首先,根据长虹机械厂2×17年下半年6个月的维修费资料进行加工延伸,计算出求 a 与 b 的值所需的有关数据,如表2-3所示。

表2-3 长虹机械厂2×17年下半年维修费数据 　　　　　　　　单位:元

月 份	业务量(x) (千机器小时)	维修费(y)	xy	x^2
7	6	110	660	36
8	8	115	920	64
9	4	85	340	16
10	7	105	735	49
11	9	120	1 080	81
12	5	100	500	25
$n=6$	$\sum x = 39$	$\sum y = 635$	$\sum xy = 4\ 235$	$\sum x^2 = 271$

其次,根据表2-3最后一行的合计数,代入上述(2-3)和(2-4)两个公式,分别确定 b 与 a 的值:

$$b = \frac{n\sum xy - \sum x\sum y}{n\sum x^2 - \left(\sum x\right)^2} = \frac{(6\times 4\ 235) - (39\times 635)}{(6\times 271) - (39)^2} = \frac{645}{105} = 6.14(元/千机器小时)$$

$$a = \frac{\sum y - b\sum x}{n} = \frac{635 - (6.14\times 39)}{6} = \frac{395.54}{6} = 65.92(元)$$

计算出 a 与 b 后,维修费的混合成本就可确定为

$$y = a + bx = 65.92 + 6.14x$$

综上所述,在以上数学分解的三种方法中,若混合成本的变动部分与业务量基本上保持正比例关系,采用高低点法最为简便。若混合成本中的变动部分与业务量的关系并不按一定的变动率进行变化,同时最高与最低业务量的混合成本有过高、过低现象,那么就应采用

布点图法或回归直线法。当然,布点图法通过目测画线,其准确性往往不高,但该方法使用方便,容易理解。至于回归直线法,从数学的观点来说,它利用了离差平方和最小的原理,故较为准确,但工作量较大。

最后还应指出,上述三种分解方法均包含有估计的成分,带有一定程度的假定性,故其分解结果均不可能绝对准确,只能求得近似值。正因为如此,在西方国家的一些中小型企业中,如果它们的混合成本在相关范围内数额变动不大,为了简化计算手续,也可把混合成本全部视为固定成本处理,不再进行分解。

任务三　变动成本法及其分析

一、全部成本法简介

全部成本法是指在计算产品成本和存货成本时,把一定期间内在生产过程中所消耗的直接材料、直接人工、变动性制造费用和固定性制造费用的全部成本都包括在内。正因为它是把所有变动成本和固定成本都归纳到产品成本和存货成本中去,故亦称之为吸收成本法。

在全部成本法中,固定性制造费用也是存货成本的一个组成部分。只有当存货出售时,这部分固定性制造费用才构成销货成本反映在收益表内,并与当期的销售收入相匹配。也就是说,在采用全部成本法时,任何会计期间只要生产量大于销售量,就必然会有一部分固定性制造费用滞留在存货成本内,就会使按全部成本法所确定的税前利润偏高,这样既不符合经济学原理,也很难使管理人员接受、理解,甚至还会促使企业片面追求产量,盲目生产社会不需要的产品,造成产品积压、资源浪费。

二、变动成本计算法及其理论根据

变动成本法亦可以称为变动成本计算法,是在计算产品成本和存货成本时,只包括在生产过程所消耗的直接材料、直接人工和变动性制造费用,而把固定性制造费用全部列入收益表内的期间成本项目内,这是管理会计专有的一种成本计算方法。

变动成本法是美国学者哈里斯于1936年首先提出来的。它弥补了全部成本法所确定的税前利润要受存货变动影响的缺陷。但该理论当时并没有受到社会的广泛关注,在实际工作中也很少被企业采用。直到20世纪50年代现代管理会计体系正式形成以后,预测分析、决策分析、预算控制日益受到人们的普遍重视,企业管理当局要求会计部门提供更广泛、更有用的管理信息(例如,单位变动成本、经营杠杆系数等),以便加强对经济活动的事前规划和日常控制,于是变动成本法不胫而走。其后,变动成本法被广泛应用于美国、日本、加拿大、澳大利亚和西欧各国的企业内部管理,并成为管理会计中最具特色的会计核算方法。

变动成本法改变了全部成本法中将固定性制造费用在本期销货与存货之间进行分配的传统,而由当期的销货收入负担全部固定成本。其理论根据是,固定性制造费用是为企业提供一定的生产经营条件,以保持生产能力,并使它处于准备状态而发生的成本。它们同产品的实际产量没有直接联系,既不会由于产量的提高而增加,也不会因产量的下降而减少。它们实质上是联系会计期间所发生的费用,并随着时间的消逝而逐渐丧失。所以,其效益不应递延到下一个会计期间,而应在费用发生的当期全额列入收益表内,作为本期利润总额的减除项目。

由于变动成本法不包括固定性制造费用在内,故亦被称为直接成本法。在英国则习惯地称之为边际成本法。

三、变动成本法的特点

变动成本法的特点可通过与全部成本法的对比充分体现出来。下面从三个方面进行比较。

(一) 从成本划分的标准、类别以及产品成本包含的内容来看

变动成本法是根据成本习性把企业全部成本划分为变动成本和固定成本两大类。其产品成本的内容只包括变动性生产成本中的直接材料、直接人工和变动制造费用三个项目。固定性制造费用则作为期间成本处理,非生产领域的销售费用、管理费用也要区分为变动和固定两部分,并在收益表中分开列示。

全部成本法则根据成本的经济职能和用途,把企业的全部成本分为生产领域的成本、销售领域的成本和管理领域的成本三大类。其产品成本的内容则是单指生产领域内直接材料、直接人工和全部制造费用三大项目。

两种成本计算方法在成本划分及产品成本包含内容上的差异如表2-4所示。

表2-4 两种成本计算方法在成本划分及产品成本包含内容上的差别

区别的标志	变动成本法	全部成本法
成本划分的标准	按成本习性划分	按成本经济职能和用途划分
成本划分的类别	变动成本 { 变动生产成本 { 直接材料 / 直接人工 / 变动制造费用 } 变动销售费用 变动管理费用 } 固定成本 { 固定制造费用 / 固定销售费用 / 固定管理费用 }	生产领域成本 { 直接材料 / 直接人工 / 全部制造费用 } 销售领域成本——全部销售费用 管理领域成本——全部管理费用
产品成本包含的内容	变动生产成本 { 直接材料 / 直接人工 / 变动制造费用 }	全部生产成本 { 直接材料 / 直接人工 / 全部制造费用 }

【实务2-4】 宝隆公司某年全年只产销甲产品,其产销量及有关成本资料如表2-5所示。

要求:根据上述资料,采用两种不同的成本计算方法,分别计算甲产品的成本。

表2-5 宝隆公司产销量及有关成本资料　　　　元

基本资料		成本资料			
本年生产量(件)	2 000	直接材料	70 000		
期初存货量(件)	0	直接人工	40 000		
本年销售量(件)	1 800	制造费用	40 000	变动费用	10 000
				固定费用	30 000
期末存货量(件)	200	销售费用	30 000	变动费用	10 000
				固定费用	20 000
销售单价	100	管理费用	10 000	变动费用	1 000
				固定费用	9 000

解析:根据上述资料,分别对甲产品成本进行计算并编制产品成本计算单,如表2-6所示。

表2-6 产品成本计算单　　　　元

成本项目	变动成本法		全部成本法	
	总成本	单位成本	总成本	单位成本
直接材料	70 000	35	70 000	35
直接人工	40 000	20	40 000	20
变动性制造费用	10 000	5	10 000	5
变动生产成本	120 000	60		
固定性制造费用			30 000	15
全部生产成本			150 000	75

从表2-6中的计算结果可以看出,宝隆公司若采用变动成本法,其单位产品成本为60元。若采用全部成本法,其单位产品成本为75元。

(二) 从产成品和在产品的存货计价来看

采用变动成本法,只应包括变动生产成本,而不包括固定性制造费用,如【实务2-4】中每件存货成本为60元。若采用全部成本法,则由于在已销售的产成品、库存的产成品与在产品之间都分配了全部生产成本,因此它的期末产成品和在产品的存货计价,也应以全部生产成本为准,如【实务2-4】中每件产成品存货成本为75元,其金额大于变动成本法的计价。

【实务2-5】 仍沿用【实务2-4】宝隆公司的资料,编制两种成本计算方法计价的产成品存货计算单,如表2-7所示。

表2-7 期末存货计算单　　　　元

项 目	变动成本法	全部成本法
单位产品成本	60	75
期末存货数据(件)	200	200
期末存货成本	120 000	150 000

(三) 从计算损益的公式来看

由于变动成本法是建立在成本性态分类基础上的一种方法,其成本分类标准与完全成本法不同,因此变动成本法计算损益的公式与全部成本法的差别较大。具体分析如下:

1. 变动成本法

(1) 贡献毛益总额计算公式:

$$销售收入总额-变动成本总额=贡献毛益总额 \quad (2-5)$$

值得注意的是,这里的变动成本总额包括变动生产成本和变动销售及管理成本。至于变动生产成本的计算,无须考虑期初、期末存货的增减变动,只需以单位变动生产成本乘以销售量即可求得。

(2) 税前净利润计算公式:

$$贡献毛益总额-期间成本总额=税前净利润 \quad (2-6)$$

这里的期间成本总额包括全部固定成本,即固定制造费用、固定销售费用及管理费用。

2. 全部成本法

(1) 销售毛利总额计算公式:

$$销售收入总额-已销售的生产成本总额=销售毛利总额 \quad (2-7)$$

其中:

$$已销售的生产成本总额=期初存货成本+本期生产成本-期末存货成本$$

(2) 税前净利润计算公式:

$$销售毛利总额-营业费用总额=税前净利润 \quad (2-8)$$

这里的营业费用总额包括变动的与固定的销售及管理费用。

【实务 2-6】 仍沿用【实务 2-4】宝隆公司的资料。

要求:分别采用变动成本法、全部成本法来计算盈亏。

解析:

(1) 按变动成本法计算。

① 贡献毛益总额=销售收入总额-变动成本总额
$$=(100\times1\,800)-[(60\times1\,800)+10\,000+1\,000]$$
$$=180\,000-119\,000=61\,000(元)$$

② 税前净利润=贡献毛益总额-期间成本总额
$$=61\,000-(30\,000+20\,000+9\,000)$$
$$=61\,000-59\,000=2\,000(元)$$

(2) 按全部成本法计算。

① 销售毛利总额=销售收入总额-已销售的生产成本总额
$$=(100\times1\,800)-[0+(75\times2\,000)-(75\times200)]$$
$$=180\,000-135\,000=45\,000(元)$$

② 税前净利润=销售毛利总额-营业费用总额
$$=45\,000-(30\,000+10\,000)=5\,000(元)$$

从以上计算结果可以看出,根据两种成本计算方法确定出来的税前净利润是不相等的,其原因就在于这两种方法对期末存货的计价不同。

四、两种成本计算方法在编制收益表方面的差异

(一)销售量逐年变动而生产量维持不变的情况下,两种方法对收益表的影响

【实务 2-7】 假定表 2-8 是飞龙公司最近 3 年生产甲产品的有关资料,其中第一年生产量等于销售量(即期初、期末存货量相等),第二年生产量大于销售量(即期末存货量大于期初存货量),第三年生产量小于销售量(即期末存货量小于期初存货量)。

表 2-8　飞龙公司有关资料

项　目	第一年	第二年	第三年	合　计
期初存货量(件)	500	500	1 500	2 500
本期生产量(件)	8 000	8 000	8 000	24 000
本期销售量(件)	8 000	7 000	9 000	24 000
期末存货量(件)	500	1 500	500	500

基本资料		单位产品成本单		
每件售价	12 元	全部成本法		变动成本法
单位变动生产成本	5 元	变动生产成本	5 元	变动生产成本　　　5 元
固定性生产成本总额	24 000 元	固定性生产成本 (24 000÷8 000)	3 元	
固定性销售及管理成本	25 000 元	单位产品成本	8 元	单位产品成本　　　5 元

要求:根据表 2-8 的资料分别按两种成本计算方法编制 3 年的收益表。

解析:其结果如表 2-9 所示。

表 2-9　飞龙公司收益表　　　　　　　　　　　　　　　　　　　元

摘　要	第一年	第二年	第三年	合　计
(按全部成本法编制)				
销售收入总额	96 000	84 000	108 000	288 000
销售成本				
期初存货成本	4 000	4 000	12 000	20 000
生产成本(按产量计算)	64 000	64 000	64 000	192 000
可供销售的生产成本	68 000	68 000	76 000	212 000
减:期末存货成本	4 000	12 000	4 000	20 000
销售成本总额	64 000	56 000	72 000	192 000

摘　要	第一年	第二年	第三年	合　计
（按全部成本法编制）				
销售毛利	32 000	28 000	36 000	96 000
减:销售及管理成本	25 000	25 000	25 000	75 000
税前净利润	7 000	3 000	11 000	21 000
（按变动成本法编制）				
销售收入总额	96 000	84 000	108 000	288 000
变动成本总额				
变动生产成本(按销量计算)	40 000	35 000	45 000	120 000
贡献毛益总额	56 000	49 000	63 000	168 000
减:期间成本				
固定性生产成本	24 000	24 000	24 000	72 000
固定销售及管理成本	25 000	25 000	25 000	75 000
期间成本总额	49 000	49 000	49 000	147 000
税前净利润	7 000	0	14 000	21 000

将表2-9的两张收益表的税前净利润加以对比,我们可以发现:

第一年——两种方法求得的税前净利润是相同的。这是因为当年的生产量等于销售量,期初存货与期末存货的数量及其所包含的固定性生产成本也都相等。因此,采用全部成本法与采用变动成本法一样,均没有本期固定性生产成本需结转下期存货,也没有固定性生产成本自上期转入本期销售成本的问题,故两种方法计算出的税前净利润相同。

第二年——按全部成本法计算出的税前净利润较按变动成本法计算出的税前净利润高3 000元(=3 000-0)。这是因为该年的生产量大于销售量,使期末存货增加1 000件(=1 500-500),而每件存货成本按全部成本法要比按变动成本法高3元(即单位固定性生产成本的数额)。因此,按全部成本法就必然要把期末存货1 000件所包含的固定性生产成本3 000元(=3×1 000)转入下一年度,本期已销产品7 000件只负担了21 000元的固定性制造费用;而变动成本法无论产销量如何,总是将该期的固定性制造费用24 000元全部计入当期损益。故采用全部成本法计算的税前净利润要比采用变动成本法计算的税前净利润高3 000元。

第三年——按全部成本法计算出的税前净利润较按变动成本法计算出的税前净利润低3 000元(=14 000-11 000)。这是因为该年的生产量小于销售量,使期末存货减少1 000件。采用全部成本法就必须把第二年年末转来的期初存货1 000件中所包含的固定性生产成本3 000元(=3×1 000)转入本期作为销售成本。这样一来,第三年按全部成本法计算的销售成本不仅包括第三年的固定性生产成本24 000元,而且要加上第二年转来的3 000元固定性生产成本,而变动成本法下的固定性生产成本只包括本期的24 000元。因此,采用全部成本法计算的销售成本就必然要比采用变动成本法计算的销售成本多3 000元,采用全部成本法计算的税前净利润也就必然要比采用变动成本法计算的税前净利润少3 000元。

(二)在产量逐年变动而销售量维持不变的情况下,两种方法对收益表的影响

【实务2-8】 假定永丰公司最近3年只产销乙产品,其有关资料如表2-10所示。

表2-10　永丰公司有关资料

项　目	第一年	第二年	第三年	合　计
期初存货量(件)	0	0	2 000	0
当年生产量(件)	6 000	8 000	4 000	18 000
当年销售量(件)	6 000	6 000	6 000	18 000
期末存货量(件)	0	2 000	0	0

基本资料		单位产品成本						
		全部成本法			变动成本法			
每件售价　10元	年度	第一年	第二年	第三年	年度	第一年	第二年	第三年
单位变动生产成本　4元	变动生产成本	4元	4元	4元	变动生产成本	4元	4元	4元
固定性生产成本总额 24 000元	固定性生产成本	4元	3元	6元	单位产品成本	4元	4元	4元
固定性销售及管理成本 6 000元	单位产品成本	8元	7元	10元				

要求:根据上述资料,分别按两种成本计算方法编制3年的收益表。

解析:其结果如表2-11所示。

表2-11　永丰公司收益表　　　　　　　　　　　　　　　　　元

项　目	第一年	第二年	第三年	合　计
(按全部成本法编制)				
销售收入总额	60 000	60 000	60 000	180 000
销售成本				
期初存货成本	0	0	14 000	0
生产成本(按产量计算)	48 000	56 000	40 000	144 000
可供销售的生产成本	48 000	56 000	54 000	158 000
减:期末存货成本	0	14 000	0	0

摘 要	第一年	第二年	第三年	合 计
（按全部成本法编制）				
销售成本总额	48 000	42 000	54 000	144 000
销售毛利	12 000	18 000	6 000	36 000
减:销售及管理成本	6 000	6 000	6 000	18 000
税前净利润	6 000	12 000	0	18 000
（按变动成本法编制）				
销售收入总额	60 000	60 000	60 000	180 000
变动成本总额				
变动生产成本(按销量计算)	24 000	24 000	24 000	72 000
贡献毛益总额	36 000	36 000	36 000	108 000
减:期间成本				
固定性生产成本	24 000	24 000	24 000	72 000
固定销售及管理成本	6 000	6 000	6 000	18 000
期间成本总额	30 000	30 000	30 000	90 000
税前净利润	6 000	6 000	6 000	18 000

将表 2-11 中按两种方法编制的收益表所求得的税前净利润进行对比,我们可以发现:

第一年——两种方法求得的税前净利润是相同的。这是因为当年的生产量等于销售量,期初存货与期末存货的数量及其包含的固定性生产成本都相等。因此,采用全部成本法与采用变动成本法一致,均没有固定性生产成本由上期转入本期,也没有需要将本期固定性生产成本结转到下期的情况,故两种方法计算出的税前净利润相同。

第二年——按全部成本法计算出的税前净利润,较按变动成本法计算出的税前净利润高 6 000 元(=12 000-6 000)。这是因为该年的生产量大于销售量,使期末存货增加了 2 000 件,而每件存货的成本按全部成本法要比按变动成本法计算高 3 元(即单位固定性生产成本)。当采用完全成本法时,2 000 件期末存货所包含的 6 000 元(=3×2 000)固定性生产成本随存货的结转全部被转入下期,从而使本期已销产品所负担的固定性生产成本比采用变动成本法所负担的固定性生产成本少 6 000 元。因此,采用全部成本法计算的税前净利润比采用变动成本法计算的税前净利润高 6 000 元。

第三年——按全部成本法计算出的税前净利润,较按变动成本法计算的税前净利润低 6 000 元(=6 000-0)。这是因为该年的销售量比生产量多 2 000 件(=6 000-4 000),这意味着该年不仅将本期生产的产品全部销售了,而且还销售了上期转入的 2 000 件存货。这样一来,第三年按全部成本法计算的销售成本中不仅包含第三年的固定性生产成本,而且还要加上第二年年末转来的 6 000 元固定性生产成本(除变动成本外)。因此,采用全部成本法计算的本期已销产品所负担的固定性生产成本就要比采用变动成本法计算的销售成本多

6 000元,从而采用全部成本法计算的税前净利润也就要比采用变动成本法计算的税前净利润少6 000元。

另外,从这个实例也可以看出,采用变动成本法时,不论三个会计年度的产量有无变动,存货量有无增减,只要各年销售量相同,其税前净利润就保持不变(在【实务2-8】中,每年的税前净利润均为6 000元),这是完全符合经济学原理的。换句话说,当我们采用了变动成本法以后,在销售单价与单位变动成本不变的情况下,产量高低与存货增减对税前净利润均无影响,决定税前净利润大小的主要因素是销售量。

五、全部成本法和变动成本法的优、缺点

(一) 全部成本法的优、缺点

1. 全部成本法的优点

当今世界正步入信息社会的高技术时代,国际国内市场竞争激烈,企业为了应对竞争对手,追求高额利润,经常更新设备,开发新产品;政府部门为了支持和鼓励企业采用高技术,加快科学技术向生产力的转化,增强企业的后劲,因而允许某些行业采用加速折旧的方法,使固定资产的价值以超过实体周转率1倍以上的速度往产品上转移。在这种情况下,如果采用全部成本法,就会使单位产品成本随着产量而变化。也就是说,产量越大,单位固定性生产成本越低,于是整个单位产品的生产成本也随之降低了,这样会大大刺激企业提高产品产量的积极性。

2. 全部成本法的缺点

第一,采用全部成本法计算出来的单位产品成本有时不能如实反映企业的真实业绩,有可能掩盖或夸大经营实绩。

第二,按照经济学原理,商品只有销售出去,其价值才算得到社会的承认,企业才能获得收入和利润。在售价、单位变动成本和固定成本总额水平不变的情况下,多销售产品就应该多获得利润。但是,按照全部成本法所确定的税前净利润,往往与产量的关系比与销量的关系更密切,从而可能会促使企业片面追求高产量、高产值,盲目生产社会不需要的产品。

(1)采用全部成本法,尽管企业的某产品每年的销售量相同,销售单价和成本水平(包括单位变动成本和固定成本总额)均无变动,但只要产量不同,各年的单位产品成本和税前净利润就有很大差别。

(2)采用全部成本法,尽管企业的某产品当年的销售量超过前一年,而销售单价和成本水平均无变动,但只要当年的期末存货比前一年显著减少,就会出现当年的税前净利润反而比前一年减少的情况。

(3)采用全部成本法,在销售单位、单位变动成本、固定成本总额保持不变的情况下,如果产量大幅度增长,就会出现销售量下降而税前净利润增加的奇怪现象。这不仅使人费解,而且会促使企业盲目生产市场不需要的产品,造成人力、物力和财力等资源的极大浪费。

第三,采用全部成本法,由于销售成本未按成本习性分为变动成本与固定成本,因此无法计算贡献毛益,从而当企业要进行预测分析、经营决策、编制弹性预算时,就无法取得相关数据。管理当局收到这类财务报表,还必须另行分类计算,才能据以规划和控制企业的经济活动。

第四,采用全部成本法,对于固定性制造费用往往需要经过很烦琐的分配手续摊入产品成本,而固定性制造费用的各种分配方法,总难免要受会计主管人员主观判断的影响,带有较大的随意性。

(二)变动成本法的优点及其局限性

1. 变动成本法的优点

从前面的介绍中可以知道,变动成本法的诞生突破了传统的、狭隘的成本观点,为强化企业的内部经营管理、提高经济效益开创了新路。这种成本计算方法的优点可扼要地归纳为以下五个方面:

(1) 符合"费用与收益相配合"的会计原则。从理论上来说,这种方法最符合"费用与收益相配合"这一公认会计原则的要求。所谓"费用与收益相配合"的原则,就是要求会计所记录的在一定期间所发生的收益和费用,必须属于这一会计期间。也就是说,在一定的会计期间内,应当以产生的收益为根据,把有关的费用同所产生的收益配合起来。这项原则与我国1992年11月底颁布的《企业会计准则》中权责发生制记账基础的要求是完全吻合的。变动成本法的基本原理就是把转作本期费用的成本,按照成本习性分为两大部分,一部分是直接与产品制造有联系的成本,即变动成本,如直接材料、直接人工以及随着产量变动而变动的制造费用。它们需要按产品销售量的比例,将其中已销售的部分转作销售成本(即当期费用),同本期销售收入(即当期收益)相匹配。另外,将未销售的产品成本转作存货成本,以便与未来预期获得的收益相匹配。另一部分是同产品制造没有直接联系的成本,即固定成本。它们是为了保持生产能力并使其处于准备状态而引起的各种费用。这类成本与生产能力的利用程度无关,既不会因产量的提高而增加,也不会因产量的下降而减少。它们只与期间相关,并随着时间的消逝而逐渐消失,故应全部列作期间成本,同本期的收益相匹配,由当期的税前净利润来负担。

(2) 能提供有用的管理信息,为预测、决策和规划未来服务。采用变动成本法计算的单位变动成本、贡献毛益总额以及其他有关信息(如贡献毛益率、变动成本率、经营杠杆系数等),对管理当局十分有用。因为它们能揭示业务量与成本变动的内在规律,找出生产、销售、成本和利润之间的依存关系,提供各种产品的盈利能力、经营风险等重要信息。

(3) 便于分清各部门的经营责任,有利于进行成本控制和业绩评价。一般来说,变动生产成本的高低最能反映出企业生产部门和供应部门的工作业绩。例如,在直接材料、直接人工和变动制造费用方面,若有所节约或超支,就会立即从产品的变动生产成本指标上反映出来,它们可以通过事前制订标准成本和建立弹性预算进行日常控制。至于固定性生产成本的高低,责任一般不在生产部门,通常应由管理部门负责,可通过事先制订费用预算的办法进行控制。另外,变动成本法提供的信息还能把由于产量变动所引起的成本升降,同由于成本控制工作的好坏而引起的成本升降清楚地区别开来。这不仅有利于我们进行科学的分析,采用正确的方法进行成本控制,还能对各有关责任单位履行经营责任的工作业绩做出恰当的、实事求是的评价。

(4) 促使企业管理当局重视销售环节,防止盲目生产。采用变动成本法以后,产量的高低与存货的增减对税前净利润都没有影响(参见【实务2-8】)。在销售单价、单位变动成本不变的情况下,企业的税前净利润将随销售量同方向变动。这样一来,就会促使管理当局十分重视销售环节,千方百计加强促销,并把主要精力集中在研究市场动态、了解消费者的需求、搞好销售预测和以销定产等方面,力求做到适销对路、薄利多销,防止盲目生产。否则,若采用全部成本法,就可能出现无论销量是否增加,只要产量增加,净利润就会增加的现象,从而导致企业盲目生产。

(5) 简化成本计算,便于加强日常管理。采用变动成本法,把固定性制造费用全部列作期间成本,从贡献毛益总额中一笔减除,从而省掉了间接费用的分摊。这不仅大大简化了产品成本的计算过程,避免间接费用分摊中的一些主观随意性(特别是生产多品种的企业),而且可以使会计人员从繁重的计算工作中解脱出来。

2. 变动成本法的局限性

(1) 不符合传统的成本概念的要求。美国会计学会和准则委员会认为:"成本是为了达到一个特定的目的而已经发生或可能发生的以货币计量的牺牲。"按照这个传统观念,产品成本就应该既包括变动成本,也包括固定成本,而按变动成本法计算出来的产品成本,显然不符合这个要求。

(2) 不能满足长期经济决策和定价决策的需要。尽管变动成本法所提供的信息在短期经营决策中能作为确定最优方案的重要根据,但不能解决诸如增加或减少生产能力,以及扩大或缩小经营规模的长期决策问题。因为从长期来看,由于技术进步和通货膨胀等因素的影响,销售单价、单位变动成本和固定成本总额很难固定不变。另外,在定价决策中,一般需要掌握产品的全部成本资料(包括变动的和固定的成本信息),因为它们都应该得到补偿。而变动成本法所提供的产品成本资料,显然不能适应这方面的需要。

(3) 从传统的全部成本法过渡到变动成本法时,会影响有关方面的利益。在实际工作中,如由原来的全部成本法过渡到变动成本法时,一般要降低期末存货的计价(即在存货成本中要减去固定性生产成本),因为要等这些存货售出时才能实现利润,于是就会减少当期的税前净利润。这就会使企业延迟支付当期的所得税,从而暂时影响当期税务机关的收入所得。

【技能实训】

华健公司专门生产运动背包,2×16 年第一季度有关资料如下:

(1) 产销及存货数量(如表 2-12 所示)。

表 2-12　华健公司 2×16 年第一季度的产销及存货数量汇总表　　　　单位:元

项　　目	一月	二月	三月
期初存货	0	0	200
生产量	1 000	1 200	800
销售量	1 000	1 000	1 000
期末存货量	0	200	0

(2) 单位变动制造成本为 30 元。

(3) 固定制造费用每月为 12 000 元。

(4) 销售费用每月 15 000 元(为简化起见,假定全部是固定费用)。

(5) 单位产品售价为 70 元。

(6) 每单位产品的全部成本如表 2-13 所示。

表 2-13　华健公司 2×16 年第一季度产品单位成本信息汇总表　　　　单位:元

项　目	一月	二月	三月
单位变动成本	30	30	30
单位固定成本	12	10	15
合　计	42	40	45

(7) 存货计价采用先进先出法。

要求:

(1) 分别按全部成本法和变动成本法编制该年度第一季度每月的损益表;

(2) 销售量一样,为什么按全部成本法计算的各月利润不同? 你认为这一现象是否合理?

项目三　本量利分析

【知识目标】

1. 了解本量利分析的含义及意义；
2. 了解盈亏平衡点的概念及作用；
3. 理解安全边际的概念及意义；
4. 理解目标利润的概念及作用。

【能力目标】

1. 掌握盈亏平衡点的销售量及销售额的计算方法，并能够运用盈亏平衡点的概念进行经营决策分析；
2. 掌握目标利润的确定方法，并能够将其应用于企业经营决策；
3. 掌握利润敏感分析的基本方法，并能够将其应用于经营风险分析。

【导入案例】

王奇为什么可以拿到成本节约奖

张华下岗后在其所在社区开了一个饺子馆，享受一切税费减免。后来因故准备将饺子馆让服务员王奇代为经营，为此，张华聘请了经验丰富的老会计李精华进行了认真核算，该饺子馆每年销售约 1.5 万千克饺子，销售收入 24 万元，总成本 18 万元，利润 6 万元，即每千克饺子售价 16 元，平均单位成本为 6 元，利润为 2 元。在与李会计商讨后，张华与王奇约定：① 如果王奇在年销售 1.5 万千克饺子的基础上，每增加 1% 的销售，他除了可以获得和原来一样的工资外，还可获得增加部分利润的 80% 作为奖金，否则按相应比例予以扣罚；② 如果王奇采取措施降低成本，使利润的增长率大于销售量的增长率，则可将由非销售量增长原因所引起的利润增长部分的 80% 奖励给王奇，否则按相应比例扣罚。

1 年以后，经李会计核算，王奇使饺子的销售量增加了 10%，从而使销售收入达到了 26.4 万元；总成本为 19.5 万元，平均每千克饺子的成本为 11.8 元，利润总额为 6.9 万元，利润增长 0.9 万元，增长率为 15%。则王奇的销售奖金为 0.48 万元（＝1.5×10%×2×80%），因降低成本而获奖金 0.24 万元[＝(6.9－6－6×10%)×80%]。因此，王奇除获得原来的固定工资外，还可获得奖金 0.72 万元。

然而,根据张华了解的情况,王奇在经营期间并未降低成本,只是将销售量提高了10%,应该只能得到0.48万元的奖金才对,为什么他还获得了成本节约奖呢?

任务一 本量利分析概述

获取利润是每个企业从事经营活动的出发点。从会计利润的基本等式可以知道,要实现企业利润的最大化,一种途径是扩大销售收入;另一种途径是降低成本。在假设产品价格和结构不变的情况下,扩大销售收入和降低成本都与产品的销售量(或业务量)密切相关,即利润、成本和业务量之间存在着密切的内在联系,本量利分析就是揭示它们之间的这种内在联系。

一、本量利分析的概念

本量利分析是在变动成本法的基础上发展起来的一种分析方法。本量利即成本、销售量(或业务量)和利润的简称。在市场经济条件下,企业生产经营所实现利润的多少取决于产品销售成本、销售数量和销售价格,并且销售成本、销售数量和销售价格之间是相互联系的。例如,在一般情况下,产品销售价格下降,产品销售数量就会增加,由于固定性制造费用在相关范围内保持不变,则产品单位成本会下降,因此,虽然产品销售价格降低会减少利润,但产品销售数量增加和单位成本下降将会增加利润;反之,产品销售价格提高,产品销售数量就会减少,产品单位成本就会升高,这样,虽然产品销售价格提高会增加利润,但产品销售数量减少和单位成本上升将会减少利润。本量利分析正是通过对成本、销量、价格与利润之间关系的研究,分析各相关因素变化对利润的影响,并为实现目标利润而对各因素进行测算、规划与控制的一种分析方法。

二、本量利分析的基本假设

基本的本量利分析是以利润、销量、单价、成本等因素之间的关系为基础.以一系列假设为前提条件的。若无特殊说明,本章讨论的内容均遵照以下假设:

(1)假设销售收入是线性的,即假设销售价格在一定业务量范围内保持不变。实际上,在市场竞争中,往往由于各种客观原因的影响而引起销售价格的变动,例如,企业可能采取降价销售策略,此时销售数量与销售收入不成正比例关系。

(2)产销平衡假设,即生产量与销售量保持一致,主要目的是为了不对固定成本进行分解。如果产量和销售量不相等,则需要对固定成本进行分配,并计算出已销产品应分摊的固定成本。

(3)假设全部成本已经划分为变动成本和固定成本两部分。实际上,这种划分比较困难,也并非十分精确。划分不精确会影响本量利分析的准确性。因此,需要事先把全部成本进行成本习性分析,对混合成本采用一定方法进行分解,尽可能消除成本分解的误差。

(4)假设固定成本总额在相关范围内保持不变。如果预期内固定成本总额发生变化,在进行本量利分析时必须加以考虑。

（5）对于生产多种产品的企业，假设其销售品种组合不变，则其所提供的贡献毛益率不变。本量利分析假定销售品种组合不变，是为了简化计算分析。如果品种结构发生变动，则需要分析其对利润的影响。

以上假设是为了便于更加清楚地揭示本量利之间的关系，在实际中应用本量利分析时，应考虑销售条件、价格、成本、产品结构及其他方面的变化，并在基本本量利分析的基础上进行一定的调整和灵活运用。

三、本量利分析的常用关系式

产品成本、销量、价格和利润之间的关系可以用以下数学公式来表示。

（一）基本的利润方程式

用损益法计算利润就是确定一定期间的收入，然后计算与这些收入相关的成本，利润就是两者之差。即

$$利润＝销售收入－总成本 \qquad (3-1)$$

其中，

$$总成本＝变动成本＋固定成本＝单位变动成本×销量＋固定成本$$

$$销售收入＝单价×销量$$

因此，

$$利润＝单价×销量－单位变动成本×销量－固定成本$$
$$＝（单价－单位变动成本）×销量－固定成本 \qquad (3-2)$$

这是基本的利润方程式，它表达了产品成本、销量、价格和利润之间的数量关系。它含有相互联系的 5 个变量，给定其中 4 个变量的值便可求出另一个变量的值。它可以根据所需计算的问题变换成其他形式，成为更接近实际的方程式。应特别指出的是，以上固定成本是指已销产品应分摊的固定成本，如果产量与销量相等，则固定成本不用分摊，全部计入当期总成本。

（二）利润方程式的变换形式

根据基本的利润方程式进行恒等变换，可得出四种变换形式。

1. 计算销售量的方程式

$$销售量＝\frac{利润＋固定成本}{单价－单位变动成本} \qquad (3-3)$$

2. 计算单价的方程式

$$单价＝单位变动成本＋\frac{利润＋固定成本}{销售量} \qquad (3-4)$$

3. 计算单位变动成本的方程式

$$单位变动成本＝单价－\frac{利润＋固定成本}{销售量} \qquad (3-5)$$

4. 计算固定成本的方程式

$$固定成本＝（单价－单位变动成本）×销售量－利润 \qquad (3-6)$$

（三）贡献毛益的计算方程式

贡献毛益又叫边际贡献，是指销售收入减去变动成本以后的差额。单位贡献毛益是产

品单价减去单位变动成本的差额,又称为创利额。在管理会计的决策分析中,贡献毛益具有十分重要的作用。其计算公式为

$$单位贡献毛益＝销售单价－单位变动成本$$

$$贡献毛益总额＝销售收入－变动成本＝(单价－单位变动成本)×销量$$

通过推理分析,可以得出

$$贡献毛益总额＝单位贡献毛益×销量＝利润＋固定成本 \qquad (3-7)$$

从定义可知,贡献毛益与利润相比,没有考虑固定成本,因此可以分产品分别计算贡献毛益,便于分析具体产品的创利能力。企业则可以根据各产品的贡献毛益之和,首先用于补偿企业的固定成本,若补偿有余额,则形成企业的利润;如果不足以补偿固定成本,则企业将发生亏损。

四、本量利分析的相关概念

(一) 盈亏平衡点

盈亏平衡点也称保本点,是指企业在一定条件下处于不盈不亏状态时的销售量或销售收入。在盈亏平衡点,企业取得的全部销售收入等于企业当期所发生的全部销售成本和费用之和,此时企业的利润为 0。

在企业正常经营状态下,如果贡献毛益低于固定成本总额,企业就处于亏损状态;如果贡献毛益恰好等于固定成本总额,企业正好不盈不亏;如果贡献毛益大于固定成本总额,企业就能盈利,贡献毛益超过固定成本总额越多,盈利就越高。对企业而言,能否避免亏损并获得利润,关键在于贡献毛益能否抵偿全部固定成本。在产品单价、单位变动成本一定的情况下,贡献毛益的大小取决于销售水平的高低。企业在进行决策时,为了安全,往往十分关心保本问题。盈亏平衡点为企业进行决策提供了一个重要的参照。此外,企业进行利润预测和规划时也需要研究盈亏平衡点。在此基础上,将企业现时或未来预计能达到的销售水平与盈亏平衡点的销售水平进行比较,就能测定企业能取得的利润(或发生的亏损),以利于企业降低消耗,挖掘生产能力,扩大销量,制订最优利润目标。

盈亏平衡点有以下两种表现形式:

(1) 盈亏平衡点销售量,以实物单位表示的盈亏平衡点;

(2) 盈亏平衡点销售额,以货币单位表示的盈亏平衡点。

此外,盈亏平衡点还可以用图形表示。盈亏平衡点的图形表示为盈亏临界图,它可以将影响企业利润的有关因素形象地用图形表现出来。盈亏临界图通常有以下三种,即基本式、贡献毛益式和量利式。

1. 基本式盈亏临界图

基本式盈亏临界图的绘制方法如下:

(1) 在直角坐标系中,以横轴表示销售量,以纵轴表示成本和销售收入。

(2) 绘制固定成本线。在纵轴上确定固定成本的数值,并以此为起点,绘制一条平行于横轴的直线,即为固定成本线。

(3) 绘制销售收入线。销售收入线可采用两点法绘制。其中一点为坐标原点,另一点可通过计算得出,即在横轴上任取一个整数销售量,计算其销售收入,在坐标系中找出与之

相对应的点,连接以上两点就可画出销售收入线。

（4）绘制总成本线。在横轴上取一销售量并计算其总成本,在坐标系中找出与之相对应的点,然后将纵轴上的固定成本点与该点连接起来即可画出总成本线。

（5）销售收入线与总成本线的交点即为盈亏平衡点。

基本式盈亏临界图如图3-1所示。

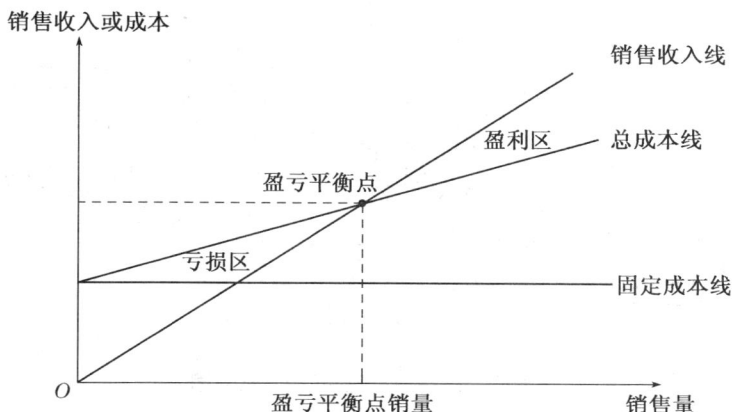

图 3-1　基本式盈亏临界图

基本式盈亏临界图的含义如下:

（1）固定成本线与横轴的距离为固定成本,它不随销售数量的增减发生变动。

（2）总成本线与固定成本线之间的距离为变动成本,它随销售数量的增减成正比例变化;总成本线与横轴的距离为总成本,它是固定成本与变动成本之和。

（3）销售收入线与总成本线的交点为盈亏平衡点,企业在此销售数量下收入与成本相等,既没有利润,也不发生亏损。在此基础上,增加销售量,销售收入超过成本,销售收入线与总成本线的距离即为利润,形成盈利区;反之,则形成亏损区。

图3-1形象地反映了销售量、成本与利润之间的相互关系,通过分析可得出如下基本规律:

（1）盈亏平衡点不变,销售量越大,能实现的利润越多或亏损越少;销售量越小,能实现的利润越少或亏损越多。

（2）销售量不变,盈亏平衡点越低,能实现的利润就越多或亏损越少;反之,盈亏平衡点越高,能实现的利润就越少或亏损越多。

（3）在销售总成本既定的条件下,盈亏平衡点受单位售价变动的影响。产品单价越高,表现为销售总收入线的斜率越大,盈亏平衡点就越低;反之,盈亏平衡点就越高。

（4）在销售收入既定的条件下,盈亏平衡点的高低取决于固定成本和单位变动成本的多少。固定成本越多或单位产品的变动成本越多,盈亏平衡点就越高;反之,盈亏平衡点就越低。其中,单位产品变动成本的变动对盈亏平衡点的影响,是通过变动成本线的斜率变动表现出来的。

2. 贡献毛益式盈亏临界图

贡献毛益式盈亏临界图可以使人直观地了解贡献毛益的大小。贡献毛益式盈亏临界图与基本式盈亏临界图的主要区别在于,前者将固定成本置于变动成本之上,以便形象地反映贡献毛益的形成过程和构成,即产品的销售收入减去变动成本以后就是贡献毛益,贡献毛益再减去固定成本便是利润。而后者则将固定成本线置于变动成本线之下,以便表明固定成本在相关范围内稳定不变的特征。贡献毛益式盈亏临界图如图3-2所示。

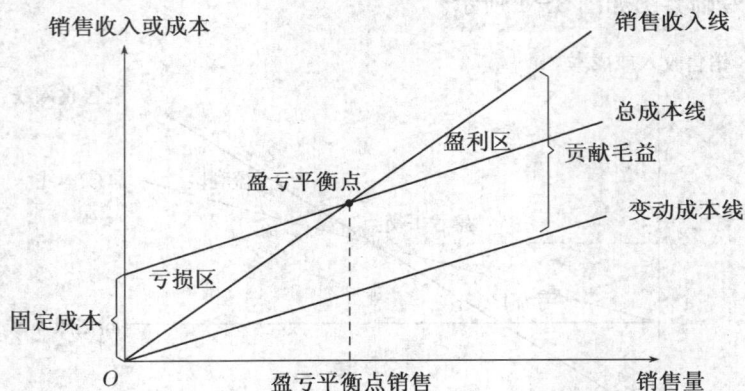

图3-2 贡献毛益式盈亏临界图

通过两种图示的比较说明,贡献毛益式盈亏临界图的绘制方法是先确定销售收入线和变动成本线,然后以纵轴上的固定成本为起点,再画一条与变动成本线平行的直线,即为总成本线,它与销售收入线的交点为盈亏平衡点。

3. 量利式盈亏临界图

量利式是业务量—利润式盈亏平衡点分析图的简称。此图略去了成本因素,以横轴代表销售量,纵轴代表利润或贡献毛益。通常的绘制方法是先画一条贡献毛益线,然后过纵轴上的负方向在离原点的距离等于固定成本处开始做一条与贡献毛益线平行的直线,即利润线。利润线与横轴的交点即为盈亏平衡点。量利式盈亏临界图如图3-3所示。

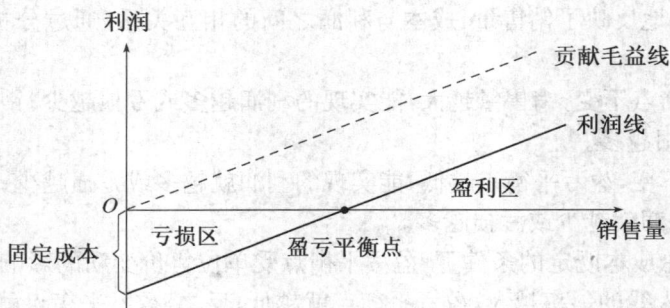

图3-3 量利式盈亏临界图

从量利式盈亏临界图中可观察到以下规律:

(1) 当销售量为0时,企业的亏损额等于固定成本。

(2) 当企业的销售单价及成本水平不变时,销售数量越大,利润就越多或亏损越少;反之,销售数量越小,利润也越少或亏损越多。

该图能清晰地反映业务量变动对利润的影响,具有简单明了的优点。它的不足之处在于不能显示业务量变动对成本的影响。

(二) 安全边际

所谓安全边际,是指预计(或实际)销售数量(或金额)和盈亏平衡点销售量(或金额)之间的差额,它标志着从盈亏平衡点销售量(或金额)到预计(或实际)销售量(或金额)有多大的差额。由于盈亏平衡点有实物和货币两种表现形式,因此存在安全边际量和安全边际额,分别对应实物和货币形式。可见,安全边际是同盈亏平衡点密切相关的,可用图来表示,如图 3-4 所示。

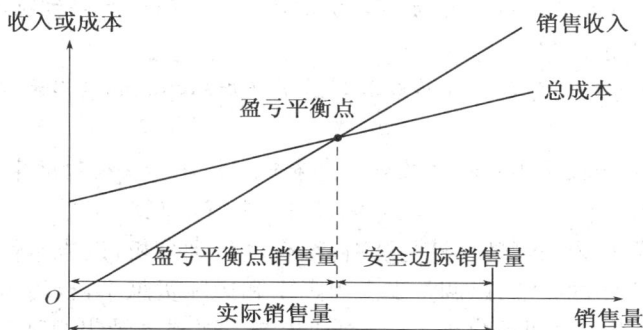

图 3-4　安全边际图

从图 3-4 可以看出盈亏平衡点销售量、安全边际销售量和实际销售量之间的关系。因此,可以得到下列安全边际的主要计算公式,即

安全边际销售量＝预计(或实际)销售量－盈亏平衡点销售量

安全边际销售额＝预计(或实际)销售额－盈亏平衡点销售额

安全边际反映了企业生产经营活动的安全程度,同时说明了企业销售量允许减少的最大幅度。如果企业销售量的下降幅度超过了安全边际,企业就会亏损;反之,企业就会盈利。因此,安全边际越大,企业发生亏损的可能性就越小。

为了更好地判断企业生产经营的安全程度,往往还需要计算安全边际率。安全边际率是指安全边际与预计(或实际)销售数量(或金额)之比,是衡量企业生产经营活动安全程度的相对指标。其计算公式如下:

$$安全边际率＝\frac{安全边际量}{预计(或实际)销售量}×100\%　　　　(3-8)$$

或

$$安全边际率＝\frac{安全边际额}{预计(或实际)销售额}×100\%　　　　(3-9)$$

从上述概念及计算公式中不难发现,利润是由安全边际提供的。如果安全边际为负值,则利润表现为负数(即亏损);如果安全边际为 0,则利润为 0;如果安全边际为正值,则利润表现为正数(即盈利)。

从安全边际图可知,安全边际率与盈亏平衡点作业率是互补指标,即

$$安全边际率＋盈亏平衡点作业率＝1　　　　(3-10)$$

根据安全边际率和经营杠杆系数的定义可以推导出下列关系:

$$安全边际率×经营杠杆系数=1 \qquad (3-11)$$

另外,根据安全边际的概念可知,利润可以用下式来计算:

$$利润=单位产品贡献毛益×安全边际量$$

或

$$利润=安全边际额×贡献毛益率$$

由此可以得出

$$销售利润率=安全边际率×贡献毛益率$$

$$销售净利率=安全边际率×贡献毛益率×(1-所得税税率)$$

根据杜邦分析体系,则有

$$净资产收益率=权益乘数×总资产周转率×销售净利率$$

因此有

$$净资产收益率=权益乘数×总资产周转率×安全边际率×$$
$$贡献毛益率×(1-所得税税率) \qquad (3-12)$$

企业可以充分利用内部管理会计的资料,结合本量利分析,以成本性态为基础,针对不同性态的成本采取不同的方法,以调整安全边际率和边际贡献率,权衡风险与收益,从而达到既定目标,有利于进行短期经营决策、计划和控制。要提高销售净利率,可以对其驱动因素进行层层追溯,最终追溯到企业能够控制的成本因素,通过具体分析企业不同产品不同性态的成本,做出降低相应成本的决策,提高销售净利率,进而达到提高净资产收益率的目的。

(三) 目标利润

所谓目标利润,就是企业在计划期事前分析制订的、必须且可以达到的利润水平,是企业整个生产经营目标的主要组成部分。确定目标利润,有助于企业提高经济效益。企业可根据目标利润,合理组织销售,控制成本支出,从各个方面改善经营管理。在企业规划之中,目标利润规划是基本的规划之一。与企业损益表中的事后利润不同,目标利润是一种对未来某时期利润的预期或预计。它和预计收入、标准成本之间的关系如下:

$$目标利润=预计收入-标准成本 \qquad (3-13)$$

在企业绩效分析过程中,大部分情况是以影响利润的诸因素为已知数,利润是待求的未知数。而在企业目标利润规划过程中,将利润作为已知数,而其他因素是待求的未知数。例如,经营承包合同规定了目标利润,或者企业根据长期发展的需要,企业必须达到的特定利润水平等。在这种情况下,应当研究如何利用企业的现有资源,合理安排销量、收入和成本支出,以实现目标利润。

确定目标利润应充分考虑产品销售量、销售价格、销售成本及产品品种结构等因素,通常要经过以下步骤:

(1) 根据企业一定时期的战略目标和实际情况提出目标利润;

(2) 分析企业可控的影响目标利润的因素;

(3) 制订实现目标利润的各种措施。

(四) 利润敏感性分析

前面我们对盈亏平衡点和各因素变动对利润的影响进行了分析。在以上分析过程中,一般假设变量是一个确切可知的值。但实际上,市场变化和企业技术条件的变化会引起某些变量产生一定范围内的变化,这些变量的变化显然会使原来计算出来的盈亏平衡点、目标利润或目标销售量发生变化。企业管理人员希望事先了解哪些变量会发生变化,这些变化在什么范围内才不至于对决策所涉及的对象产生本质的改变,以及哪些变量的变动对研究对象的影响较大等问题。搞清这些问题,就可根据实际情况及时采取相应的对策,使生产经营活动能控制在有利的状态之下。

为了解决这个问题,需要引进一个新概念——敏感性分析。敏感性分析是研究与分析一个系统因周围条件发生变化而引起其状态或输出结果变化敏感程度的方法。具体地说,它是在求得某个模型的最优解后,研究模型中某个或若干个变量在什么范围内变化时,仍能使原最优解的条件保持不变。敏感性分析是一种有广泛用途的分析技术,将其应用在利润问题的分析上,主要研究与分析有关的变量发生多大变化,会使盈利与亏损相互转化,各变量变化对利润的影响程度等,一般称之为利润敏感性分析。

五、本量利分析在实际工作中的应用

(一) 在企业经营决策中的应用

本量利分析模型在企业经营决策中的应用主要包括以下三种情况。

1. 项目投资决策

在企业准备开发新产品、开拓新营业网点和开展新业务的时候,需要考虑盈亏平衡点的高低,以便决定以上新项目是否实施。一般来说,如果新项目的盈亏平衡点太高,项目实施后难以达到,则不宜投资;如果新项目的盈亏平衡点比较容易实现,则该项目可以投资;如果新项目的盈亏平衡点可以达到,但是需要付出较大的努力,则需要慎重考虑。在进行新项目投资决策时,没有现成的历史数据可供利用,需要进行各种各样的预测,新项目决策的成败将取决于对变量未来值的预测结果的准确性。通过本量利分析,尤其是盈亏平衡点分析,企业可以预测在保证盈利的情况下有关变量的变化范围,然后根据该变化范围是否在允许范围之内,从而做出决策。

2. 风险控制决策

对于企业来说,每个项目保持盈利十分重要,而影响盈利状态的因素有很多,如产品价格、单位成本、销售数量、品种结构等。因此,企业应该考虑有关变量变化对盈亏平衡点的影响,以确保企业目前运行的各个项目处于盈亏平衡点以上。当发现某个因素在向不利方向变化时,应该认真分析原因,研究对策,防止该项目出现亏损。

3. 价格决策

在影响企业利润水平的各因素中,价格是个特殊的因素,因为企业可以根据战略目标或市场行情变化来对其进行相对较灵活的调整。而价格的调整会影响到产品的销售量,因此需要同时考虑价格和销售量的相对变动对利润的影响。一般来说,提高产品价格会减少产品的销售量,而降低产品的价格会增加产品的销售量,因此价格和销售量的变化对利润产生着相反的作用。在进行价格调整决策时,需要考虑两者综合的结果,即看最终的利润到底是提高了还是降低了。当然,有时企业可能会考虑市场占有率的问题,如果企业认为市场占有率很重要,那么即使降低价格后利润有所下降,只要在企业可以接受的范围内,企业也有可能采取降价促销的决策,以抢占市场。

(二) 在改进企业经营管理,提高经济效益决策中的应用

企业处于不盈不亏状态,意味着当期的贡献毛益已全部被固定成本所抵消,只有企业的销售量超过盈亏平衡点的销售量,其超出部分所提供的贡献毛益才能形成企业的最终利润。企业的销售量超过盈亏平衡点越多,说明企业的经营也就越安全。现代企业一般用安全边际来评价企业经营的安全程度,安全边际越大说明企业经营越安全,盈利能力越强。虽然企业降低盈亏平衡点的措施很多,但是在现实企业经营管理中,有些措施往往很难实施。对一般企业来说,要想提高产品销售量,需要大量的成本投入,如采取各种促销手段,可是能否达到提高销售量的目的,存在较大的风险性。同时,即使达到了提高销售量的目的,也有可能由于投入过大,得不偿失,因此这不是提高产品安全边际的最佳且有效的途径。若提高价格,根据需求法则,势必会降低产品销售量,引起一系列不利于企业的负面影响,不仅不能取得竞争优势,相反倒可能被竞争对手迅速抢占市场份额,可能导致企业丧失发展后劲,因此这种方法一般不采用。

通过改进企业的经营管理水平,降低企业的成本费用是提高企业利润的最好方法之一。一方面,企业应该加强日常管理,降低日常费用;另一方面,企业应该谨慎对待固定资产投资,减少折旧费用。同时,加强企业生产管理,改进生产工艺,制订科学合理的奖惩制度,降低单位产品变动成本。本量利分析可以通过预测成本费用的降低率,分析计算企业的利润增加率。

(三) 在盈利预测中的应用

企业可以通过一定的方法或途径,分析企业经营活动中影响利润变动要素的变化情况,然后根据本量利分析模型预测企业的利润变动情况。尤其是通过分析将来销售量的变动趋势来预测企业利润的变化情况。

任务二　盈亏平衡点分析

一、单一产品盈亏平衡点的计算

(一) 盈亏平衡点销售量的计算

$$\text{盈亏平衡点销售量} = \frac{\text{固定成本}}{\text{单价} - \text{单位变动成本}} = \frac{\text{固定成本}}{\text{单位贡献毛益}} \qquad (3-14)$$

从上述公式可知,影响盈亏平衡点销售量的因素主要有固定成本、单价和单位变动成本。

(二) 盈亏平衡点销售额的计算

$$\text{盈亏平衡点销售额} = \text{盈亏平衡点销售量} \times \text{单价} \qquad (3-15)$$

(三) 贡献毛益率和变动成本率的计算

在盈亏平衡点的计算过程中,有两个重要的概念,即贡献毛益率和变动成本率。所谓贡献毛益率,是指某个产品(或某企业)的贡献毛益与销售收入的比率。即

$$贡献毛益率 = \frac{贡献毛益总额}{销售收入} = \frac{单位贡献毛益}{单价} \qquad (3-16)$$

所谓变动成本率,是指某个产品(或某企业)的变动成本与销售收入的比率。即

$$变动成本率 = \frac{变动成本总额}{销售收入} = \frac{单位变动成本}{单价} \qquad (3-17)$$

显然,

$$贡献毛益率 + 变动成本率 = 1$$

根据贡献毛益率的定义,盈亏平衡点销售额可以转换成以下形式:

$$盈亏平衡点销售额 = \frac{固定成本}{贡献毛益率} = \frac{固定成本}{1 - 变动成本率} \qquad (3-18)$$

【实务 3-1】　某企业生产甲产品,每件售价为 50 元,单位变动成本是 30 元,年固定成本总额为 10 000 元。

要求:计算该企业的盈亏平衡点销售量及销售额以及贡献毛益率和变动成本率。

解析:根据盈亏平衡点销售量的计算公式可得

$$盈亏平衡点销售量 = \frac{10\,000}{50-30} = 500(件)$$

$$盈亏平衡点销售额 = 500 \times 50 = 25\,000(元)$$

$$甲产品的贡献毛益率 = \frac{50-30}{50} = 40\%$$

$$甲产品的变动成本率 = \frac{30}{50} = 60\%$$

二、多品种盈亏平衡点的计算

如果企业只产销一种产品,则盈亏平衡点的销售量和销售额都可以直接用前面的公式计算。然而,一个企业往往不仅仅产销一种产品。在企业产销一种以上产品时,企业总的盈亏平衡点只能用金额表示,即综合的盈亏平衡点销售额,而不能用产品的实物数量来表示,即不能计算出综合的盈亏平衡点销售量。因为不同产品的实物属性不同,甚至计量单位都可能不同,因此产品的实物数量不能作为计算的共同基础,而只能采用价值单位计算。

在企业产销一种产品的情况下计算盈亏平衡点时,产品的边际贡献率是一个重要因素,在产销多种产品的情况下也是如此。但在产销多种产品的情况下,各种产品的贡献毛益率不一定相同。因此,如何确定综合边际贡献率,以及由此来进行产品盈亏平衡点的计算就是一个重要的问题。下面具体介绍几种确定综合贡献毛益率并计算多品种盈亏平衡点的方法。

(一) 主要产品贡献毛益率法

主要产品贡献毛益率法是指在各种产品中有一种主要产品,其销售额比重很大,其他产品销售额比重很小,或者其他产品的贡献毛益率与主要产品的贡献毛益率基本相同,可看作单一产品,因而按主要产品的贡献毛益率进行本量利分析的一种方法。这种计算分析方法虽然会产生一定误差,但只要事先把握误差大小及方向,也是一种有效方法。

（二）分别计算法

分别计算法是将多个单一产品的盈亏平衡点计算结合在一起而进行多产品盈亏平衡点计算的一种方法。它要求将企业发生的全部固定成本按照一定的分配标准在各种产品之间进行分配，然后再结合销售及成本资料分别计算各产品的盈亏平衡点，最后计算企业全部产品盈亏平衡点的销售额。这种方法的关键在于正确分配企业发生的全部固定成本。

【实务 3－2】 某企业计划产销甲、乙、丙三种产品，销售额分别为 200 000 元、300 000元、500 000 元，变动成本总额分别为 140 000 元、180 000 元、325 000 元，按一定比例分配给甲、乙、丙三种产品的固定成本分别为 45 000 元、80 000 元、105 000 元。要求：分别计算各种产品的盈亏平衡点及全部产品的盈亏平衡点。

解析：根据题意，首先，分别计算各产品的贡献毛益率。

$$甲产品的贡献毛益率=\frac{200\,000-140\,000}{200\,000}=30\%$$

$$乙产品的贡献毛益率=\frac{300\,000-180\,000}{300\,000}=40\%$$

$$丙产品的贡献毛益率=\frac{500\,000-325\,000}{500\,000}=35\%$$

然后，计算各产品的盈亏平衡点销售额。

$$甲产品的盈亏平衡点销售额=\frac{45\,000}{30\%}=150\,000（元）$$

$$乙产品的盈亏平衡点销售额=\frac{80\,000}{40\%}=200\,000（元）$$

$$丙产品的盈亏平衡点销售额=\frac{105\,000}{35\%}=300\,000（元）$$

$$全部产品的综合盈亏平衡点销售额=150\,000+200\,000+300\,000=650\,000（元）$$

此种方法可以提供各产品计划与控制所需要的详细资料，故受到基层管理部门的重视与欢迎。但在选择固定成本的分配标准时容易出现问题，尤其是品种较多时比较麻烦。

（三）加权平均贡献毛益率法

加权平均贡献毛益率又称综合贡献毛益率。企业产销多种产品时，由于各种产品的贡献毛益率不同，其各自的销售额也不同，因而有必要先算出各种产品的加权平均贡献毛益率，再算出企业各种产品的综合盈亏平衡点销售额，最后按产品的销售比重计算各产品的盈亏平衡点。当企业的固定成本难以采用较合理的办法分配给各产品，又没有一种主要产品时，可以采用加权平均贡献毛益率法。

其主要计算过程如下：

1. 计算各产品贡献毛益率

$$各产品贡献毛益率=\frac{各产品贡献毛益总额}{各产品销售收入总额}\times100\%$$

$$=\frac{产品单价-单位变动成本}{产品单价}\times100\% \qquad (3-19)$$

2. 计算各产品的销售比重

$$各产品的销售比重 = \frac{各产品销售额}{企业销售总额} \times 100\% \qquad (3-20)$$

3. 计算综合贡献毛益率

$$综合贡献毛益率 = \sum 各产品贡献毛益率 \times 该产品销售比重 \qquad (3-21)$$

4. 计算综合盈亏平衡点销售额

$$综合盈亏平衡点销售额 = \frac{固定成本总额}{综合贡献毛益率} \qquad (3-22)$$

5. 计算各产品盈亏平衡点销售额及销售量

$$各产品盈亏平衡点销售额 = 综合盈亏平衡点销售额 \times 该产品销售比重 \qquad (3-23)$$

$$各产品盈亏平衡点销售量 = \frac{各产品盈亏平衡点销售额}{该产品单价}$$

【实务 3-3】　某企业计划产销甲、乙、丙三种产品分别 1 000 件、2 000 件和 2 500 件,单价分别为 50 元、15 元和 8 元,单位变动成本分别为 40 元、9 元和 6 元,企业当期固定成本总额为 21 600 元。要求:计算该企业计划期的综合盈亏平衡点及各产品的盈亏平衡点处的销售额和销售量。

解析:

$$甲产品贡献毛益率 = \frac{50-40}{50} = 20\%$$

$$乙产品贡献毛益率 = \frac{15-9}{15} = 40\%$$

$$丙产品贡献毛益率 = \frac{8-6}{8} = 25\%$$

$$甲产品销售比重 = \frac{1\,000 \times 50}{1\,000 \times 50 + 2\,000 \times 15 + 2\,500 \times 8} = 50\%$$

$$乙产品销售比重 = \frac{2\,000 \times 15}{1\,000 \times 50 + 2\,000 \times 15 + 2\,500 \times 8} = 30\%$$

丙产品销售比重 = 1 - 50\% - 30\% = 20\%

企业加权平均贡献毛益率 = 20\% \times 50\% + 40\% \times 30\% + 25\% \times 20\% = 27\%

$$综合盈亏平衡点销售额 = \frac{21\,600}{27\%} = 80\,000(元)$$

甲产品盈亏平衡点销售额 = 80 000 \times 50\% = 40 000(元)

$$甲产品盈亏平衡点销售量 = \frac{40\,000}{50} = 800(件)$$

乙产品盈亏平衡点销售额 = 80 000 \times 30\% = 24 000(元)

$$乙产品盈亏平衡点销售量 = \frac{24\,000}{15} = 1\,600(件)$$

丙产品盈亏平衡点销售额 = 80 000 \times 20\% = 16 000(元)

$$丙产品盈亏平衡点销售量 = \frac{16\,000}{8} = 2\,000(件)$$

(四) 盈亏平衡点作业率法

如果贡献毛益刚好等于固定成本总额,那就是保本,即不盈不亏;若补偿固定成本后还有剩余,这时才能为企业创利。贡献毛益率的分析也是如此,当贡献毛益大于 0 时,其中一部分贡献毛益用来补偿固定成本,该部分贡献毛益占全部贡献毛益的比例称为盈亏平衡点作业率;另一部分则是补偿固定成本后的剩余部分,该部分占全部贡献毛益的比例称之为贡献毛益创利率。因此,根据企业盈亏平衡点作业率可以测算企业综合盈亏平衡点销售额及各产品的盈亏平衡点销售额。其计算公式如下:

$$盈亏平衡点作业率 = \frac{固定成本总额}{各产品贡献毛益之和} \qquad (3-24)$$

$$综合盈亏平衡点销售额 = 各产品销售额之和 \times 盈亏平衡点作业率 \qquad (3-25)$$

$$某产品盈亏平衡点销售额 = 该产品销售额 \times 盈亏平衡点作业率 \qquad (3-26)$$

根据【实务 3-3】的资料,用盈亏平衡点作业率法计算计划期企业的综合盈亏平衡点销售额及各产品的盈亏平衡点销售额如下:

(1) 计算盈亏平衡点作业率。

$$盈亏平衡点作业率 = \frac{21\,600}{1\,000 \times (50-40) + 2\,000 \times (15-9) + 2\,500 \times (8-6)}$$

$$= \frac{21\,600}{27\,000} = 0.8$$

(2) 计算企业综合盈亏平衡点销售额。

企业综合盈亏平衡点销售额 $= 100\,000 \times 0.8 = 80\,000$(元)

(3) 计算各产品盈亏平衡点销售额。

甲产品盈亏平衡点销售额 $= 50\,000 \times 0.8 = 40\,000$(元)

乙产品盈亏平衡点销售额 $= 30\,000 \times 0.8 = 24\,000$(元)

丙产品盈亏平衡点销售额 $= 20\,000 \times 0.8 = 16\,000$(元)

可见,加权平均贡献毛益率法与盈亏平衡点作业率法计算所得盈亏平衡点的结果是一致的,二者只是分别适用于掌握资料的不同情况。尽管加权平均贡献毛益率法要求掌握的资料更详细、更具体,但它能够提供较为有用的信息,因而其在管理会计实务中实用性更强。

三、盈亏平衡点分析

盈亏平衡点分析是探讨各种因素的变化对盈亏平衡点的影响,是本量利分析中的一种特例。这种分析有利于企业在经营决策中正确把握盈亏平衡点,提高经营决策的针对性和正确性。影响盈亏平衡点的因素主要有单价、单位变动成本、固定成本和产品结构等。下面分别介绍各种因素对盈亏平衡点的影响。

(一) 单价变动的影响

在其他因素不变的情况下,如果提高产品的单价,单位贡献毛益或贡献毛益率将随之增大,盈亏平衡点将相应下降,同时盈亏平衡图上的亏损区将缩小而盈利区将扩大;如果降低产品的单价,则盈亏平衡点上升,盈亏平衡图上的亏损区将扩大而盈利区将缩小。

【实务 3-4】 常虹机电有限公司计划产销甲产品 10 000 件,单价为每件 5 000 元,单位变动成本为每件2 500元,企业当期固定成本总额为12 000 000元。

试计算:

(1) 该公司计划的盈亏平衡点销售量和销售额;

(2) 甲产品的销售价格变为每件5 500元时的盈亏平衡点销售量和销售额;

(3) 甲产品的销售价格变为每件4 500元时的盈亏平衡点销售量和销售额。

解析:根据资料,分别计算各种情况下的盈亏平衡点销售量和销售额。

(1) 公司计划的盈亏平衡点销售量 $=\dfrac{12\,000\,000}{5\,000-2\,500}=4\,800$(件)

公司计划的盈亏平衡点销售额 $=4\,800\times5\,000=24\,000\,000$(元)

(2) 销售价格为每件5 500元时的盈亏平衡点销售量 $=\dfrac{12\,000\,000}{5\,500-2\,500}=4\,000$(件)

此时的盈亏平衡点销售额 $=4\,000\times5\,500=22\,000\,000$(元)

(3) 销售价格为每件4 500元时的盈亏平衡点销售量 $=\dfrac{12\,000\,000}{4\,500-2\,500}=6\,000$(件)

此时的盈亏平衡点销售额 $=6\,000\times4\,500=27\,000\,000$(元)

(二) 单位变动成本变动的影响

在其他因素不变的情况下,如果单位变动成本增加,单位贡献毛益或贡献毛益率减少,盈亏平衡点将会上升,盈亏平衡图上的亏损区将扩大而盈利区将缩小;反之,则盈亏平衡点下降,盈亏平衡图上的亏损区将缩小而盈利区将扩大。

【实务3-5】 常虹机电有限公司计划产销甲产品10 000件,单价为每件5 000元,单位变动成本为每件2 500元,企业当期固定成本总额为12 000 000元。

试计算:

(1) 甲产品的单位变动成本为每件3 000元时的盈亏平衡点销售量和销售额;

(2) 甲产品的单位变动成本为每件2 000元时的盈亏平衡点销售量和销售额。

解析:根据资料,分别计算各种情况下的盈亏平衡点销售量和销售额。

(1) 单位变动成本为每件3 000元时的盈亏平衡点销售量 $=\dfrac{12\,000\,000}{5\,000-3\,000}=6\,000$(件)

此时的盈亏平衡点销售额 $=6\,000\times5\,000=30\,000\,000$(元)

(2) 单位变动成本为每件2 000元时的盈亏平衡点销售量 $=\dfrac{12\,000\,000}{5\,000-2\,000}=4\,000$(件)

此时的盈亏平衡点销售额 $=4\,000\times5\,000=20\,000\,000$(元)

(三) 固定成本总额变动的影响

在其他因素不变的情况下,如果固定成本总额增加,盈亏平衡点将上升,盈亏平衡图的亏损区将扩大而盈利区将缩小;反之,则盈亏平衡点将下降,盈亏平衡图上的亏损区将缩小而盈利区将扩大。

【实务3-6】 常虹机电有限公司计划产销甲产品10 000件,单价为每件5 000元,单位变动成本每件2 500元,企业当期固定成本总额为12 000 000元。

试计算:

(1) 企业当期固定成本总额变为 13 000 000 元时的盈亏平衡点销售量和销售额;

(2) 企业当期固定成本总额变为 10 000 000 元时的盈亏平衡点销售量和销售额。

解析:根据资料,分别计算各种情况下的盈亏平衡点销售量和销售额。

(1) 当期固定成本总额为 13 000 000 元时的盈亏平衡点销售量 $=\dfrac{13\,000\,000}{5\,000-2\,500}=5\,200$(件)

此时的盈亏平衡点销售额 $=5\,200\times5\,000=26\,000\,000$(元)

(2) 当期固定成本总额为 10 000 000 元时的盈亏平衡点销售量 $=\dfrac{10\,000\,000}{5\,000-2\,500}=4\,000$(件)

此时的盈亏平衡点销售额 $=4\,000\times5\,000=20\,000\,000$(元)

(四) 各种因素同时变动的影响

如果单价、单位变动成本和固定成本同时变动,则盈亏平衡点的变动方向取决于上述因素共同作用的总结果,可以通过盈亏平衡点的计算公式计算得出变动情况。

【实务 3-7】 常虹机电有限公司计划产销甲产品 10 000 件,单价为每件 5 000 元,单位变动成本为每件 2 500 元,企业当期固定成本总额为 12 000 000 元。

试计算:

(1) 企业采取优质高价策略,增加专用设备使当期固定成本增加 3 000 000 元,同时将产品售价提高到每件 5 600 元,单位产品的变动成本提高为 2 600 元,此时的盈亏平衡点销售量和销售额;

(2) 企业采用低价促销策略,将产品价格降低到每件 4 500 元,同时增加生产设备使得当期固定成本增加到 12 600 000 元,单位产品的变动成本降低为 2 400 元,此时的盈亏平衡点销售量和销售额。

解析:根据资料,分别计算各种情况下的盈亏平衡点销售量和销售额。

(1) 此时的盈亏平衡点销售量 $=\dfrac{15\,000\,000}{5\,600-2\,600}=5\,000$(件)

此时的盈亏平衡点销售额 $=28\,000\,000$(元)

(2) 此时的盈亏平衡点销售量 $=\dfrac{12\,600\,000}{4\,500-2\,400}=6\,000$(件)

此时的盈亏平衡点销售额 $=6\,000\times4\,500=27\,000\,000$(元)

(五) 产品品种结构变动的影响

在企业同时产销多种产品的情况下,盈亏平衡点除了受以上因素变动的影响外,还将受产品品种结构变动的影响。如果品种结构变动后,企业的加权平均贡献毛益率提高,则综合盈亏平衡点销售额将下降;反之,则会上升。

【实务 3-8】 宏大新材股份有限公司生产销售甲、乙、丙三种产品,每年的固定成本总额为 2 400 000 元,该三种产品的销售比重分别为 20%、50%、30%;其贡献毛益率分别为 25%、20%、30%。该公司决定调整产品结构,在不增加产能的情况下,将三种产品的销售比重调整为 40%、30% 和 30%。

问题:该公司调整产品结构前后的盈亏平衡点如何变化? 变化了多少?

解析:根据资料进行计算。

$$该公司产品结构调整前的盈亏平衡点销售额=\frac{2\ 400\ 000}{20\%\times25\%+50\%\times20\%+30\%\times30\%}$$
$$=10\ 000\ 000(件)$$

$$该公司产品结构调整后的盈亏平衡点销售额=\frac{2\ 400\ 000}{40\%\times25\%+30\%\times20\%+30\%\times30\%}$$
$$=9\ 600\ 000(件)$$

公司调整产品结构前后的盈亏平衡点销售额降低了 400 000 件。

（六）产销量不一致的影响

根据变动成本法计算产品的成本,当期固定成本总额全部一次性计入当期损益,因此产量高低并不影响盈亏平衡点的变化。在这种情况下,盈亏平衡点的计算方法没有变化。

如果企业按完全成本法计算产品成本,企业发生的固定成本应按产品的产量进行分配。这样,不仅已销产品要负担一部分固定成本,期末结存产品也要负担一部分固定成本。在这种情况下,企业利润的高低将受到产品产量和销量的共同影响,此时由于盈亏平衡点计算中的固定成本不再是当期发生的全部固定成本,所以上述盈亏平衡点的计算公式要调整为

$$盈亏平衡点销售量=\frac{当期销售产品应分配的固定成本}{当期销售产品的单位贡献毛益}\qquad(3-27)$$

其中,

$$\begin{array}{l}当期销售产品\\应分配的固定成本\end{array}=\begin{array}{l}期初存货中的\\固定成本\end{array}+\begin{array}{l}当期生产产品\\发生的固定成本\end{array}+\begin{array}{l}固定性销售与\\管理费用\end{array}-\begin{array}{l}期末存货\\固定成本\end{array}$$

【实务 3-9】 某企业产销一种产品,3 月份计划生产 1 000 件,预计可销售 800 件,该产品单位售价 30 元,单位变动性制造成本为 13 元,3 月份固定性制造成本为 5 000 元,固定性销售及管理成本 1 000 元,期初存货 100 件,期初存货中固定成本总额 600 元。该企业存货计价采取先进先出法,成本核算采用完全成本法。

要求:试计算该企业 3 月份的盈亏平衡点。

解析:根据题意,首先计算期末存货的固定成本。

$$期末存货的固定成本=\frac{5\ 000}{1\ 000}\times300=1\ 500(元)$$

然后,计算 3 月份销售产品应分配的固定成本。

3 月份销售产品应分配的固定成本＝5 000＋1 000＋600－1 500＝5 100(元)

最后,计算该企业 3 月份的盈亏平衡点。

$$3\ 月份该企业的盈亏平衡点=\frac{5\ 100}{30-13}=300(件)$$

任务三　本量利分析

一、本量利一般分析

盈亏平衡点分析主要研究了利润为 0 时的本量利问题,那么,在利润不为 0 的一般情况

下,本量利之间的关系如何则是下面本量利分析的重点。

利润反映了企业生产经营的最终成果,在决定生产经营问题时,都应事先分析所采取的措施将对利润所产生的影响。如果采取该措施的收益大于它所引起的支出,可以增加企业的盈利,则该措施在经济上是可行的。从本量利分析的基本公式可以看到,销售量、销售单价、变动成本、固定成本以及产品品种等诸因素的变动都会对利润产生影响。把握各因素变动对利润影响的规律,对于指导生产经营活动、控制利润的变动有非常重要的作用。各因素变动对利润的影响的分析思路与盈亏平衡点的因素分析思路基本相同。

在进行本量利分析时,应了解和认识下列基本关系:

(1) 在销售总成本已定的情况下,盈亏平衡点的高低取决于单位售价的高低。单位售价越高,盈亏临界点越低;单位售价越低,盈亏临界点越高。

(2) 在销售收入已定的情况下,盈亏平衡点的高低取决于固定成本和单位变动成本的高低。固定成本越高或单位变动成本越高,则盈亏临界点越高;反之,盈亏临界点越低。

(3) 在盈亏临界点不变的前提下,销售量越大,企业实现的利润越多(或亏损越少);反之,销售量越小,企业实现的利润越少(或亏损越多)。

(4) 在销售量不变的前提下,盈亏临界点越低,企业能实现的利润越多(或亏损越少);反之,盈亏临界点越高,企业能实现的利润越少(或亏损越多)。

(5) 正常情况下,销售价格与销售量成反比。因此,销售价格的变化对利润的影响需要同时考虑价格和销售量的相对变动关系。

【实务 3-10】 某企业计划生产甲产品 1 000 件,产品单位售价为 20 元,单位变动成本为 15 元,计划期内固定成本为 3 000 元。试计算计划期可实现的利润,并分析在下列单因素变动的情况下,利润将如何变化:

(1) 由于市场行情变化,计划期内销售量可上升 10%;

(2) 企业计划通过减少销售环节,销售单价可由 20 元提高到 22 元;

(3) 企业计划期内通过控制材料消耗,使单位变动成本下降到 13 元;

(4) 企业在计划期压缩固定性成本 500 元。

根据题意:

计划期企业可实现的利润＝1 000×(20－15)－3 000＝2 000(元)

(1) 销售量变动对利润的影响。

销售量上升 10%,其他因素不变时:

利润＝1 000×(1＋10%)×(20－15)－30 000＝2 500(元)

可见,销售量上升 10%,企业利润增加 500 元(＝2 500－2 000)。原因在于,在其他因素不变的情况下,销售量上升,边际贡献总额增加,利润随之增长。

(2) 单价变动对利润的影响。

销售单价可由 20 元提高到 22 元,其他因素不变时:

利润＝1 000×(22－15)－3 000＝4 000(元)

可见,单价上升 2 元(＝22－20)可使企业利润增加 2 000 元(＝4 000－2 000)。在其他因素不变的情况下,提高单价将提高单位贡献毛益,因此利润也随之增加。

(3) 单位变动成本变动对利润的影响。

单位变动成本下降到 13 元,其他因素不变时:

利润＝1 000×(20－13)－3 000＝4 000(元)

可见,单位变动成本降低 2 元(＝15－13),使企业利润增加 2 000 元(＝4 000－2 000)。在其他因素不变的情况下,利润随单位变动成本的增减变化呈反方向变化。

(4) 固定成本变动对利润的影响。

企业压缩固定性成本 500 元,其他因素不变时:

利润＝10 000×(20－15)－2 500＝2 500(元)

由于固定成本降低了 500 元,使企业利润增加 500 元(＝2 500－2 000)。在其他因素不变的情况下,利润随固定成本增减变化呈反方向、同幅度变化。

在企业产销多种产品的情况下,产品品种结构的变动也会引起利润的变动。如果结构变动后,企业综合贡献毛益率将提高,利润将增加;反之,利润将减少。

【实务 3－11】 某企业产销甲、乙、丙三种产品,其贡献毛益率分别为 25％、20％和 16％,去年三种产品的总销售额为 100 000 元,销售额比重分别为 2∶3∶5,固定成本总额为 10 000 元。今年该企业决定进行产品结构调整,将三种产品的销售比重调整为 3∶3∶4,其他因素保持不变。

要求:试计算该企业品种结构调整后利润的变动情况。

解析:首先,计算调整前企业的利润。

调整前的综合贡献毛益率＝25％×20％＋20％×30％＋16×50％＝19％

调整前企业的利润＝100 000×19％－10 000＝9 000(元)

然后,计算调整后企业的利润。

调整后的综合贡献毛益率＝25％×30％＋20％×30％＋16×40％＝19.9％

调整后企业的利润＝100 000×19.9％－10 000＝9 900(元)

可见,企业结构调整后的利润增加了 900 元(＝9 900－9 000)。

二、安全边际分析

【实务 3－12】 某企业只生产甲产品,每件单位售价为 60 元,单位变动成本为 45 元,年固定成本总额为 15 000 元,该企业每年可以销售 1 500 件。

要求:试计算该企业的安全边际量、安全边际额、安全边际率和销售利润率。

解析:根据题意,该企业盈亏平衡点销售量＝$\frac{15\ 000}{60-45}$＝1 000(件)

该企业的安全边际量＝1 500－1 000＝500(件)

该企业的安全边际额＝500×60＝30 000(元)

该企业的安全边际率＝$\frac{500}{1\ 500}$＝33.33％

该企业的边际贡献率＝$\frac{60-45}{60}$＝25％

该企业的销售利润率＝33.33％×25％＝8.33％

安全边际和安全边际率的数值越大,企业发生亏损的可能性就越小,企业生产经营越安全。一般情况下,可根据安全边际率来判断企业经营的安全状态,其经验数据如表 3－1 所示。

表 3－1　安全边际率经验标准值

安全边际率	10%以下	10%～20%	20%～30%	30%～40%	40%以上
安全程度	危险	值得注意	比较安全	安全	很安全

在【实务 3－12】中,该企业的安全边际率为 33.33%,根据表 3－1 可知,该企业的经营处于安全状态。

三、目标利润分析

(一)目标利润的确定

一般来说,企业制定的目标利润应该是企业可以达到,且又是必须经过努力才能达到的利润,因此目标利润往往比企业前几年已实现的利润要高一些。在制定目标利润时应该综合考虑企业外部和内部各个方面的有利与不利因素,然后做出决策。

【实务 3－13】　科亚电动机制造有限公司主要生产一种小型电动机,该公司 2×17 年共生产销售该电动机 50 000 台,每台售价 10 000 元,单位变动成本 5 000 元,全年固定成本总额 100 000 000 元。该公司计划 2×18 年将销售量提高 20%,销售单价降低 10%,单位变动成本降低 10%,不增加固定资产投资。

试确定该公司的目标利润。

解析:该公司的目标利润＝50 000×(1＋20%)×[10 000×(1－10%)－5 000×(1－10%)]－100 000 000＝170 000 000(元)

(二)采取单项措施以实现目标利润

【实务 3－14】　科亚电动机制造有限公司 2×17 年生产销售了 A 产品 2 000 件,其中固定成本 30 000 元,单价 50 元,单位变动成本 30 元,实现利润 10 000 元。该企业经营者分析认为,本企业近几年的发展势头良好,产品市场需求不断增加,2×17 年企业扩充了生产能力,并且在生产环节和销售环节的管理水平也有所提高,只是原材料的价格有上升趋势,市场竞争趋于激烈。综合考虑各方因素,最后,该企业计划 2×18 年使利润增加 20%,即达到 12 000 元。

问题:该企业可以采取哪些相应的措施?

解析:

(1)增加销售量。

根据基本的利润计算公式,在其他条件不变的情况下,为实现 12 000 元的利润,则:

$$该企业的销售量＝\frac{30\,000＋12\,000}{50－30}＝2\,100(件)$$

即在其他条件不变时,销售量从 2 000 件增加到 2 100 件,可实现目标利润 12 000 元。

(2)提高价格。

根据基本的利润计算公式,在其他条件不变的情况下,为实现 12 000 元的利润,则:

该企业的单价 $= 30 + \dfrac{30\,000 + 12\,000}{2\,000} = 51$（元）

即在其他条件不变时，A 产品单价从 50 元提高到 51 元，可以实现目标利润 12 000 元。

（3）降低固定成本。

在其他因素不变的情况下，要使利润增加多少，则必须使固定成本降低多少。本实务中为使利润增加 20%，即增加 2 000 元，就必须使固定成本降低 2 000 元，即使固定成本减少为 28 000 元。

（4）降低单位变动成本。

根据基本的利润计算公式，在其他条件不变的情况下，为实现 12 000 元的利润，则：

该企业的单位变动成本 $= 50 - \dfrac{30\,000 + 12\,000}{2\,000} = 29$（元）

即在其他条件不变时，A 产品单位变动成本从 30 元降低到 29 元，可以实现目标利润 12 000 元。

（三）采取综合措施以实现目标利润

在生产经营活动中，影响利润的因素是多方面的，而且各因素之间是相互联系的，企业很少采取单项措施来提高利润，多数情况下都是采取综合措施以实现目标利润。这就要求综合计算和反复平衡，主要包括下述三个步骤，下面通过实例加以说明。

【实务 3－15】　科亚电动机制造有限公司生产 A 产品，单价 20 元，单位变动成本 14 元，固定成本 2 000 元，2×17 年产销该产品 1 000 件。假设该企业有剩余的生产能力，可以进一步增加产量。为了打开销路，该企业准备降价 10%，争取实现目标利润 5 000 元。

解析：

（1）采取降价促销的方法。

计算降价后实现目标利润所需要的销售量。

销售量 $= \dfrac{2\,000 + 5\,000}{20 \times (1 - 10\%) - 14} = 1\,750$（件）

如果销售部门认为降价 10% 后，可使销量达到 1 750 件，生产部门可以完成生产任务，则降价方案可行。否则，还需要考虑其他措施。

（2）采取降价促销的同时降低单位变动成本的方法。

假设销售部门认为，上述 1 750 件销量达不到，只能使销量增至 1 500 件。因此，为了实现目标利润，企业决定从降低单位产品的变动成本上下功夫。下面计算单位变动成本应该降低到多少。

单位变动成本 $= 18 - \dfrac{2\,000 + 5\,000}{1\,500} \approx 13.33$（元）

可见，为了实现目标利润，在降价 10% 的同时，还需使单位变动成本从 14 元降至 13.33 元。如果生产部门认为这个目标可以实现，目标利润就可以落实；否则，还要在固定成本的节约上想办法。

（3）采取降价促销的同时降低单位变动成本和固定成本的方法。

假设生产部门通过认真分析后认为，单位变动成本只能降低至 13.60 元，因此，企业还要压缩固定成本。下面计算为了实现目标利润,在已经采取上述措施的情况下,还需要将固定成本降低多少。

固定成本＝1 500×(18－13.60)－5 000＝1 600(元)

可见,为了实现目标利润,在降价 10%、销量增至 1 500 件、单位变动成本降至 13.60 元的同时,还需压缩固定成本 400 元(＝2 000－1 600)。由此我们看到,影响利润的诸因素是相互联系的,从一个因素到另一个因素要采取综合措施寻找增收节支的办法。

(四) 在降价促销的同时,增加固定成本,降低变动成本

依【实务 3－15】,假设该企业经过认真分析后认为无法降低 400 元的固定成本,此时还可以考虑购建效率较高的新设备,以大幅度降低单位变动成本,实现目标利润。该企业若引进新设备,虽然将增加当期的固定成本 500 元,但可以将单位变动成本降为 12 元,如果是这样,企业当期可实现的利润计算如下:

利润＝1 500×(18－12)－2 500＝6 500(元)>5 000(元)

可见,上述措施可行。

(五) 通过品种结构调整,确保实现目标利润

品种结构整合的基本思路是,提高贡献毛益率水平高的产品的销售比重,从而提高综合贡献毛益率水平,最后实现目标利润。

【实务 3－16】 科亚电动机制造有限公司 2×17 年生产甲、乙、丙三种产品,全年的固定成本为 5 000 元,有关资料及计算过程如表 3－2 所示。

表 3－2 科亚公司的成本资料汇总表   单位:元

项 目 \ 品 种	甲	乙	丙	合 计
销售额	20 000	12 000	8 000	40 000
边际贡献率(%)	20	30	40	
边际贡献	4 000	3 600	3 200	10 800
固定成本				5 000
利润				5 800

企业决定,在销售总额 40 000 元不变的情况下,通过产品结构调整,争取今年实现目标利润 8 200 元。经过仔细分析,为了实现目标利润,甲、乙、丙三种产品的销售比重由原来的50%、30%、20% 调整为 20%、30%、50%。在其他因素不变的情况下,企业可以实现目标利润。有关计算如表 3－3 所示。

表 3－3 科亚公司的目标利润计算分析表   单位:元

项 目 \ 品 种	甲	乙	丙	合 计
销售额	8 000	12 000	20 000	40 000
边际贡献率(%)	20	30	40	

项 目 \ 品 种	甲	乙	丙	合 计
边际贡献	1 600	3 600	8 000	13 200
固定成本				5 000
利润				8 200

从以上计算结果来看,在企业生产多种产品时,合理确定产品品种结构有利于提高企业经济效益,保证目标利润的实现。

任务四　利润敏感性分析

一、影响利润各因素变化临界值的确定

根据基本利润计算公式可知,单价、单位变动成本、销量和固定成本的变化,会影响利润的高低。这种变化达到一定程度会使企业利润由正值变成负值,即由盈利转变为亏损,使企业经营状况发生质变。敏感分析的目的之一,就是提供能引起目标利润发生质变的各变量变化的界限,使管理人员心中有数,并采取相应的措施。

【实务 3-17】　某企业只生产一种产品,单价为 10 元,单位变动成本为 6 元,固定成本为 10 000 元,计划今年销售 5 000 件。试计算计划期利润,然后进行敏感分析。

解析:计划期利润=5 000×(10-6)-10 000=10 000(元)

(1)价格下降的临界值。

企业利润随着单价的下降而减少,当单价下降到一定程度时,利润将变为 0,如果继续降价,企业将发生亏损,使利润为 0 的价格即是单价变化的临界值。

$$单价变化的临界值=单位变动成本+\frac{固定成本}{销售量} \qquad (3-28)$$

在【实务 3-17】中,单价变化的临界值为 8 元(=6+10 000÷5 000),即价格最多只能降到 8 元,否则企业将会亏损。

(2)单位变动成本上升的临界值。

单位变动成本上升会使利润下降,当单位变动成本上升到一定程度时,利润将变为 0,此时达到单位变动成本变化的临界值。

$$单位变动成本变化的临界值=单价-\frac{固定成本}{销售量} \qquad (3-29)$$

在【实务 3-17】中,单位变动成本变化的临界值为 8 元(=10-10 000÷5 000),即单位变动成本最多只能上升至 8 元,否则企业将会亏损。

(3)固定成本上升的临界值。

固定成本上升也会使利润下降。当固定成本上升到一定程度,利润将变为 0,此时达到

固定成本变化的临界值,再升则企业将会亏损。

$$固定成本变化的临界值＝销售量×(单价－单位变动成本) \tag{3-30}$$

在【实务3-17】中,固定成本变化的临界值为20 000元[＝5 000×(10－6)],即固定成本最多只能上升到20 000元,否则企业将会亏损。

(4)销售量下降的临界值。

销售量下降的临界值是指使企业利润为0的销售量,它就是盈亏平衡点销售量。

$$销售量变化的临界值＝\frac{固定成本}{单价－单位变动成本} \tag{3-31}$$

在【实务3-17】中,销售量变化的临界值为2 500元[＝10 000÷(10－6)],即销售量最多只能降到2 500件,否则企业将会亏损。

二、敏感系数及敏感分析

单价、单位变动成本、销量及固定成本的变化都会引起利润的变化,但其影响程度各不相同。有的因素发生微小变化,就会引起利润发生很大的变动,说明利润对这些因素的变化十分敏感。与此相反,有些因素发生变化后,利润的变化却不大,反应比较迟钝。敏感系数是一种衡量利润对上述因素变化的敏感程度的常用指标。其计算公式如下:

$$某因素的敏感系数＝\frac{利润变动百分比}{该因素变动百分比} \tag{3-32}$$

可见,敏感系数的实质含义是,当某因素变动1%时,利润将变动百分之几。下面结合实例来分析各因素的敏感系数。

【实务3-18】 某企业上期产销甲产品500件,每件售价20元,单位变动成本12元,固定成本总额2 000元。通过计算可知,该甲产品将给企业带来2 000元的利润。

解析:下面分析各有关因素的敏感系数。

(一)单价的敏感系数

根据敏感系数的定义可推出,单价敏感系数的计算公式为:

$$单价的敏感系数＝\frac{基期销售额}{基期利润} \tag{3-33}$$

根据上述公式,在【实务3-18】中:

$$单价的敏感系数＝\frac{500×20}{2\,000}＝5$$

可见,当产品的单价产生1%的变动时,利润将产生5%的同向变动。

(二)单位变动成本的敏感系数

根据敏感系数的定义,单位变动成本敏感系数的计算公式为:

$$单位变动成本的敏感程度＝-\frac{基期变动成本总额}{基期利润} \tag{3-34}$$

注意,上述公式中的负号表示利润与单位变动成本的变动方向相反。

根据公式,在【实务3-18】中:

$$单位变动成本的敏感系数＝-\frac{500×12}{2\,000}＝-3$$

可见,当产品的单位变动成本降低 1% 时,利润将增加 3%。

(三)固定成本的敏感系数

根据敏感系数的定义,固定成本敏感系数的计算公式为:

$$固定成本敏感系数 = -\frac{基期固定成本总额}{基期利润} \tag{3-35}$$

根据上述公式,在【实务 3-18】中:

$$固定成本的敏感系数 = -\frac{2\,000}{2\,000} = -1$$

说明当固定成本上升 1% 时,利润将下降 1%。

(四)销售量的敏感系数

根据敏感系数的定义,销售量敏感系数的计算公式为:

$$销售量敏感系数 = \frac{基期贡献毛益总额}{基期利润} \tag{3-36}$$

根据上述公式,在【实务 3-18】中:

$$销售量的敏感系数 = \frac{500 \times (20-12)}{2\,000} = 2$$

说明当产品的销售量产生 1% 变动时,利润将产生 2% 的同向变动。

销售量对利润的敏感系数亦称经营杠杆系数。"杠杆"本是物理学术语,利用一个杠杆,以较小的力就可以撬起较重的物体。在企业经营中,杠杆的作用是指销售量的较小变动会引起利润的较大变动。就【实务 3-18】而言,两者变动百分比的比例为 1:2。

综上所述,在该企业影响利润的诸因素中,最敏感的是单价(敏感系数为 5),其次是单位变动成本(敏感系数为 -3),再次是销售量(敏感系数为 2),最后是固定成本(敏感系数为 -1)。其中,如果敏感系数为正值,表明它与利润为同向增减;如果敏感系数为负值的,表明它与利润为反向增减。

敏感系数提供了各因素变动百分比和利润变动百分比之间的比例,但不能直接显示变化后的利润值。为弥补这种不足,有时需要计算敏感系数分析表,列示各因素变动百分率及相应的利润值。根据【实务 3-18】资料做出的敏感系数分析表如表 3-4 所示。

表 3-4 敏感系数分析表

利润 项目 / 变动率	-20%	-10%	0	10%	20%
单价(元/件)	0	1 000	2 000	3 000	4 000
单位变动成本(元)	3 200	2 600	2 000	1 400	800
固定成本(元)	2 400	2 200	2 000	1 800	1 600
销售量(件)	1 200	1 600	2 000	2 400	2 800

【技能实训】

酒吧最初源于欧洲大陆,经美洲进一步拓展,随着改革开放进入我国,并得到了迅猛的发展,尤其是在北京、上海、广州等地。由于 20 世纪 80 年代外资与合资的酒店在大陆大规模的发展,相当一部分富有开拓精神的人们对酒店内的酒吧产生了兴趣;追求发展和变化的心态促使一部分原来开餐厅和酒馆的人们做起了酒吧生意。随着改革开放在中国的进一步深化,酒吧和咖啡产业在中国得到了迅猛发展。据国家有关统计数据表明,中国的酒吧数量每年以 20% 左右的速度在增长。

在如此强大的市场潜力的催生下,许多小酒吧应运而生,许多明星也投入到酒吧经营的浪潮中,他们说开酒吧仅是为了为自己归隐后找一个栖身之所,可更多的是为了以此"敛金盈利",其实所有的企业都是以盈利为目的的,这也无可厚非,但如何在市场竞争如此激烈的环境下做到保本不亏继而稳赚盈利确实是一件很伤脑筋的事情。小酒吧投资的特点有:① 投资少,通常 20 万至 100 万元不等;② 利润高,啤酒毛利在 50% 以上,白酒毛利更可能高达 100%;③ 回本快,小酒吧的投资回本普遍快于杂货店和餐馆;④ 经营易操作,1 个或 2 个人就可以打理好小酒吧的生意。然而经营好小酒吧并不容易,有许多成功的例子,也有许多失败的教训。请用本量利分析法的原理来定量分析以下酒吧的经营。

小王准备投资 50 万元开一家营业面积在 150 平方米的小酒吧,据估计该酒吧一年的相关费用如表 3-5 所示。

表 3-5 酒吧相关费用汇总表　　　　　单位:元

项 目	金 额	项 目	金 额
员工薪酬及福利薪金	240 000	垃圾处理	5 000
餐巾纸、吸管、牙签等易耗品	20 000	鲜花及装饰	10 000
器具消耗	10 000	音乐、娱乐、表演	80 000
水、电、气能源	30 000	广告推销	25 000
房租	120 000	保险	30 000
设备折旧	50 000	其他支出	50 000
酒单制作	10 000		

假设每位客人的平均消费为 100 元,平均毛利率为 60%,综合税率为 10%,则该酒吧达到多少客人时才能保本? 如果想获得 100 000 元的收入需要吸引多少客人消费? 如果考虑资金成本,且资金成本为 10%,则情况又如何?

项目四　经营预测分析

【知识目标】

1. 了解预测分析的基本概念、基本特征、基本程序及基本方法；
2. 掌握销售预测、成本预测、利润预测和资金需要量预测的基本步骤及计算方法；
3. 了解各种经营预测分析方法适用的实际应用前景。

【能力目标】

1. 能够利用销售预测的基本方法完成对企业销售量和销售额的预测；
2. 能够利用成本预测的基本方法预测企业的目标成本；
3. 能够利用利润预测的基本方法和经营杠杆系数预测企业的目标利润；
4. 能够利用销售百分比法预测企业的外部资金需要量。

【导入案例】

价格之外的"战役"

2012年8月14日,京东商城CEO刘强东以一条微博高调发起价格战,枪口直指苏宁,同时牵涉其他电商,苏宁、国美、当当等相继宣布全力接招,这场口水战迅速演变成国内电商行业的价格混战。8月15日,京东商城宣布其与苏宁易购大规模的价格战开始,随后,国美、苏宁、易迅网及当当网等都通过发布降价来回应挑战。这天,京东商城成立了一个"打苏宁指挥部"。6个黄底大红字,被高高张贴在办公室。室内坐了12人,为了保证他们的大家电产品比苏宁低,这12个人要负责在线上实时修改价格。还是在这天,国美电器、当当网等也纷纷将其大家电产品贴上降价的标签。"最低价格""零毛利"等标语借助于前一天各方在微博上的宣战,这一天已经被渲染得无比惨烈。

可以看到大多数管理者都将降价这一方案作为在这一场电商价格战中首要的、最好的选择。从京东商城自身的角度来看这一场价格战,我们不禁要问京东商城对于未来企业经营的预测准确吗? 他们的举措对竞争者威胁程度如何? 如此低的价格,京东商城能支撑多久? 供应商看到价格的降低损害了其产品的应有价值,还能继续给京东商城供货多长时间? 供货短缺、履约风险或其他风险将会使人们对京东商城感到不满意吗?

在实际购物的过程中,细心的消费者很快就发现,降价的仅是约4.2%左右的极少数商品,而超半数的商品显示缺货,无法购买,此外,电商们送货迟缓、价格偷涨等问题亦频频曝光,使这场价格战很快演变成一场闹剧甚至遭到发改委关于涉嫌价格欺诈的严厉调查。根据相关统计数据显示,截至 8 月 15 日晚上 8 点,京东与苏宁在售的大家电商品重合比例为11%,这些商品平均降幅为 4%到 6%,京东缺货率高达 46%,苏宁易购缺货率为 14%。相比 14 日同期商城流量变化,明确参与价格战的苏宁、国美、京东、易讯均有大幅流量增长,其中苏宁增长幅度最大,高达 706%。从京东商城的失败中可以看到在中国消费者的购物决策中,便利性、信息及营运政策等因素也起着一定的作用,并且还会因地域(城市与乡村)及其他人口因素的不同而不同。所以,有时候根本问题与价格无关。相反,解决方法根本不在于调整价格,而是要做好企业经营预测和决策,改变公司业务组合、经营情况或商业实施情况。

(资料来源:经济观察报 2012 年 8 月 18 日)

任务一 预测分析的基本原理与方法

"预测"一词原指预先推测或测定之意。早在清朝期间,学者陈田在《明诗纪事丙签·林潮》一文中就曾写道:"一家五尚书,三祭酒,三世谧文,非独明代仅见,古亦罕有其伦也……纵极力颂扬,安能预测子姓如此之盛耶?"更多时候"预测"也是一种事前的推测或者测定。因此,预测一般是人们采用科学的检测方法在事前了解事物的变化情况,测算事物未来的发展趋势。

预测分析通常是在预测过程中,根据过去和现在预计未来,以及根据已知推测未知的各种科学的专门分析方法。它也是西方国家在 20 世纪 60 年代以后发展起来的一门新兴的综合性学科,亦称预测技术。由于任何经济过程的发展趋势总有一定的规律性可寻,而现代数学方法和电子计算机又可以帮助我们深刻理解经济发展过程的本质,并能使我们认识掌握它的规律性,这就为人们对企业经营发展过程变化进行科学预测提供了实际可能。

企业经营的发展趋势要受社会、经济、技术、自然等各方面因素的影响。因此,企业的经营预测分析必须综合运用社会科学和自然科学各方面的研究成果来展开。为了实现企业的经营目标,企业管理人员必须根据预测分析的结果做进一步的对比和研究,在两个或两个以上的备选方案中选择最优的一个方案,即使备选方案只有一个,也要做出采纳或不采纳的决定,这个过程又叫作决策分析。因此可以说,预测分析是为决策分析服务的,决策分析需要以预测分析的结果为依据。没有符合客观实际的预测,要做出科学的决策是不可能的。在实际工作中,为了合理地规划企业的日常经营活动,必须把预测分析与决策分析两者联系起来,才能更快更好地实现企业的经营目标。

一、预测分析的概念

预测分析是建立在任何经济的发展趋势总有一定规律可循,而且是可以被人们认识和掌握的基础上的。针对企业来说,在其经营活动过程中各因素之间相互关联,也必然会存在一些客观规律和基本特征。预测分析的基本特征主要表现在以下几个方面。

（一）基础资料的客观性

预测分析的基础资料应当是以客观准确的历史资料和与实际相符的经验数据为重要依据的，不能毫无依据地进行主观臆测。

（二）预测时间的相对性和延续性

预测分析的时间越短，受到不确定因素的影响就越小，预测的结果就越准确；反之，预测分析的时间越长，受到不确定因素的影响就越大，预测结果的精确性就越差。在企业的经营活动过程中，过去和现在的某种发展规律将会延续下去，并假设决定过去和现在发展的条件同样适用于未来。根据这条特征，就可以把未来视作历史的延伸而进行推测。后面提到的趋势预测分析法，就是基于这条特征而建立的。

（三）经济变量的相关性、相似性和统计规律性

在企业经营活动中的一些经济变量之间存在着相互依存、相互制约的关系。根据这个特征，就可以利用对某些经济变量的分析研究来推测受它们影响的另一个（或另一些）经济变量发展的规律。后面提到的因果分析法就是基于这条特征而建立的。

企业的经营活动中，一般经济变量都是无关的，它们所遵循的发展规律有时会出现相似性的特征。根据这个特征，可以利用已知经济变量的发展规律类推出未知变量的发展趋势。后面提到的判断分析法就是基于这条特征而建立的。

在预测分析中，对某个经济变量所做出的一次观测结果，往往是随机的；但多次观测的结果会出现具有某种统计规律性的情况。预测分析根据这个原则，就可以利用概率分析及数量统计的方法进行推测。回归分析法就是基于这个特征而建立的。

（四）预测结论的可检验性

预测分析应当考虑到在预测过程中可能出现的误差，并且能够通过对误差的检验进行反馈、调整预测程序的方法，尽可能地减少预测值与真实值之间的误差。

（五）预测方法的适用性和灵活性

在选择预测方法的过程中，应当事先在企业经营过程中进行测试，选择和企业实际情况相符、简便易行、成本低、效率高的一种或者几种方法结合使用，以达到事半功倍的效果。

【知识链接 4－1】

英国《新科学家》预测 2013 年科学发展

英国科学杂志《新科学家》针对新一年的科学发展进行了预测，从气候变化、健康、宇宙探索等方面也给出了若干个可能在新一年取得的科学大事件。

预测一：越来越热　气候发癫

对于 2013 年而言，气候最大的问题不是变暖，而是融化。预计今年将发生一场较大的厄尔尼诺事件，而随着太阳周期进入高峰，今年将可能是有记录以来最热的一年。更为引人注意的是北极。去年，北极冰层融化达到历史极值，可能会导致连环的融冰纪录。北极变化给全球天气带来不确定性，在前两年发生的欧洲寒潮、俄罗斯热浪、美国旱灾之后，今年要小心更为奇怪的气候。据英国《自然》杂志报道，科学家们已准备了多年，将在 2013 年出台第五版政府间气候变化专门委员会报告（IPCC 报告）。

预测二：鼠标"色衰" 电游再风骚

2013 年将是电游界、电游"粉丝"深切体会电游体验不断完善，电游科技不断进步的"风骚"一年。任天堂、微软、索尼等将先后开发出新的 Wii、Xbox 和 PS3。现在已有很多人对可能出现的 3D、增强现实等技术加入的新电游体验议论纷纷了。鼠标的日子可能不长了。目前正在发展中的 3D 姿势感应设备可以让你用手在空中控制计算机。这种感应设备可能在今年早些时候就会与公众见面。

二、预测分析的内容

预测分析的内容包括销售预测、成本预测、利润预测和筹资预测几个方面。

（一）销售预测

销售预测是其他经营预测的前提，根据市场调查所得到的基础数据，对影响企业销售收入的有关因素进行分析和研究，预计和测算特定产品在一定时期内的市场销售量的变动趋势，进而预测企业产品未来销售量的过程。

（二）成本预测

成本预测是根据企业未来的发展目标和相关成本资料，运用科学的数学模型和方法，预计企业未来的目标成本水平及其变动趋势的过程。

（三）利润预测

利润预测是在企业销售预测和成本预测的基础上，根据企业未来的发展目标，预计企业应达到的目标利润及其变动趋势的过程。

（四）筹资预测

筹资预测是在企业销售预测、成本预测和利润预测的基础上，根据企业未来的经营目标并考虑影响企业资金的各项因素，运用一定的预测分析方法测算企业在未来一定时期需要从外部筹集的资金数量、来源渠道、运用方向以及使用效果的过程。

三、预测分析的步骤

预测分析的一般程序大体可分为以下八个步骤。

（一）明确预测目的和要求

在开展预测分析之前，需要根据预测的具体对象和内容，确定预测的范围，并规定其时间期限及数量单位等。根据经营活动的需要明确进行预测的具体要求，并根据预测要求拟定预测项目，制订预测计划以保证预测的顺利进行。

（二）确定预测对象

该步骤的要求是需要确定预测对象，要弄清楚预测什么，是预测销售量，还是预测成本；是预测利润，还是预测资金需要量。即确定预测分析的内容和范围，进而有针对性地做好各阶段的预测分析工作。

（三）收集和分析预测资料

收集资料是进行预测分析的重要一环，是预测分析的基础性工作。系统的、准确的相关信息以及其他有关的原始资料和数据，是开展预测分析的前提条件。但必须注意，收集的信息既要完整、全面，又要重视资料的可靠性。资料越完整，预测的结果越精确可靠，同时要对所收集的资料进行整理和归纳,找出与预测对象有关的各因素之间的相互依存关系。

（四）选择预测方法

不同的预测对象和内容,应当选择不同的预测分析方法。对于定量预测,要选择预测分析的专门方法,建立数学模型;对于定性预测,也要选定方法,建立设想的逻辑思维模型,并拟订预测的调查提纲。

（五）测算预测结果

应用选定的预测方法和建立的模型,进行定量和定性分析,并提出实事求是的预测结果。

（六）预测结果的验证评价

任何预测分析方法都不可能完全准确,特别是中、长期预测分析结果。经过一段时间,对上一阶段的预测结果必须进行验证和分析评价,即以实际数与预测数进行比较,检查过去预测的结果是否准确,并找出误差原因,以便及时对原选择的预测方法加以修正。这是个反复进行信息数据处理和选择判断的过程,也是多次进行反馈的过程。

（七）修正预测结果

对于采用定量方法进行的预测,常常由于某些因素而影响预测的精度,这就需要用定性方法考虑这些因素,并修正预测的结果。对于采用定性方法预测的结果,往往也需应用定量方法加以修正、补充,使预测结果更接近实际。

（八）编制预测分析报告

根据上一程序的修正、补充,结合修正的预测结果编制最后预测分析报告,并将报告上报给相关的决策者或者决策部门。

以上预测分析的基本顺序如图4-1所示。

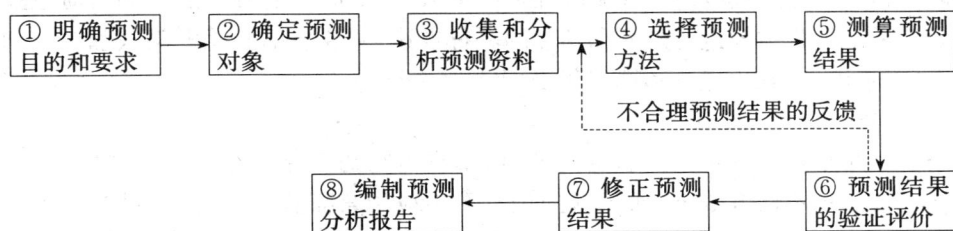

图4-1　预测分析的基本程序

四、预测分析的方法

企业进行预测分析所采用的基本方法随着分析对象和预测期限的不同而各有所异。总体来讲,可将预测分析的基本方法归纳为定量分析法和定性分析法两大类。

（一）定量分析法

定量分析法亦称数量分析法,主要是在完整掌握与预测对象有关的各种要素定量资料的基础上,运用现代数学方法(包括运筹学、概率论和微积分等)和各种现代化计算工具对有关的数据资料进行加工处理,并据以建立能够反映有关变量之间规律性联系的各类预测模型的方法体系。按照具体做法的不同,它主要分为趋势分析法和因果分析法两大类。

1. 趋势分析法

趋势分析法又称为时间序列分析法或外推分析法,是根据预测对象过去的、按时间顺序排列的一系列数据,应用一定的数学方法进行加工、计算,借以预测其未来发展趋势的分析方法。其实质是遵循事物发展的趋势进行预测分析。例如,算术平均法、移动加权平均法、指数平滑法、时间序列外推法等都属于这种类型。

2. 因果分析法

因果分析法是指对某项指标和其他有关指标之间相互依存、相互制约的规律性联系进行分析和研究,把它们之间的规律性联系作为预测分析的依据来建立相应的因果数学模型的一种预测分析法。其实质是遵循事物发展的相关性原则,推测事物发展的趋势。例如,回归分析法、二次曲线法、投入产出法和经济计量法等都属于这种类型。

(二)定性分析法

定性分析法是一种直观性的预测方法,亦称非数量分析法、判断(调查)分析法或集合意见法。它主要是依靠预测人员的丰富实践经验以及主观判断和分析能力(它们必须建立在预测者的智慧和广博的知识的基础之上),在考虑到政治、经济形势、市场变化、经济政策、消费倾向等因素对企业经营产生影响的前提下,结合预测对象的特点进行综合分析,并对事物的性质和发展趋势进行推断的分析方法。

采用此方法,一般是在企业缺乏完备、准确的历史资料的情况下,首先邀请熟悉该行业经济业务和市场情况的专家,根据他们过去所积累的经验进行分析判断,提出预测的初步意见;再通过召开调查会或座谈会的方式,对上述初步意见进行修正、补充,并作为提出预测结论的最终依据。常见的定性分析法主要有判断分析法和调查分析法两大类。

1. 判断分析法

判断分析法是通过具有丰富经验的经营管理人员或知识渊博的经济专家,对企业一定期间特定产品的销售情况进行判断和预测的一种方法,主要包括意见汇集法和专家判断法(专家个人意见法、专家小组法和德尔菲法)等。

2. 调查分析法

调查分析法是指通过对实际状况的调查,了解事物的变化趋势,并对事物的未来发展进行预测。在这种定性方法下,所选择的调查对象应当具有普遍性和代表性,否则就不能说变动趋势的代表性;所选择的调查方法应当简便易行,并确保所收集资料的真实性,只有这样才能保证变动趋势的真实性。

(三)定量与定性预测分析法比较

在实际工作中,定量分析法和定性分析法并非相互排斥,而是相辅相成的。定量分析法是根据一定的数据,运用数学模型来确定各变量之间的数量关系,并据此预测事物未来的发展变化;定性分析法则是依据预测者个人的经验和分析能力,通过对影响事物变化的各种因素的分析、判断、推理来预测事物的发展变化。即使在具有完备历史资料的企业中,人们可以运用定量分析法建立经济预测模型,进行数学推导,但定性分析法仍具有不可忽视的作用。这主要是由于:

(1)现代经济生活十分复杂,某些经济变量的变化趋势往往要受许多不同因素的影响,其中有的因素可以通过定量加以分析,但也有不少因素(例如,国家的方针政策、政治经济形势的变动,消费者心理、习惯的改变,投资者的意向,职工情绪的变动,以及竞争对手的动态等等)一般只有定性描述。因此,任何数学公式都无法概括所有复杂的经济变化情况。

(2)企业所收集的历史资料本身的真实性就有待怀疑,不能反映客观经济的发展规律,或由于取得信息的成本太高、花费的时间太多,得不偿失。

(3)定量分析一般都是把未来视作历史的延伸,并假设决定过去和现在发展的条件同样适用于未来,这样就使定量分析可能无法对外界变化做出灵活反应,缺乏适应能力。因此,即使历史资料完整、准确,但在进行预测分析时,特别是中长期预测,其结果往往带有一定的片面性,有时甚至因为估计不到经济发展的转折点而导致预测失误。

基于以上原因,为了使预测结果更加接近客观实际,我们在采用定量分析的同时,一定要与管理当局或有关专家的经验判断(即定性分析法)结合起来进行综合研究,才能得出符合实际情况的预测结论,增强预测结果的准确性。

表4-1　定量与定性预测分析法的优缺点对比表

分析方法	具体预测方法	优　点	缺　点	适用条件
定量分析法	1. 趋势分析法 2. 因果分析法	预测结果精确性高	数学模型不能概括所有复杂的经济变化情况,容易导致预测结果脱离客观实际	1. 具有系统、完整的历史销售资料 2. 影响未来事物变化的因素可以量化
定性分析法	1. 判断分析法 2. 集合意见法	1. 预测快 2. 耗费低 3. 适用面广	预测结果主观性较大	1. 缺乏系统、完整的历史销售资料 2. 影响未来事物变化的因素难以量化

任务二　销售预测

一、销售预测——企业的秘密"武器"

销售预测又称为产品的需求量预测,是以获得的历史资料和各种信息为基础,根据市场商品供需情况的发展变化和企业的销售状况,运用科学的预测方法和管理人员的实践经验,通过对相关因素的分析研究,预计和测算企业的产品在未来一定时期以内的市场销售量水平以及变化趋势,进而预测本企业产品未来销售量的过程。

在市场经济条件下,企业的生存完全取决于企业能否生产出适销对路、质量合格、满足市场需求的产品,取决于市场对企业产品的接纳程度。企业的销售状况关系到企业的生存与发展。企业的销售环节是企业再生产活动的前提条件,也是企业再生产活动的继续,销售既是企业经营活动的最后环节,又是企业经营活动的起点。没有产品的销售,企业在产品生产、管理和经营上所消耗的各种费用将无法从销售收入中获得补偿。因此,在市场经济以需定销、以销定产的条件下,企业的各项经营活动都和产品的销售密切相关,企业的销售预测处于先导地位,它对指导利润预测、成本预测和资金需要量的预测,安排经营计划,组织生产和进行长短期经营决策都起着重要的作用。销售预测又是开展其他各项经营预测工作的前提,而销售量和销售额又是决定企业销售收入的重要因素。可见,销售预测的内容主要包括目标销售量和目标销售额的预测。

二、如何做销售预测

销售预测的技术方法有很多,可以把它们分为定量分析法和定性分析法两大类。

(一)定量分析法

1. 趋势分析法

趋势分析法在销售预测中采用得比较普通,它具体包括:

(1)算术平均法。算术平均法是以若干历史时期的销售量或销售额作为观察值,求出其简单平均数,作为未来的销售预测的预测法。其计算公式如下:

$$\text{预测销售量(额)} = \frac{\text{各期销售量(额)合计数}}{\text{基期期数}} \tag{4-1}$$

【实务 4-1】 星悦公司 2×16 年销售移动硬盘的情况如表 4-2 所示。

表 4-2 星悦公司移动硬盘销售情况表   单位:个

月 份	1	2	3	4	5	6	7	8	9	10	11	12
销售量	286	193	405	356	489	450	292	341	467	374	439	477

解析:采用算术平均法预测 2×17 年 1 月份移动硬盘的销售量。

$$\begin{array}{l} \text{2×17 年 1 月份} \\ \text{销售预测量} \end{array} = \frac{286+193+405+356+489+450+292+341+467+374+439+477}{12}$$

$$= 381(\text{个})$$

算术平均法的优点是计算简单;其缺点是没有考虑近期的变化趋势,它把每个观察值看作同等重要,将各月份的差异平均化,因而可能会导致预测计数与实际数产生较大的误差。所以,该方法一般只适用于各期销售量基本稳定的产品。

(2)移动加权平均法。移动加权平均法是将若干历史时期的销售量或销售额作为观察值,按其距离预测期的远近分别进行加权,然后求出其加权平均数,并将加权平均数作为未来销售量中销售额的预测值。在采用移动加权平均法时,确定适当的权数是进行销售预测的关键。由于接近预测期内的观察值,对预测值的影响较大,所以应该赋予较大的权数,而远期的观察值应该赋予较小的权数。移动加权平均法的计算公式如下:

$$\text{计划期销售预测值} = \sum \text{某期销售量(额)} \times \text{该期权数}$$

$$= \sum_{i=1}^{n} x_i w_i \tag{4-2}$$

其中,x_i 为第 i 个观察值;n 为观察值个数;w_i 为第 i 个观察值的权数。

w_i 应满足下列两个条件:① $\sum_{i=1}^{n} w_i = 1$;② $w_1 < w_2 < w_3 < \cdots < w_n$。

【实务 4-2】 假定星悦公司 2×16 年销售移动硬盘的情况如表 4-2 所示。要求:采用移动加权法预测 2×17 年 1 月份移动硬盘的销售量。设 $n=12, w_1=w_2=w_3=w_4=0.07$，$w_5=w_6=w_7=0.08, w_8=w_9=0.09, w_{10}=w_{11}=w_{12}=0.1$。

解析：

1 月份预计销售量 $=286×0.07+193×0.07+405×0.07+356×0.07+489×0.08+$
$\qquad\qquad 450×0.08+292×0.08+341×0.09+467×0.09+374×0.1+$
$\qquad\qquad 439×0.1+477×0.1$
$\qquad =387$（个）

采用移动加权平均法既考虑了近期的发展趋势，又根据时期的远近分别加权，从而消除了各个月份销售差异的平均化，所以其预测结果较算术平均法更接近实际情况。

（3）趋势平均法。趋势平均法是指在计算观察值移动平均值的基础上，进一步计算趋势值的移动平均值，然后运用某一特定观察值的移动平均值和趋势值来预测未来销售量或销售额的一种方法。假设销售的时间序列期数为 n，销售量（额）的移动平均期数为 m，销售量（额）的趋势值移动平均期数为 s，则预测销售量（额）可以按以下公式（公司以销售量 Q 为例说明）来计算：

$$预测销售量（Q）=基期销售量移动平均值+基期趋势值移动平均值× \qquad (4-3)$$
$$基期与预测期的时间间隔$$

其中，基期的序列值 T 可以按照以下公式来进行推算：

$$T=n-\frac{m+s-2}{2} \qquad (4-4)$$

预测期与基期的时间间隔 t 可以按照以下公式来进行推算：

$$t=\frac{m+s}{2} \qquad (4-5)$$

在销售预测中采用趋势平均法，是假定未来时期的销售量（额），是与其相接近的销售量（额）的直接延伸，同时，为了尽量减少由于偶然因素所造成的损失，而采用最近若干时期的平均值作为预测期预测值的基础。

【实务 4-3】　根据表 4-2 资料，采用趋势平均法预测星悦公司 2×17 年 1 月份移动硬盘的销售量。

解析：计算过程如表 4-3 所示。

表 4-3　星悦公司销售量预测计算表（趋势平均法）　　　　　　　　　单位：个

月　份	实际销量	五期移动平均值	变动趋势	三期趋势平均值
1	286			
2	193			
3	405	346		
4	356	379	+33	
5	489	398	+20	13
6	450	386	-13	10
7	292	408	+22	-5

月 份	实际销量	五期移动平均值	变动趋势	三期趋势平均值
8	341	385	−23	−1
9	467	383	−2	4
10	374	420	+37	
11	439			
12	477			

表 4−3 中:

$$五期移动平均值=\frac{286+193+405+356+489}{5}=346(个)$$

$$变动趋势=379-346=33$$

$$三期趋势平均值=\frac{33+20-13}{3}=13$$

考虑到移动硬盘销售的实际情况,相关的移动平均值均做了四舍五入的处理。其余变动趋势和趋势平均值均采用类似的处理方式,相关的计算方法和计算结果依次类推。

根据表 4−2,星悦公司销售的时间序列期数为 12(即 $n=12$),销售量(额)的移动平均期数为 5(即 $m=5$),销售量(额)的趋势值移动平均期数为 3(即 $s=3$),因此基期的序列值为 $T=12-\frac{5+3-2}{2}=9$。

基期与预测期的时间间隔 $t=\frac{5+3}{2}=4$。

按五期平均计算,基期销售量的平均值即 9 月份的移动平均值为 383 个,基期趋势值的移动平均值为−1,因此按照公式(4−3)的计算方法,可计算出 2×17 年 1 月的销售量。

2×17 年 1 月份的销售量=383+4×(−1)=379(个)

采用趋势平均法既考虑了销售量(额)的移动平均,又考虑了趋势值的移动平均,所以能尽量减少偶然因素对预测的影响。

(4) 指数平滑法。指数平滑法是根据前期销售量(额)的实际数和预测数,以加权因子即平滑系数为权数,进行加权平均来预测下一期销售量(额)的一种方法。其计算公式如下:

$$F_t=\alpha A_{t-1}+(1-\alpha)F_{t-1} \tag{4-6}$$

式中,F_t 为预测的销售量(额);A_{t-1} 为上期的实际销售量(额);F_{t-1} 为上期的预计销售量(额);α 为平滑系数。

从上述公式可以看出,指数平滑法实际上是以平滑系数 α 和 $(1-\alpha)$ 为权数的特殊的加权平均法。因此,只要知道上期的实际销售量(额)、上期的预计销售量(额),根据确定的平滑系数,即可预测本期的销售量(额)。采用指数平滑法可以适当减少实际销售中所包含的偶然因素的影响,使预测更加准确,并且 α 值可以任意设定,比较灵活。但是 α 值的设定不可避免地带有一定的主观成分,它只是一个经验数据。

【实务 4−4】 根据表 4−2 资料,平滑系数为 0.3,采用指数平滑法预测星悦公司 2×17 年 1 月份移动硬盘的销售量。

解析:采用指数平滑法预测星悦公司 2×17 年的销售量如表 4-4 所示。

表 4-4　星悦公司 2×17 年 1 月份销售量预测计算表(指数平滑法)　　　单位:个

月　份	实际销量(台)	0.3×上月实际销售量	上月预测销售量	0.7×上月预测销售量	本月平滑预测值
1	286				193
2	193	86	193	135	221
3	405	58	221	155	213
4	356	122	213	149	270
5	489	107	270	189	296
6	450	147	296	207	354
7	292	135	354	248	383
8	341	88	383	268	356
9	467	102	356	249	351
10	374	140	351	246	386
11	439	112	386	270	382
12	477	132	382	268	399
		143	399	280	423

考虑到数据之间的计算关系要求,2×16 年 1 月份的平滑预测值是 2×16 年 2 月份的实际销售量,同理根据 2×16 年 12 月份的实际销售量和预测销售量可以利用指数平滑法计算星悦公司 2×17 年 1 月份移动硬盘的销售量如下:

星悦公司 2×17 年 1 月份的销售量=0.3×477+(1-0.3)×399=422.4(个)

【知识链接 4-2】

利用电子表格进行销售预测

可以看到利用指数平滑法的计算方法实际上比较烦琐,为了提高预测分析的效率,可借助电子表格中的"数据分析"工具来完成企业的销售预测。"数据分析"工具一般在电子表格软件 Excel 中的"工具"选项卡,如果电子表格中没有"数据分析"这个选项,可以通过"工具"——"加载宏"——"分析工具库"来完成对"数据分析"选项的加载。

打开"数据分析"选项卡,选择"指数平滑",输入区域即是星悦公司 2×17 年移动硬盘的销售数据,阻尼系数中输入需要用作指数平滑常数的阻尼系数;阻尼系数是用来将总体样本中收集的数据的不稳定性最小化的修正因子。默认的阻尼系数为 0.3。阻尼系数和平滑系数存在互补的关系(即平滑系数+阻尼系数=1)。如图 4-2 所示,在星悦公司的销售量预测中,阻尼系数应当为 0.7;输出区域即是最后我们需要将电子表格输出的结果的单元格区域。当然,输出区域必须与数据源区域中使用的数据位于同一张工作表中。最后,单击"确定"按钮就可以得到星悦公司 2×17 年 1 月移动硬盘的预测销售量。

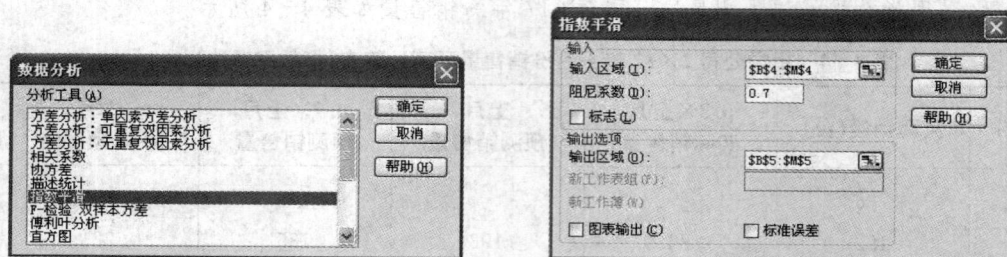

图4-2　电子表格在销售预测中的应用(指数平滑法)

2. 因果预测法

因果预测法的种类有很多,但最常用的是回归分析法。我们知道,回归关系一般是指变量之间存在的主从关系或因果关系。因此,回归分析就是对具有相关关系的多个变量之间的数量变化进行数量测定,利用数学模型对因变量进行估计或预测的一种统计分析方法。一元线性回归模型的一般方程为$y=a+bx$,采用一元线性回归模型预计销售量(额)的步骤如下:

首先,收集销售量(额)y及影响因素x的历史数据,历史数据越多,预测结果越精确,但计算也越复杂;历史数据越少,预测结果误差越大。

其次,按下列公式计算常数项a和系数b。

$$a=\frac{\sum y}{n}-b\frac{\sum x}{n} \tag{4-7}$$

$$b=\frac{n\sum xy-\sum x\sum y}{n\sum x^2-(\sum x)^2} \tag{4-8}$$

最后,将预计销售量(额)x代入方程$y=a+bx$,求出预测对象y的预计销售量(额)。当然,在企业实际的销售预测分析过程中,影响预测结果的因素有很多,既有企业外部因素,又有企业内部因素;既有客观因素,又有主观因素。在这些因素中,有些因素对销售预测值起着决定性的作用,回归分析法的原理就是找到与销售预测值有关的主要因素,建立回归方程来描述它们之间的变化规律,并利用这种规律来进行销售预测。

【实务4-5】　星悦公司下属的星悦制造有限公司计划生产供硬盘使用的控制芯片,而决定控制芯片销售量的主要因素是移动硬盘销售量。假定某地区最近10年移动硬盘的实际销售量和控制芯片的实际销售量如表4-5所示。

表4-5　星悦制造有限公司硬盘控制芯片销售情况表　　　　单位:万个

年　份	2×07	2×08	2×09	2×10	2×11	2×12	2×13	2×14	2×15	2×16
移动硬盘	25	38	50	44	36	28	55	66	45	68
控制芯片	55	64	102	75	62	58	110	125	80	155

假定2×17年移动硬盘销售量的预测数为60万个,且星悦制造有限公司控制芯片的市

场占有率为 35%。

解析：计算 2×17 年预计控制芯片的销售量。

设 y 为星悦制造有限公司控制芯片的销售量，x 为移动硬盘的销售量，则 $y=a+bx$，根据表 4-5 所给出的资料，将有关数据计算列示在表 4-6 中。

表 4-6　星悦制造有限公司控制芯片销售预测计算表　　　　单位：万个

年　份	x_i	y_i	$x_i y_i$	x_i^2
2×07	25	55	1 375	625
2×08	38	64	2 432	1 444
2×09	50	102	5 100	2 500
2×10	44	75	3 300	1 936
2×11	36	62	2 232	1 296
2×12	28	58	1 624	784
2×13	55	110	6 050	3 025
2×14	66	125	8 250	4 356
2×15	45	80	3 600	2 025
2×16	68	155	10 540	4 624
合　计	455	886	44 503	22 615

根据表 4-5 的数据，计算得出

$$b=\frac{n\sum xy-\sum x\sum y}{n\sum x^2-(\sum x)^2}=\frac{10\times44\ 503-455\times886}{10\times22\ 615-455^2}=2.19$$

$$a=\frac{\sum y-b\sum x}{n}=\frac{886-2.19\times455}{10}=-11.05$$

从计算结果中可以看出，市场上移动硬盘销售量与控制芯片销售量之间的关系模型为 $y=-11.05+2.19x$

2×17 年市场对控制芯片的需求量 $y=-11.05+2.19\times60=120.35$（万个）

星悦公司 2×17 年控制芯片的销售量预计 $=120.35\times35\%=42.122\ 5$（万个）

✍【知识链接 4-3】

利用电子表格进行销售预测

在电子表格中可以通过以下两种不同的方法来实现销售预测。

方法一：函数公式法

如图 4-3 所示，在电子表格中建立工作表，并将星悦公司最近 10 年移动硬盘与控制芯片的数据录入到电子表格中，然后在任意单元格中输入 SLOPE 和 INTERCEPT 两个电子表格通用统计函数,其中 SLOPE(known_y's, known_x's)返回根据 known_y's 和 known_x's 中的数据点拟合的线性回归直线的斜率;INTERCEPT(known_y's, known_x's)返回利用现有的 x 值与 y 值计算直线与 y 轴的截距。截距为穿过已知的 known_x's 和 known_y's 数据点的线性回归线与 y 轴的交点。需要注意的是,Known_y's 为因变量(控制芯片销售量)的观察值或数据集合;Known_x's 为自变量(移动硬盘销售量)的观察值或数据集合。

	A	B	C	D	E	F	G	H	I	J	K	L
1												
2		年 份	2x04	2x05	2x06	2x07	2x08	2x09	2x10	2x11	2x12	2x13
3		移动硬盘(万个)	25	38	50	44	36	28	55	66	45	68
4		控制芯片(万个)	55	64	102	75	62	58	110	125	80	155
5												
6		SLOPE(D12:D21,C12:C21)		2.19	-->模型斜率							
7		INTERCEPT(D12:D21,C12:C21)		-11.08	-->模型截距							

图4-3 电子表格在销售预测中的应用(回归分析函数公式法)

方法二:分析工具法

通过"工具"——"加载宏"——"分析工具库"来完成对"数据分析"选项的加载。如图4-4所示,在数据分析工具对话框中选择"回归"来对工作表中的数据进行回归分析。在回归的选项中,Y 值输入区域是因变量(控制芯片销售量)的数据区域,X 值输入区域是自变量(移动硬盘销售量)的数据区域。根据软件提供的选项,可以将结果输出到同一工作簿,也可以将结果输出到不同的工作簿。单击"确定"按钮,可以得到如图4-5所示的统计指标结果汇总表,其中 Coefficients 所对应的统计指标分别为回归分析模型中的截距(-11.08)和斜率(2.19)。虽然最后的结果与【实务4-5】中的结果存在一定的误差,但都在合理的误差范围之内。

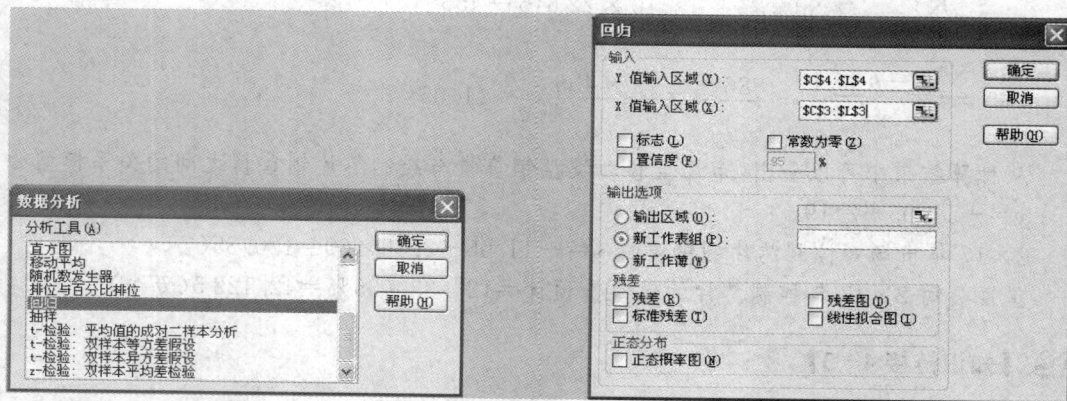

图4-4 电子表格在销售预测中的应用(回归分析数据分析工具法)

	A	B	C	D	E	F	G
1	SUMMARY OUTPUT						
2							
3		回归统计					
4	Multiple R	0.957 7					
5	R Square	0.917 2					
6	Adjusted R Square	-1.250 0					
7	标准误差	10.178 0					
8	观测值	1.000 0					
9							
10	方差分析						
11		df	SS	MS	F	Significance F	
12	回归分析	10	9 179.660 1	917.966 0	88.613 2		
13	残差	8	828.739 9	103.592 5			
14	总计	18	10 008.400 0				
15							
16		Coefficients	标准误差	t Stat	P-value	Lower 95%	Upper 95%
17	Intercept						
18	X Variable 1						
19	X Variable 2	0.226 6	0.226 6	1.000 0	0.346 6	-0.295 9	0.749 0
20	X Variable 3						
21	X Variable 4						
22	X Variable 5						
23	X Variable 6						
24	X Variable 7						
25	X Variable 8						
26	X Variable 9	-11.083 7	11.067 8	-1.001 4	0.345 9	-36.606 1	14.438 8
27	X Variable 10	2.190 8	0.232 7	9.413 5	0	1.654 2	2.727 5

图 4-5　电子表格回归分析结果统计表(回归分析数据分析工具法)

(二) 定性分析法

定性分析法包括判断分析法和产品生命周期分析法。其中,判断分析法包括意见汇集法和专家判断法。专家判断法主要包括专家个人意见法、专家小组法和德尔菲法。

1. 意见汇集法

意见汇集法是销售预测中判断分析法中一种,也称销售人员意见综合判断法,是由企业熟悉市场情况的销售人员,包括市场调研人员和销售人员对各类顾客进行的调查,并将调查的意见填入卡片或者表格,然后由销售部门结合具有丰富经验的销售部门经理意见进行综合汇总,对产品的销售趋势进行分析和预测,可以采用简单算术平均或者加权平均的方法进行操作。当然意见汇集法是建立在假设参与预测的销售人员均能真实地反映企业的销售状况的前提之下的。然而由于业务人员的素质参差不齐,他们对销售的判断也有可能乐观或者悲观,从而影响到销售预测的结果。

【实务 4-6】　星悦公司采用意见汇集法对销售额进行预测,该公司 15 名市场调研人员对 2×17 年销售额的平均预测值是 8 650 万元,30 名销售人员对 2×17 年销售额的平均预测值是 7 830 万元,而 6 名销售部门经理的平均预测值是 8 510 万元。假定市场调研人员的权数为 0.45,销售人员的权数为 0.35,销售部门经理的权数为 0.2。

要求:分别采用算术平均法和加权平均法来确定 2×17 年的销售预测值。

解析:

采用算术平均法计算的 2×17 年销售预测值 $= \dfrac{8\ 650 + 7\ 830 + 8\ 510}{3}$

$= 8\ 330$(万元)

采用加权平均法计算的 2×17 年销售预测值 $= 8\ 650 \times 0.45 + 7\ 830 \times 0.35 + 8\ 510 \times 0.2$

$= 8\ 335$(万元)

2. 专家判断法

(1) 专家个人判断法。这是一种由企业负责销售业务的有关专家,根据其所拥有的知识和长期销售工作的经验,结合市场调查的情况,对有关商品未来一定期间的销售变动趋势做出预测结论的预测方法。个人判断法费时短、耗费小,具有较强的实用价值。但由于受本身拥有的知识、经验、占有资料多少等因素的影响,对问题理解的广度和深度往往会受到一定的限制,因此,其预测结果难免存在一定的不足。

(2) 专家小组法。这是一种由企业组织有关方面的专家组成小组,运用专家们的集体智慧,对预测对象的未来发展变化趋势进行估计和推断的预测方法。专家小组法可通过召开座谈会的方式,开展广泛讨论,相互启发,以弥补个人意见的不足,使预测结果更加全面具体。但这种方法容易受权威人士的影响,造成少数有独到见解的专家不愿发表自己的意见,从而在一定程度上影响所得出预测结论的客观性。

(3) 德尔菲法。德尔菲法是以函询方式向若干名专家分别征求意见,各个专家独立地对企业某种产品的未来销售情况进行预测分析,然后企业将各个专家的预测结果进行汇总,并以不记名的方式反馈给各位专家,再次征求各位专家的意见,请各位专家参考他们的意见修正本人原来的判断。如此反复多次,最后集各家之所长,对销售做出综合预测。

采用德尔菲法,由于在函询意见时,参加预测的专家互不相知,因此,它可消除许多心理因素的影响,使各位专家能真正根据自己的经验、观点和方法进行预测,真正做到各抒己见。同时,由于该方法需反复征询意见,因此它可通过意见的反馈来组织各位专家之间的信息交流和讨论,通过反复的交流和讨论,使合理的意见为大多数专家接受,分散的意见趋于集中,最后得出一个比较全面的分析和判断。

这种方法的优点主要是简便易行,具有一定科学性和实用性,可以避免会议讨论时产生的害怕权威随声附和或固执己见、因顾虑情面不愿与他人意见冲突等弊病,具有一定程度综合意见的客观性。其缺点是由于专家一般时间紧,回答总是往往比较草率,同时由于决策主要依靠专家,因此,归根到底仍属专家们的集体主观判断。尽管如此,本方法因简便可靠,仍不失为一种常用的有效的销售预测的方法。

【实务 4-7】 星悦公司下属的鑫鑫环保有限公司拥有一项环保电器产品的实用新型专利技术。为尽快将此项技术商品化,及时收回成本,现假设有两种方案需要决策,一种方案是自行生产和销售,这样需购置一些设备,固定成本为 300 万元;原材料、加工费等每件产品的可变成本为 50 元;广告宣传费用为 20 万元;预计销售单价为 80 元。根据以往经验可以断定,在此价格和宣传等措施下,产品销售量将在 10 万~90 万件之间。另一种方案是拍卖此专利,则预计可得 1 000 万元的收入。为了做出自行产销还是拍卖专利的决策,还需预测该产品的销售量。公司决定采用德尔菲法,具体做法是:

(1) 选择本企业技术、营销和管理方面的专家 4 人;本系统的专家 4 人;社会上相关领域的知名学者 4 人。

(2) 准备相关资料及调查表。相关资料包括提供该技术产品的样品、产品本身的性能特点和各项指标、国内外同类和相关产品的发展情况,以及本企业过去所生产家电产品的销售情况等。在设计调查表时,假定把该产品销售量分为 3 个档次,分别为 30 万件以下、30万件~70 万件和 70 万件以上,要求填写销售量在各个档次的可能性(各种可能性之和必须等于1)。

(3)将调查表和相关参考资料发给各专家,在征求意见并填好后交回。如此反复征询四次后,意见已基本统一。现将最后一次调查情况汇总,如表4-7所示。

表4-7　新产品销售量最后一次调查汇总表

专家		销售量在各档次内的可能性		
代号	权重	30万件以下	30万～70万件	70万件能以上
1	1	0.2	0.3	0.5
2	3	0.5	0.5	0
3	1	0.3	0.7	0
4	2	0.7	0.1	0.2
5	3	0.4	0.5	0.1
6	2	0.6	0.3	0.1
7	2	0.3	0.2	0.5
8	3	0.4	0.2	0.4
9	2	0.3	0.1	0.6
10	1	0.2	0.2	0.6
11	2	0.5	0.3	0.2
12	3	0.3	0.1	0.6
加权平均		0.404	0.292	0.304

解析:根据各位专家对本专业的熟悉程度及权威性的大小,分别指定权重(见表4-7中的第2列,注意此权重必须严格保密),然后分别计算三个档次的专家估计的可能性的加权平均值,分别为0.404、0.292、0.304,将这三个平均值分别作为真实销售量落在三个档次内的可能值。三个档次的销售量分别取20万件、50万件和80万件作为代表值,计算平均销售量为47万件(=20×0.404+50×0.292+80×0.304),则若本公司自行产销该产品,平均可获利为1090万元[=(80-50)×47-(300+20)],因此决策的结果应是自行生产和销售。

任务三　成本预测

成本预测是成本管理的重要环节。它是根据企业现有经济、技术条件和今后的发展前景,通过对影响成本的各有关因素的分析,科学地测定企业未来一定期间成本水平和变动趋势。成本预测既可以围绕企业总成本进行规划,也可以按设计与生产阶段和品种展开管理工作。科学预测是进行正确决策的依据。成本预测是企业进行短期经营决策的基础。通过成本预测,可以掌握未来的成本水平及其变动的趋势,为编制成本计划,进行成本控制、成本分析和成本考核提供依据。

一、成本预测——舍不得孩子套不住狼

为了保证成本预测达到预期的目标,成本预测应该服从企业总体经营目标,各部门、单

位的成本预测应该以企业经营目标为基准进行协调,以保证整个企业的成本预测、决策系统的协调性、一致性;成本预测的方案应该切实可行,包括技术上是否可行,产品质量能否保证,是否符合国家有关法律及社会道德的约束等;成本预测方案应该具有应变能力,必须考虑可能发生的因素变化,并拟定应变措施,使成本预测、决策方案具有一定的弹性。

成本预测有近期预测(月、季、年)和远期预测(3 年、5 年、10 年)。远期预测通常用于分析宏观经济变动对企业成本的影响(如生产力布局变动、经济结构变动、价格变动等),为企业确定中长期预算和年度预算提供资料。近期预测着重分析影响成本的各个因素的变动,测算各种方案的成本指标,从中选择最优方案据以确定计划成本指标。在近期预测中,成本预测的侧重点是年度成本预测。

二、成本预测的步骤

一般来说,成本预测的步骤包括以下几个:

(1) 基于企业的经营目标,提出初选的目标成本。这里的目标成本通常是经过全体职工努力而实现一定时期产品成本应当达到的标准。其具体形式可以是标准成本、计划成本、定额成本、非实际成本。目标成本的制订通常有两种方法,第一种方法是倒推法。这种方法在西方国家应用得较广泛,具体做法是在确定目标利润的基础上,通过市场调查,根据产品在市场上的经济地位,先确定一个适当的销售单价,然后减去按目标利润计算的单位产品利润和应缴纳的税金,作为产品进行生产的目标成本。这样做有利于使目标成本与目标利润的水平保持一致。

单位产品目标成本＝预测销售单价－单位产品销售税费－单位产品目标利润

第二种方法是传统的成本制订方法。在这种方法下,一般是以某一先进的成本水平作为目标成本。如本企业历史上最好的成本水平,或国内外同类产品的先进成本水平,或根据本企业基期的实际平均成本扣减行业协会,或主管单位下达的成本降低额作为目标成本。

(2) 初步预测在当前生产经营条件下成本可能达到的水平,并找出与初选目标成本的差距。初步预测可以在收集和整理大量历史资料的基础之上进行,同时可以结合预测对象的特点采用定性分析法和定量分析法进行预测。在采用定量分析法时,应当对过去的成本资料进行必要的调整,并利用成本形态分析的方法将企业的成本分解为变动成本和固定成本。

(3) 提出各种降低成本方案,对比与分析各种成本方案的经济效果。各种成本降低方案应当从以下几个方面着手:合理设计产品结构、提高生产经营管理效率、结合企业经营目标控制期间费用等等。在对比和分析的过程中,应当进一步测算各项成本降低措施对产品成本降低的影响程度。

(4) 选择成本最优方案并确定正式目标成本。通过比较和分析初选的目标成本、初步预测的成本、可降低的成本,找出差异,并据以修订目标成本,最终形成最佳成本预测值,使预测的结果更加符合企业实际情况。

三、成本预测的方法

成本预测一般是根据成本的历史数据并根据产量和成本的相互关系,按照成本的习性,运用数理统计的方法,预测未来一定期间内产品产量变化条件下的总成本和单位成本水平。具体的成本预测方法包括历史资料分析法、因素预测法、定额测算法和预计成本测算法等方法。下面主要介绍历史资料分析法和因素预测法。

(一) 历史资料分析法

成本预测中的历史资料分析法是指根据成本的历史资料,按照成本的性态,应用数理统计的方法来预测成本变动趋势的分析方法。需要注意的是,选用资料的时期不宜过长或太短。时期过长,会使资料失去其可比性;时期太短,不能反映出成本变动的趋势。一般选择3~5年的成本资料为宜,同时还应剔除某些偶然性因素对成本变化的影响,以保证预测的质量。

在历史资料分析方法下,只要能够建立总成本模型 $y=a+bx$,就可以利用预测的产销量 x 很方便地预测出未来总成本和单位成本水平。该法的关键问题是如何利用有关的历史资料确定总成本模型 $y=a+bx$ 中的 a 和 b。常用的方法包括高低点法、回归分析法、加权平均法,指数平滑法等具体方法。

1. 高低点法

这种方法与混合成本分解的高低点法相同,也是将某一时期的最高业务量与最低业务量相减,然后将业务相应时期的成本相减,最后计算出单位变动成本以及预测期的总成本。

【实务4-8】 星悦公司2×17年上半年的产销量与成本资料如表4-8所示。

表4-8 星悦公司产销量与成本的资料

月 份	1	2	3	4	5	6
产销量(个)	260	190	200	220	210	290
总成本(元)	170	180	165	185	175	230

要求:试预测7月份产销量为175个时的总成本与单位成本。

解析:单位变动成本 $b=\dfrac{230-180}{290-190}=0.5$(元)

固定成本 $a=230-0.5\times290=85$(元)

成本预测模型 $y=85+0.5x$

当7月份产销量为175个时,总成本 $y=85+0.5\times175=172.5$(元)

单位成本 $=\dfrac{172.5}{175}=0.99$(元/个)

2. 一元线性回归分析法

在一定期间内,如果成本数据波动较大,在进行成本预测时可采用一元线性回归分配的法。这种方法要求预测数据间误差的平方和达到最小值。但是采用一元线性回归法进行预测时,在一定程度上能反映成本变动的趋势,但它们对于企业的外部条件(如市场的供需情况、国家的方针政策、原材料的供应和运输条件等)是否有变动,均未加以考虑,必然会影响预测分析的准确性。所以其预测结果通常也需要加以调整,如参考专家的调查资料和预测者本身的主观分析与判断等。

【**实务4-9**】 仍采用【实务4-6】的资料,将该企业今年上半年的产销量、成本资料及运算结果列示于表4-9中。

解析:如表4-9所示,首先编制一元线性回归分析表。

表4-9 一元线性回归计算表

单位:元

月 份	x_i(个)	y_i	$x_i y_i$	x_i^2
1	260	170	44 200	67 600
2	190	180	34 200	36 100
3	200	165	33 000	40 000
4	220	185	40 700	48 400
5	210	175	36 750	44 100
6	290	230	66 700	84 100
合 计	1 370	1 105	255 550	320 300

根据前面的公式,待定常数 a 与 b 的值为

$$b = \frac{n\sum xy - \sum x \sum y}{n\sum x^2 - (\sum x)^2} = \frac{6 \times 255\,550 - 1\,370 \times 1\,105}{6 \times 320\,300 - (1\,370)^2} = 0.43$$

$$a = \frac{\sum y - b\sum x}{n} = \frac{1\,105 - 0.5 \times 1\,370}{6} = 85.98$$

则 $y = 85.98 + 0.43x$,当7月份产销量为175个时,则有

y=85.98+0.43×175=161.23(元)

$$单位产品成本 = \frac{161.23}{175} = 0.92(元/个)$$

3. 加权平均法

在预测成本时,由于实际成本资料距计划期越近,对预测期的影响程度越大,因此,采用这种方法时,离预测期越近,其赋予的权数就应该越大;反之,离预测期越远,其赋予的权数就应该越小。采用这种方法必须具有比较详细的成本资料,其中包括有详细的固定成本总额与单位变动成本的资料。其计算公式如下:

计划期预测成本=加权平均变动成本×计划期生产量+加权平均固定成本

$$= \frac{(各期固定成本各额+各期变动成本总额)\times 权数}{各期权数之和}$$

即

$$y = \frac{\sum a\omega}{\sum \omega} + \frac{\sum b\omega}{\sum \omega}x \qquad (4-9)$$

式中,y 为预测总成本;a 为固定成本总额;b 为单位变动成本;x 为业务量;ω 为权数。

【**实务4-10**】 星悦公司2×16年各期的生产成本水平变动比较频繁,最近半年各月移动硬盘的成本资料如表4-10所示。

表 4-10 星悦公司移动硬盘生产成本的资料

月 份	固定成本(元)	单位变动成本(元/个)
1	20 000	25
2	15 000	18
3	18 000	20
4	22 500	16
5	18 000	14
6	26 000	11
合 计	119 500	104

要求:用加权平均法预测 2×17 年 7 月份星悦公司产量为 10 个的总成本和单位成本。

解析:

$$计划期预测总成本 = \frac{20\,000×1+15\,000×2+18\,000×3+22\,000×4+18\,000×5+26\,000×6}{1+2+3+4+5+6} +$$

$$\frac{(25×1+18×2+20×3+16×4+14×5+11×6)×10}{1+2+3+4+5+6}$$

$$=20\,952.38+15.29×10=21\,105.24(元)$$

$$预计单位产品成本 = \frac{y}{x} = \frac{21\,105.24}{10} = 2\,110.52(元/个)$$

4. 指数平滑法

在销售预测中已讲过指数平滑法,这种方法可以排除在实际销售中所包含的偶然因素影响的一种预测方法。实际工作中,由于近期资料和远期资料对预测未来值的影响程度不同,所以,对过去不同时期的资料必须取不同的权数加以平均。其计算公式为:

$$计划期预测成本 = 平滑系数(α) × 上期实际销售成本 + (1-α) × 上期预测销售成本 \quad (4-10)$$

【实务 4-11】 若星悦公司上月实际成本为 25 560 元,而上月的预计成本为 26 850 元,设 α 值为 0.4。

试计算本月成本的预测值。

解析:

将有关数据代入公式(4-10)可得

计划期预测成本 = 0.4×25 560 + (1-0.4)×26 850 = 26 334(元)

【知识链接 4-4】

财务人员要练好成本预测功

预测产品成本水平及其变动成本趋势,一般采用产量—成本预测分析法。其特点是依据成本与产量之间的依存关系而建立的数学模型,利用历史资料,预测未来产量下的产品成本水平,途径有以下两种:

（1）利用产值成本率预测产品成本水平，即以当期的产值成本率乘以预期的计划经营产值，计算出预期经营计划成本。这种方法简单，但如果预期产品品种构成发生变动，产值成本率指标也要相应变动，同时将产品成本全部看作是变动成本，因而会与实际情况不完全符合。

（2）利用反映产量与成本依存关系的直线方程式预测产品成本水平，即预期成本为预期产值乘以变动成本率（即每元产值变动成本）再加上固定成本。这种方法比利用产值成本率预测成本更符合实际，关键是将全部成本划分为固定成本和变动成本，并找到变动成本率。

（二）因素预测法

因素预测法是指通过对影响产品成本的各因素的具体分析进而预测计划期成本水平的方法。产品的生产成本包括材料费用、工资费用、制造费用三个部分。因此，在测算各因素对成本的影响时，应当从节约原材料消耗、控制生产过程中的工资费用、提高产品的生产率、合理使用设备、减少废品损失等方面来进行测算。

1. 材料费用对产品成本的影响

直接材料是构成产品成本的主要成本项目，一般所占比重较大，包括原材料、辅助材料、燃料和动力费等。影响材料费用变动的因素有材料消耗定额和材料单价。如果基期与预测期之间材料消耗定额和材料单价有变动，就会影响预测期产品的单位成本和总成本。但直接材料成本项目只是组成产品成本的一个部分，因此，材料消耗定额的降低率不等于产品成本的降低率，材料消耗定额和材料单价降低影响的降低率应按下列公式计算：

$$\text{材料消耗定额降低影响的成本降低率} = \text{材料费用占产品成本比重} \times \text{材料消耗定额降低百分比} \quad (4-11)$$

$$\text{材料单价降低影响的成本降低率} = \text{材料费用占产品成本比重} \times \left(1 - \text{材料消耗定额降低百分比}\right) \times \text{材料单价降低百分比} \quad (4-12)$$

以上两个公式合并即为材料费用降低影响的成本降低率，即

$$\text{材料费用降低影响的成本降低率} = \text{材料费用占产品成本比重} \times \left[1 - \left(1 - \text{材料消耗定额降低百分比}\right) \times \left(1 - \text{材料单价降低百分比}\right)\right] \quad (4-13)$$

2. 工资费用对产品成本的影响

直接人工成本项目也是产品成本的主要组成，取决于生产工人的工资水平和生产工人劳动生产率，生产工人工资水平的增长同工资费用的增长成正比例关系；生产工人劳动生产率的变动同工资费用的增长成反比例关系。因此，可以利用这些关系来测算工资水平和劳动生产率的变动对成本的影响程度。

$$\text{工资费用降低影响的成本降低率} = \text{工资费用占产品成本比重} \times \left(1 - \frac{1 + \text{工资水平平均增长率}}{1 + \text{劳动生产率的增长率}}\right) \quad (4-14)$$

3. 产量和制造费用变动对成本的影响

企业的制造费用大部分是相对固定的费用，例如，按直线法计提的折旧费等；还有一部分属于变动费用。按照成本形态的特征，固定费用在相关范围内保持不变，变动费用在相关范围内随着产量的变化呈现正比例变化。虽然变动费用随着产量的增长而增长，但只要

减少每个单位产品所分摊的变动费用,其增长速度也会小于生产增长速度,从而降低产品的单位生产成本。其计算公式如下:

$$\begin{matrix}\text{固定制造费用影响的}\\\text{成本降低率}\end{matrix}=\begin{matrix}\text{固定制造费用}\\\text{占产品成本比重}\end{matrix}\times\left(1-\frac{1}{1+\text{产量增长率}}\right) \quad (4-15)$$

$$\begin{matrix}\text{变动制造费用影响的}\\\text{成本降低率}\end{matrix}=\begin{matrix}\text{变动制造费用}\\\text{占产品成本比重}\end{matrix}\times\left(1-\frac{1+\text{变动制造费用增长率}}{1+\text{产量增长率}}\right) \quad (4-16)$$

4. 废品损失变动对成本的影响

生产过程中发生的废品损失必然会导致产品生产成本的增加,因此,降低废品损失率可以减少废品损失,从而达到降低产品成本的目的。其计算公式如下:

$$\begin{matrix}\text{废品损失变动影响的}\\\text{成本降低率}\end{matrix}=\begin{matrix}\text{废品损失占产品}\\\text{成本比重}\end{matrix}\times\begin{matrix}\text{废品损失}\\\text{降低百分比}\end{matrix} \quad (4-17)$$

将上述各因素变动影响数进行综合,即得到预测期产品成本的总降低率。利用以下公式可以计算产品成本的总降低额,根据产品成本总降低额和基期成本可以制订预测期的产品目标成本,并以此编制成本计划。

$$\begin{matrix}\text{预测期产品成本}\\\text{总降低额}\end{matrix}=\begin{matrix}\text{预测期产品成本}\\\text{总降低率}\end{matrix}\times\begin{matrix}\text{基期单位产品}\\\text{平均成本}\end{matrix} \quad (4-18)$$

【实务 4-12】 星悦公司 2×16 年移动硬盘单位产品成本为 1 000 元,其中,材料费用 650 元,工资费用 200 元,变动性制造费用 75 元,固定制造费用 65 元,废品损失 10 元,经过初步推算移动硬盘的目标成本降低率为 8%,经充分论证,确定预测期影响成本主要因素有:

产品的生产增长率　　　　　　　　　　　25%

材料消耗定额降低率　　　　　　　　　　8%

材料单价上升率　　　　　　　　　　　　3%

生产工人工资增长率　　　　　　　　　　4%

劳动生产率提高　　　　　　　　　　　　20%

变动性制造费用增长率　　　　　　　　　5%

废品损失减少率　　　　　　　　　　　　10%

要求:试测算每个成本项目变动对产品成本的影响,确定移动硬盘成本的降低额,并制订星悦公司 2×17 年的目标成本。

解析:

(1) 材料费用对产品成本的影响。

材料费用降低影响的成本降低率 $=\frac{650}{1\,000}\times\{1-(1-8\%)\times[1-(-3\%)]\}=3.41\%$

(2) 工资费用对产品成本的影响。

工资费用降低影响的成本降低率 $=\frac{200}{1\,000}\times\left(1-\frac{1+4\%}{1+20\%}\right)=2.67\%$

(3) 产量和制造费用变动对成本的影响。

固定制造费用影响的成本降低率 $=\dfrac{65}{1\,000}\times\left(1-\dfrac{1}{1+25\%}\right)=1.30\%$

变动制造费用影响的成本降低率 $=\dfrac{75}{1\,000}\times\left(1-\dfrac{1+5\%}{1+25\%}\right)=1.2\%$

(4) 废品损失变动对成本的影响。

废品损失变动影响的成本降低率 $=\dfrac{10}{1\,000}\times10\%=0.10\%$

(5) 总成本降低率 $=3.41\%+2.67\%+1.30\%+1.2\%+0.1\%=8.68\%$

预测期产品成本总降低额 $=1\,000\times8.68=86.8$(元)

2×17 年星悦公司的目标成本 $=1\,000-86.8=913.2$(元)

任务四　利润预测

一、利润预测——企业的"果实"探测器

利润是衡量企业生产经营活动好坏的一个综合性指标。影响利润的因素很多,主要的影响因素有四个,即产品单价、产品单位变动成本、产品销售量和产品固定成本。其中任何一个因素的变动都会引起企业利润的变动,有些因素增长会导致利润增长(如单价),而另一些因素降低才会使利润增长(如单位变动成本);有些因素略有变化就会使利润发生很大的变化,而有些因素虽然变化幅度较大,却只对利润产生微小的影响。有时某个因素的变动甚至会使一个企业由盈变亏,也会使一个企业扭亏为盈。产品质量的好坏、企业产品品种结构合理与否、材料消耗量的大小、劳动生产率的高低,最后都能在利润中反映出来。实行经济核算的企业首要的任务就是对利润进行预测,确定目标利润,据此考核与衡量一定时期内的财务状况,评价经济效益,搞好利润管理,并安排好企业的日常经营活动。

利润预测要在了解企业过去和现在的生产经营状况及所处的经济环境的基础上,运用一定的科学的方法,对影响利润的各种因素(如单价、业务量、成本)进行分析,测算出企业未来的利润水平。因此,企业积极开展利润预测工作对于企业的经营决策具有十分重要的意义,总的来说可以概括为以下三个方面。

(一) 利润预测有助于正确制订和实施经营决策

利润的高低影响到企业的投资、融资决策,例如,股份公司股票上市和上市公司配股等都有利润指标的限制。通过利润预测,不仅能找到影响利润变化的关键因素,科学地确定企业未来一定期间的利润目标,为经营决策指明方向,而且可以为拟定实现既定利润目标的可行性方案并从中选取最优化行动方案提供依据。开展利润预测,要求对有关产品或者劳务收入、成本和利润进行适当的分析和计量,以便观察利润增长趋势,掌握利润变动规律,确立预期利润目标。这样,决策者可以根据利润预测的结果进行分析评价,通过特定的决策程序,按照特定的决策标准选取最大可能增加收入、最大限度地降低成本的决策方案,从而实现企业的利润最大化。

（二）利润预测有助于制定和实现企业的经营目标

经营目标是在一定时期企业生产经营活动预期要达到的成果，是企业生产经营活动目的性的反映与体现。在既定的所有制关系下，企业作为一个独立的经济实体，经营目标是指在其全部经营活动中所追求的并在客观上制约着企业行为的目的。它是在对企业的经营结构、经营能力，以及市场变动、竞争态势、经营与科技发展等因素进行综合分析的基础上确定的。一般来说，经营目标的出发点和最终归宿都直接或间接与利润相关，利润目标是经营目标的极为重要的组成部分。开展利润预测，从某种意义上讲，就是通过对上述企业内外部条件和主客观因素的全面考察，以确立未来一定期间的利润目标，更好地为实现企业的经营目标而服务。

（三）利润预测有助于增强企业素质，提高经济效益

企业获得一定数额的利润，是其内部所有业务（职能）部门、各个管理层次和全体职工共同努力的结果。通过利润预测，企业管理者可以按既定目标利润及实施措施的要求，全面组织和筹划未来的生产经营活动，充分调动企业内部各个方面的积极性，进一步挖掘增产节约、增收节支的潜力，不断改善经营管理，提高生产（工作）效率，从而为增强企业素质、提高经营效益创造有利条件。

二、预测目标利润

企业的目标利润预测的主要内容包括两个方面：一是利润变动趋势的预测；二是目标利润及其实现措施的预测。本次任务主要解决的问题是目标利润及其实现措施的预测。

（一）目标利润的概念

目标利润是指企业在未来一段期间内，经过努力应该达到的最优化利润控制目标。它是企业生产经营的一项重要目标，也是确定企业计划期销售收入和目标成本的依据。它主要是根据本企业在计划期间的实际生产能力、生产技术条件、材料物资供应情况、运输条件以及市场预测等因素而提出来的最优化利润控制目标。它是企业未来经营必须考虑的重要战略目标之一。目标利润应体现以下四个方面的原则：

（1）可行性。它应该反映企业未来可能实现的最佳利润水平，既先进又合理。

（2）客观性。目标利润的预测必须以客观存在的市场环境、技术发展状况为背景，以现实参数为依据，不能脱离实际、想当然地乱定目标。

（3）严肃性。目标利润必须经过反复测算、验证调整后方能最终确定。确定后的目标利润应保持相对稳定，不得随意更改。

（4）指导性。目标利润不应当是现有业务量、成本、价格的消极后果。相反，应当对上述因素的未来发展起着某种规定或约束作用，具有指导性。

（二）目标利润预测的基本步骤

根据上述原则，目标利润预测的基本步骤大致如下：

1. 分析上期利润计划的完成情况，确定利润率标准

为了保证预期利润的正确确定，应对上期的计划利润与实际利润进行比较，判明该期利润计划完成情况的好坏和盈利水平的高低，同时还应在分析、比较的基础上，尽可能把握以前期间的经营计划对下期利润的影响，确定用于利润预测的利润率标准。从可供选择的

管理会计(第二版)

利润率的计算口径上看,主要包括销售利润率、产值利润率、资金利润率。所选择的利润率标准既可以是平均利润率、历史最高水平利润率和上级指令性利润率,也可以是国际、全国、同行业、本地区和本企业的利润率。

2. 考察利润影响因素的变动,计算目标利润基数

应根据市场调查、销售预测的有关资料,对影响利润的各种因素进行综合分析,测定未来一定期间它们对利润的影响方向和程度,综合考虑各种因素对目标利润的影响,最终结合相关的利润率标准确定企业的目标利润基数。

$$目标利润基数 = 销售利润率标准 × 预计产品销售收入$$
$$= 产值利润率标准 × 预计总产值$$
$$= 资金利润率标准 × 预计资金平均占用额$$

3. 进行利润的敏感性分析,确定目标利润修正值

对影响目标利润的相关因素进行敏感性分析,形成目标利润预测值。比较目标利润基数与目标利润预测值,确定目标利润修正值。

4. 确定下期要求实现的目标利润,分解落实纳入预算体系

目标利润的确定是利润预测工作的重要一环,其具体数额的多少或预期水平的高低,将在很大程度上指导着未来一定期间的生产经营活动。因此,要求企业管理者根据本企业所面临的经营环境和条件,经过计量、测算,大体上确定下一期间应实现的利润数额或应达到的盈利水平。然后,在深入挖掘企业内部潜力、充分利用现有经济资源的基础上,进行反复的验算、平衡,经过有针对性的调整正后,正式确定计划期间(通常为 1 年)的目标利润指标。目标利润一经确定就应当立即纳入预算执行体系,层层分解落实,以此作为采取相应措施的依据。

$$最终下达的目标利润 = 目标利润基数 + 目标利润修正值$$

(三)目标利润预测的基本方法

目标利润预测的基本方法分两种情况,一种是确定条件下的目标利润预测;另一种是非确定条件下的目标利润预测。下面主要介绍确定条件下的目标利润预测方法。

在产品的销售价格、生产成本、产销结构等条件确定的情况下,企业的目标利润预测可采用下列方法。

1. 本量利分析法

本量利分析法是利用产销量、成本和利润三者之间的依存关系,根据有关产品预计的销售量、价格和成本资料,确定未来一定时期的目标利润总额的一种方法。

其计算公式为

$$目标利润总额(TP_1) = 预计销售数量 × (预计单位销价 - 预计单位变动成本) - 固定成本总额$$
$$= (p_1 - b_1) × x_1 - a \tag{4-19}$$

【实务 4-13】 鑫鑫环保有限公司产销一种环保产品,预计下年度的销量为 12 000 件,单位变动制造成本 19 元,单位变动期间成本为 5 元,固定成本总额为 56 000 元,销售单价 30 元。

试计算该企业下年度的目标利润。

解析：

根据本量利分析法公式可得

$TP_1 = (p_1 - b_1) \times x_1 - a = 12\,000 \times [30 - (19 + 5)] - 56\,000 = 16\,000(元)$

2. 比率预测法

(1) 销售收入利润率预测法。销售收入利润率是产品销售利润与产品销售收入的比率，它说明了每元的销售利润与销售收入的比率，反映的是每元销售收入可以获得的利润数额。销售收入利润率测算法就是根据企业上年度的实际销售收入、下年度的预计销售增长率和预计的销售利润率来确定下年度目标利润的方法。其计算公式为

$$\text{目标利润总额}(TP_1) = \text{本年度实际销售收入} \times \left(1 + \text{下年度预计销售收入增长率}\right) \times \text{预计销售收入利润率}$$
$$= S_0 \times (1 + \Delta S / S_0) \times ROS_1 \tag{4-20}$$

【实务 4-14】　鑫鑫环保有限公司 2×17 年实际销售收入 200 000 元，2×18 年预计销售收入增长率为 10%，预计销售收入利润率为 10%。

试计算该企业 2×18 年的目标利润总额。

解析：目标利润总额 $= 200\,000 \times (1 + 10\%) \times 10\% = 22\,000(元)$

(2) 销售成本利润率预测法。销售成本利润率是企业在一定时期内取得的销售利润与同一时期的销售成本的比率。它说明的是每耗费一元销售成本所取得的利润，反映的是成本升降的经济效果。销售成本利润率测算法就是根据企业上年度的实际销售成本、下年度的预计销售成本增长率和预计的销售成本利润率来确定下年度目标利润的方法。其计算公式为

$$\text{目标利润总额}(TP_1) = \text{本年度实际销售成本} \times \left(1 + \text{下年度预计销售成本增长率}\right) \times \text{预计销售成本利润率}$$
$$= C_0 \times (1 + \Delta C / C_0) \times ROC_1 \tag{4-21}$$

(3) 产值利润率预测法。产值利润率是指企业一定时期内产品销售利润与工业总产值之间的比率。它说明的是每一元工业总产值提供利润的情况。产值利润率测算法就是根据企业上年度的实际产品总产值、下年度的预计产品总产值增长率和预计的产值利润率来确定下年度目标利润的方法。其计算公式为

$$\text{目标利润总额}(TP_1) = \text{本年度实际产品总产值} \times \left(1 + \text{下年度预计产品总产值增长率}\right) \times \text{预计产值利润率}$$
$$= V_0 \times (1 + \Delta V / V_0) \times ROV_1 \tag{4-22}$$

(4) 销售比例增长法。销售比例增长法是以上年度实际销售收入总额和利润总额以及下年度预计销售收入总额为依据，按照利润与销售额同步增长的比例来确定下年度目标利润总额的一种方法。其计算公式为

$$\text{目标利润总额}(TP_1) = \frac{\text{下年度预计销售收入总额}}{\text{本年度实际销售收入总额}} \times \text{本年度实际利润总额}$$
$$= S_1 / S_0 \times TP_0 \tag{4-23}$$

【实务 4-15】　假设【实务 4-13】中鑫鑫环保有限公司 2×16 年实际销售收入为

320 000 元,实际利润为 20 000 元。

试计算该公司 2×17 年的目标利润。

解析:目标利润总额 $= \dfrac{12\,000 \times 30}{320\,000} \times 20\,000 = 22\,500$(元)

【知识链接 4-5】

日本中小企业的"中国生存之路"还有多远

临近岁末,日本一些大大小小的公司正在为惨淡的经营成绩单发愁。善于作预测、搞计算的日本企业,做梦都没有想到今年流年不利,年初测算的利润到年底全成了海市蜃楼。而这主要缘于日本常常挂在嘴边的"中国风险",在民主党野田政府的"大胆操作"下,转眼之间就变成了鲜活却无法提振企业士气的现实。

2012 年 9 月,日本政府宣布"购岛"后,中日关系急剧降温,直接受到影响的就是日本经济。日本财务省公布的 10 月贸易统计数据显示,该月贸易逆差达到 5 490 亿日元,连续 4 个月呈赤字,是继 1979 年以来最大的赤字月。财务省表示对华出口大幅下降是主要原因。最近,日兴证券公司调查了 469 家日本上市公司 2012 年会计年度的业绩预测。调查结果显示,37%的公司将销售额预测值向下做了调整,还有 32%的公司将纯利润预测值向下做了调整。而接受调查的上市公司中,超过八成的企业认为中日关系恶化是主要原因。原来,他们预测,今年营业利润会比去年增加 15.6%。但最让日本中小企业无奈的是,即使环境变差但还得依赖中国,否则无法生存。64.7%的受访企业表示将"维持现有的在华业务规模";"考虑缩小、退出在华业务"的企业仅占 5.9%。可见很多日本中小企业靠中国市场生存,在蒙受关系恶化对业绩造成负面影响的情况下,也无法离开中国市场。

3. 经营杠杆系数法

(1)经营杠杆的含义。根据成本性态分析原理,在相关范围内,固定成本随着业务量的变化不变,单位固定成本随着业务量的变化呈现反比例变化。当企业生产的产品业务量发生了增加,不会导致固定成本的变化,但它会导致单位固定成本的降低,也就意味着产品单位成本的降低,即当单位售价不变时,产品的单位利润增加并使利润增长幅度大于业务量的增长幅度;反之,业务量的减少会使单位固定成本升高,在单位售价不变的情况下,产品的单位利润随之减少,并使利润的下降幅度大于业务量的下降幅度。如果企业不存在固定成本,即所有的成本都是变动的,那么,贡献毛益总额就等于利润,利润变动率就等同于业务量变动率。显然,这种情况是不存在的。也正是由于企业固定成本的存在,而使得利润的变动幅度与业务量的变动幅度发生不一致的现象,这种现象就是经营杠杆效应。

(2)经营杠杆系数。经营杠杆系数(Degree of Operational Leverage,简称 DOL)是本量利分析中的重要概念,利用它可帮助企业进行利润的预测分析,同时用来衡量企业的经营杠杆效应,反映企业的经营风险。

① 定义公式。利润变动率同业务量变动率的比值称为经营杠杆系数。其用公式表示如下:

$$\text{经营杠杆系数}(DOL) = \frac{\text{利润变动率}}{\text{业务量变动率}} = \frac{R_{TP}}{R_x} = \frac{\Delta TP / TP_0}{\Delta x / x_0} \qquad (4-24)$$

【实务 4 - 16】 星悦公司产销 U 盘产品,销售单价为 20 元,单位变动成本为 15 元,固定成本总额为 70 000 元。有关不同销售量情况下的利润及其他资料见表 4 - 11。保本销售量为 14 000 个。

要求:计算产销量为 25 000 件时的经营杠杆系数。

表 4 - 11　星悦公司 U 盘产品销售与成本的资料　　　　　　　　　单位:元

销售收入	变动成本	销售量(个)	固定成本	总成本	利　润
300 000	225 000	15 000	70 000	295 000	5 000
400 000	300 000	20 000	70 000	370 000	30 000
500 000	375 000	25 000	70 000	445 000	55 000
600 000	450 000	30 000	70 000	520 000	80 000

解析:在产销量 25 000 个时的经营杠杆系数,可以用该公司在产销 20 000 个向 25 000 个变动时引起的利润变动数代入上述公式即可求出:

$$DOL = \frac{\Delta TP/TP_0}{\Delta x/x_0} = \frac{(55\,000 - 30\,000) \div 30\,000}{(25\,000 - 20\,000) \div 20\,000} = \frac{83.33\%}{25\%} = 3.33(倍)$$

计算结果表明,星悦公司在产销 25 000 个时经营杠杆系数为 3.33。就是在产销量为 20 000 件时,若再增加产销量 5 000 件,增加到 25 000 个时,即产销量增加 25% 时,使利润由产销 20 000 件时的 30 000 元增加到产销 25 000 件时的 55 000 元,增加了 25 000 元的利润,利润变动百分比为 83.33%。也就是产销量增加 25%,使利润增加 83.33%。利润变动率是销售变动率的 3.33 倍。它说明在某产销量基础上产销量变动百分比对利润变动百分比的影响程度。

② 推导公式。利用本量利分析原理还可以推导出任何产销量水平上的经营杠杆系数。其推导过程如下:

$$DOL = \frac{\Delta TP/TP_0}{\Delta x/x_0} = \frac{\dfrac{(p-b)(x_1-x_0)}{(p-b)x_0-a}}{\dfrac{x_1-x_0}{x_0}} = \frac{(p-b)x_0}{(p-b)x_0-a} = \frac{Tcm_0}{TP_0}$$

$$= \frac{Tcm_0}{Tcm_0 \times MSR} = \frac{1}{MSR} = \frac{1}{1-bR} \tag{4-25}$$

其中,TP 代表目标利润;R_{TP} 代表利润变动率;x 代表业务量;R_x 代表业务量变动率。b 代表单位变动成本;a 代表固定成本;Tcm 代表贡献毛益总额;cm 代表单位贡献毛益;MSR 代表安全边际率;bR 代表变动成本率(变量下标为 1 的指标为预测期指标,变量下标为 0 的指标为基期指标,下同)。

通过推导可以看出,某产销水平上的经营杠杆系数应该等于该水平上的贡献毛益总额与利润之比。其计算公式如下:

$$经营杠杆系数 = \frac{基期贡献毛益总额}{基期利润总额} = \frac{销售收入 - 变动成本总额}{销售收入 - 总成本}$$

$$= \frac{\text{利润总额} + \text{固定成本总额}}{\text{利润总额}} = 1 + \frac{\text{固定成本总额}}{\text{利润总额}}$$

$$= \frac{\text{基期贡献毛益总额}}{\text{基期贡献毛益总额} \times \text{安全边际率}} = \frac{1}{\text{安全边际率}} \tag{4-26}$$

可以看到，影响经营杠杆系数大小的因素主要是固定成本总额。从经营杠杆系数计算推导公式可知，只要企业存在固定成本，经营杠杆系数总是大于1，且经营杠杆系数是随固定成本总额的变动而同方向变动的，即在利润一定的情况下，企业固定成本的比重越大，经营杠杆系数就越大；与此相反，固定成本总额的比重越小，经营杠杆系数也就越小。因此，在产销量相关范围内，降低固定成本总额，不仅能增加等额利润，而且还能降低企业经营风险。

结合本量利分析的相关指标可以看出，经营杠杆系数与企业的安全边际率成反比例变化，企业的经营杠杆系数越大，意味着企业的经营风险越大，产品的单位成本上升，企业的经营越不安全。总之，经营杠杆系数的变动应该具备以下规律：

第一，只要固定成本不等于零，经营杠杆系数恒大于1。

第二，在单价、成本不变的情况下，产销量变动与经营杠杆系数的变动方向相反。

第三，成本的变动与经营杠杆系数的变动方向相同。

第四，单价的变动与经营杠杆系数的变动方向相反。

第五，在同一产销量水平上，经营杠杆系数越大，利润变动幅度就越大，从而风险也就越大。

【实务 4-17】 仍用【实务 4-16】星悦公司的本量利分析资料，代入公式计算产销量 20 000 个时的经营杠杆系数如下：

$$DOL = \frac{400\,000 - 300\,000}{400\,000 - 370\,000} = 3.33 (\text{倍})$$

（3）经营杠杆系数的作用。

① 进行预测分析。运用经营杠杆系数预测利润、规划产销量规模，既简单又准确。利用经营杠杆系数预测计划期利润的计算公式是：

$$\text{计划期利润预测数}(TP_1) = \text{基期利润} \times (1 \pm \text{业务量变动率} \times \text{经营杠杆系数})$$

$$= TP_0 \times (1 \pm R_x \times DOL) \tag{4-27}$$

【实务 4-18】 根据【实务 4-17】的资料，假若星悦公司基期产销量为 35 000 件，实现利润 60 000 元，计划期产销量增加 25.9%，经营杠杆系数为 2.35。

试计算该公司计划期利润。

解析：计划期利润 $= 60\,000 \times (1 + 25.9\% \times 2.35) = 96\,519 (\text{元})$

此外，运用经营杠杆系数还可以预测实现目标利润应达到的业务量变动率。利用经营杠杆系数来预测保证目标利润实现应达到的业务量变动率。其计算公式如下：

$$\begin{aligned}\text{实现目标利润应达到的业务量变动率}(R_x) &= \frac{\text{计划期目标利润} - \text{基期实际利润}}{\text{基期实际利润} \times \text{经营杠杆系数}} \\ &= \frac{R_{TP}}{DOL} = \frac{\Delta TP / TP_0}{DOL} = \frac{TP_1 - TP_0}{TP_0 \times DOL}\end{aligned} \tag{4-28}$$

【实务4-19】　假若星悦公司基期实际产销量为 45 000 件,基期实现利润为 90 000 元,经营杠杆系数为 2,计划期目标利润为 108 000 元。

要求:预测计划期的产销量变动率。

解析:实现目标利润应达到的产销量变动率 $=\dfrac{108\,000-90\,000}{90\,000\times 2}=10\%$

计算结果表明,产销量应该在基期 45 000 件的基础上增加 10%,即计划期产销量计划销量为 49 500 件[=30 000×(1+10%)]时,才能保证利润的实现。

② 反映企业的经营风险。引起企业经营风险的主要原因是市场供需的变化以及生产、成本等因素的不确定性,而经营杠杆本身并非是企业利润不稳定的根源。但是,由于

$$利润变动率(R_{TP})=产销量变动率×经营杠杆系数=R_x×DOL \qquad (4-29)$$

如果企业的经营杠杆系数有所增加,那意味着该企业产销量增加时,利润将以经营杠杆系数的幅度增加;反之,当产销量减少时,利润又将以经营杠杆系数倍数的幅度下降。由此可见,经营杠杆系数扩大了市场、成本等不确定因素对利润变动的影响。也就是说,经营杠杆系数越大,利润的变动越大,企业的经营风险也就越大。一般认为,对于销售情况多变的企业,保持较低水平的经营杠杆系数是有利的。

任务五　筹资预测

资金是企业进行生产经营活动必备的条件。资金预测是工业企业经营预测中不可缺少的组成部分,通过资金预测,可以使企业做到心中有数,从而合理地使用资金,不断提高资金利用的经济效果。对筹集资金需要量影响最大的变量是企业未来年度预测的销售额,所以销售预测是资金需要量预测的主要依据。如何进行销售预测已在前面做了介绍,这里不再赘述。我们这一节主要是介绍当企业在已完成了未来年度的销售预测的基础上,如何预测资金的需要量。下面介绍两种常见的资金需要量预测方法。

一、定性预测资金需要量

定性预测法需要依靠预测者个人经验、主观分析和判断能力,对未来时期资金需要量进行估计和推算的方法。这种方法通常采用召开专业技术人员座谈会和专家论证会等形式,由于缺乏完整的历史资料,使预测结果准确性和可行性较差,一般只作为预测的辅助方法。

二、定量预测资金需要量

定量预测法是以历史资料为依据,采用数学模型对未来时期资金需要量进行预测的方法。这种方法预测的结果科学而准确,有较高的可行性,但计算较为复杂,要求具有完备的历史资料。定量预测法常用的方法有销售百分比法和资金性态分析法。

(一) 资金性态预测法

资金性态是指资金需要量与企业生产经营规模变动之间的依存关系。按照资金需要

管理会计(第二版)

量与企业生产经营规模的依存性,可以把资金区分为固定资金、变动资金和半变动资金。

固定资金是指企业在一定时期与一定的生产经营规模条件下,资金总额保持不变。例如,为维持正常生产经营需占用最低数量资金,包括原材料保险储备占用资金、必要的产成品储备占用资金以及在固定资产方面占用的资金。

变动资金是指资金需要量与企业生产经营规模变动成正比例变动的资金,一般包括原材料、外购件等方面的资金。此外,在最低储备以外的现金,存款、应收账款等都具有变动性质。

半变动资金是指资金需要量虽然受企业生产规模的影响,但不成比例变动的资金,例如,辅助材料、备品配件方面的资金等。对于半变动资金,可以采用一定的方法将其分为不变资金和变动资金两部分。

资金习性预测法就是在将资金划分为变动资金和不变资金的基础上,根据资金需要量和企业业务量之间的依存关系来测算资金需要量的方法。

【实务 4 - 20】 星悦公司近年来移动硬盘的产量与资金占用量资料如表 4 - 12 所示。

表 4 - 12　星悦公司移动硬盘的产量与资金占用量资料汇总表

年　份	2×11	2×12	2×13	2×14	2×15	2×16
移动硬盘产量(x_i)	100	154	130	140	168	165
资金占用(y_i)	50	60	55	58	75	72

要求:若 2×17 年该企业产品销售量为 180 万个,预测 2×17 年星悦公司的资金需要量。

解析:设移动硬盘销量为 x,资金需要量为 y,a 为不变资金,b 为变动资金,直线方程为
$$y = a + bx$$
运用回归分析法求出 a、b 值,其计算步骤如下:

(1) 根据资料列下表 4 - 13。

表 4 - 13　产量与资金占用回归分析表

年　份	x(万个)	y(万元)	xy	x^2
2×11	100	50	5 000	10 000
2×12	154	60	9 240	23 716
2×13	130	55	7 150	16 900
2×14	140	58	8 120	19 600
2×15	168	75	12 600	28 224
2×16	165	72	11 880	27 225
合　计	857	370	53 990	125 665

(2) 根据回归分析法计算公式,求出 a 和 b 并建立直线方程。

$$b = \frac{6 \times 53\,990 - 857 \times 370}{6 \times 125\,665 - 857 \times 857} = 0.35$$

$$a=\frac{370-0.35\times857}{6}=11.68$$

所以，

$$y=11.68+0.35x$$

（3）将 2×17 年移动硬盘产量 180 万件代入直线方程，则 2×17 年的资金需要量为

$$y=11.68+0.35\times180=74.68（万元）$$

（二）销售百分比预测法

销售百分比法是根据资产负债表中各个项目与销售收入总额之间的依存关系，按照计划期销售额增长情况来预测资金需要量的一种方法。它是目前最流行的预测资金需要量的方法。

1. 基本假设

利用销售百分比法预测外部资金需要量的企业应当满足以下基本假设：

（1）某报表项目与销售的比率已知并固定不变，即企业的部分资产和负债与销售收入同比例变化。该假设的意义在于，采用销售百分比预测资金需要量的企业其销售收入无论是在基期还是预测期都应当保持在一个相对稳定的状态；相反，如果企业的销售收入在若干个期间变动比较大，在预测资金需要量的过程中，以前年度的报表数据将不具有可比性，结果也不再具有使用价值。

（2）假定未来销售预测已完成，从而未来销售一定。资金需要量的预测应当是建立在销售预测的基础之上。只有稳定的销售收入才会有稳定的经营成果和财务状况，最终预测的结果才具有决策使用的价值。

（3）企业各项资产、负债与所有者权益结构已达到最优。该假设是建立在企业的最优资本结构基础之上的。如果企业在进行资金需要量预测时，企业的资本结构不是最优资本结构，说明企业资金的资本成本还没有达到最低，每股收益没有实现最大化，也就意味着没有实现企业的财务管理目标。在这种状态下做出的资金需要量预测不能满足企业管理层决策的需求。

2. 计算方法

用销售百分比法来预测未来年度企业外部资金需要量的方法主要包括预计财务报表法和预测公式法。

（1）预计财务报表法。这种方法是根据销售收入来预计资产、负债和所有者权益总额来确定融资需求。其具体操作步骤主要分为四步：

① 收集基期资产负债表资料，计算敏感项目与销售收入的百分比。首先，分析研究资产负债表和利润表中的报表项目与销售量的变动关系，将那些能随销售量变动而发生变化的报表项目称为敏感性报表项目，将不能随销售量变动而发生变化的报表项目称为非敏感性报表项目，然后将这些敏感性项目分别除以基期的销售收入，以销售百分比的形式表示。

一般来讲，资产负债表中资产类项目，如货币资金、正常的应收账款和存货等项目，都会随销售额的增长而相应地增长。固定资产项目的利用率如果已达到饱和状态，则要随销售额的增加而需要增添设备。负债类项目，例如，应付账款、其他应付款等项目，一般会随销售的增长而增长。而应付票据、长期负债及所有者权益等项目，则不随销售的增长而

增加。

② 根据预测年度销售收入预计数和敏感项目的销售百分比,计算出该项目在预测年度的预计数,而非敏感项目预测金额则按照基期金额填写。其计算公式为

$$某敏感项目预计数=预计销售收入×某项目销售百分比$$

将敏感性资产销售百分比合计减去敏感性资产销售百分比合计,可以预测未来年份增加的销售收入乘以每增加一元销售收入需筹资金额的百分比。

③ 计算企业内部形成的资金来源,预测期资产负债表中的留存收益(如未分配利润增加额等)为基期留存收益余额和预测期留存收益增加额之和。

④ 计算外部资金需要量。利用敏感性资产销售百分比计算预测期企业的资金需要总量,减去预计负债和预计股东权益,然后加上预测期零星资金需要量即可得出预测期企业外部需增加筹资的预测值。

(2) 预测公式法。根据销售收入的增加额预测资产、负债和所有者权益的增加额,并确定融资需求,具体做法可以利用公式(4-30)来计算预测期企业外部资金需要量 F。

$$F=\Delta S\left(\frac{A}{S_0}-\frac{L}{S_0}\right)-S_1 R_0(1-D_1)+G_1 \qquad (4-30)$$

式中,A 为基期敏感性资产项目金额;L 为基期敏感性负债项目金额;S_0 为基期销售收入总额;S_1 为预测期销售收入总额;ΔS 为预测期与基期相比新增销售收入总额;A/S_0 为基期敏感性资产销售百分比;L/S_0 为基期敏感性负债销售百分比;R_0 为基期销售净利率(基期净利润/基期销售收入);D_1 为预测期股利支付率(基期股利总额/基期净利润);G_1 为预测期零星资金需要量。

【实务 4-21】 星悦公司 2×16 年的利润表与资产负债表如表 4-14 和表 4-15 所示。预计 2×17 年度公司销售收入可达到 8 000 万元,股利支付率为 30%,预测期零星资金需要量为 50 万元。

请采用销售百分比法预测星悦公司 2×17 年的外部资金需要量。

表 4-14　星悦公司 2×16 年利润表　　　单位:万元

项　目	2×16 年度金额
一、营业收入	5 000.00
减:营业成本	2 500.00
销售费用	20.00
管理费用	600.00
财务费用	40.00
营业税金及附加	240.00
二、营业利润	1 600.00
减:所得税费用	180.00
三、净利润	1 420.00

表 4-15　星悦公司 2×16 年资产负债表　　　　　　　　单位:万元

资　　产	2×16 年度金额	负债及所有者权益	2×16 年度金额
货币资金	60.00	短期借款	340.00
应收账款	2 800.00	应付票据	440.00
存货	1 000.00	应付账款	100.00
预付账款	20.00	长期借款	300.00
长期股权投资	100.00	负债合计	1 180.00
固定资产	200.00	实收资本	1 500.00
		未分配利润	1 500.00
		所有者权益合计	3 000.00
资产总额	4 180.00	负债及所有者权益总额	4 180.00

解析:利用第一种销售百分比法预测外部资金需要量。

(1)编制预计利润表。

根据基期的利润表数据计算利润表项目在基期销售收入的百分比,如表 4-16 中预计利润表的第三列所示。

表 4-16　星悦公司 2×17 年预计利润表　　　　　　　　单位:万元

项　　目	2×16 年度金额	销售收入百分比(%)	2×17 年度预计金额
①	②	③	④
一、营业收入	5 000.00	100.00	8 000.00
减:营业成本	2 500.00	50.00	4 000.00
销售费用	20.00	0.40	32.00
管理费用	600.00	12.00	960.00
财务费用	40.00	0.80	64.00
营业税金及附加	240.00	4.80	384.00
二、营业利润	1 600.00	32.00	2 560.00
减:所得税费用	180.00	3.60	288.00
三、净利润	1 420.00	28.40	2 272.00

(2)预测留存收益增加额。

从表 4-16 的预计利润表中可以看出星悦公司 2×17 年的留存收益增加额为 1 590.4 万元[=2 272×(1-30%)],即公司内部可以解决 1 590.4 万元的资金需要。

(3)编制预计资产负债表(见表 4-17)。

表 4-17　星悦公司 2×17 年预计资产负债表　　　　　　　　单位:万元

项　　目	2×16 年实际金额	销售收入百分比(%)	2×17 年预计金额
①	②	③	④
资产			
货币资金	60.00	1.20	96.00
应收账款	2 800.00	56.00	4 480.00

项　目 ①	2×16 年实际金额 ②	销售收入百分比(%) ③	2×17 年预计金额 ④
存货	1 000.00	20.00	1 600.00
预付账款	20.00	N	20.00
长期股权投资	100.00	N	100.00
固定资产	200.00	N	200.00
资产总额	4 180.00	77.2	6 496.00
负债及所有者权益			
短期借款	340.00	N	340.00
应付票据	440.00	8.8	704.00
应付账款	100.00	2	160.00
长期借款	300.00	N	300.00
负债合计	1 180.00	—	1 504.00
实收资本	1 500.00	N	1 500.00
未分配利润	1 500.00	N	3 090.40
所有者权益合计	3 000.00	—	4 590.40
负债及所有者权益总额	4 180.00	10.8	6 094.40
预测期零星资金需要量	—	—	50.00
外部资金需要量			451.60

根据预计利润表计算出来的 2×17 年的未分配利润增加额为 1 590.4 万元，则 2×17 年预计资产负债表中的未分配利润总额应该为 3 090.4 万元（＝1 500＋1 590.4）。

（4）预测外部资金需要量。

星悦公司 2×17 年外部资金需要量应当是预计总资产扣除预计总负债和预计股东权益的差额，并加上预测期零星资金需要量之后的金额，即

外部资金需要量＝6 496－1 504－4 590.4＋50＝451.6（万元）

以上的计算过程表明，星悦公司 2×17 年为了完成 8 000 万元的销售收入，需要增加资金 2 316 万元（＝6 496－4 180），其中，负债的自然增加提供 324 万元（＝1 504－1 180），未分配利润提供 1 590.40 万元，考虑到预测期零星资金需要量 50 万元，因此，预测期应该考虑向企业外部筹集资金 451.6 万元（＝2 316－324－1 590.4＋50）。

还可以采用公式（4－22）的第二种计算方法预测外部资金需要量。

新增销售额＝8 000－5 000＝3 000（万元）

销售净利率＝1 420÷5 000＝28.4%

敏感资产销售百分比＝1.2%＋56%＋20%＝77.2%

敏感负债销售百分比＝8.8%＋2%＝10.8%

外部资金需要量＝3 000×(77.2%－10.8%)－8 000×28.4%×(1－30%)＋50
　　　　　　＝451.6（万元）

总之,利用销售百分比法来预测筹集资金需要量,其优点是简单可行;其缺点是在预测过程中仅考虑销售量对筹资量的影响,并且假定有关各项资产、负债项目同销售额成比例增长。所以销售百分比法比较适合用于近期需要筹资量的预测。而且在实际应用时,预测人员的丰富经验和判断能力是很有必要的。如果需要做较长期的预测,则采用回归法比较适宜。它不仅可以考虑销售量与资产负债表项目关系的变化,还可以考虑多因素变化对预测值的影响。但采用精密的预测技术需要增加预测成本,从成本与效益比较,它必须能够带来更多的效益才值得采用。

【技能实训】

1. 20 世纪 90 年代,国内首次出现"健身圈",文具店李经理马上意识到了这是一个商机。他做了以下调研:

(1) 市场需求预测。人们生活水平提高后,健身肯定能日益受到重视。健身圈不受场地、时间、年龄限制,肯定会受欢迎。

(2) 销售预测。全区 45 万人,按 20 人买一个,需 2 万多个。除零售外,可与单位联系利用节假日发纪念品集体销售,销量可观。

(3) 利润预测。健身圈买价每个 6 元,预计售价 12 元,扣除相应经营费用,利润可观。

于是,李经理分两批购进 2 万个,在 1 个月内销售一空。

要求:请问李经理采用的是什么预测分析方法? 不同的预测方法有哪些不同的特征? 你认为不同的预测方法应当适用于哪些不同的企业?

2. 2×16 年以来,我国大中型钢企在大多数月份都处于亏损的境地,除 3~5 月份略有盈利外,其他月份均处于亏损状态,且亏损额逐月增加。这一状况直到第四季度才有所好转。在 2×16 年 10 月份,中钢协重点监测的 80 家大中型钢铁企业 10 月份的利润总额为3.07 亿元,这也是继 6 月以来行业"四连亏"后的首次盈利,而 11 月份的盈利进一步扩大,令业界此前预计的全年行业亏损的预期降低。最近矿价的持续飞涨,已经令此前库存不多的上华钢铁有限公司的生产成本承压。为此,公司总经理召集各职能部门经理召开的了财务预测会议,生产部门和销售部门将 2×17 年前 4 个月的经营数据提交给了财务部,见表4-18。

表 4-18 上华钢铁有限公司 2×17 年成本与产销量资料 单位:元

月 份	1	2	3	4
总成本	200 000	198 000	31 000	300 000
钢铁产销量(吨)	10 000	12 000	18 000	20 000

按 0.6 的平滑指数预测 2×17 年 4 月份产销量为 18 500 件。

要求:

(1) 运用高低点法进行成本性态分析;

(2) 运用平滑指数预测 5 月份的产销量;

(3) 设有关数据不变,运用 0.6 的平滑指数预测 2×17 年 1 月份产销量为 10 500 件,分

别计算各月份平滑值;

(4) 利用成本性态模型和 5 月份产销量预测值,预测该企业 5 月份总成本和单位成本;

3. 上华钢铁有限公司 2×17 年 4 月每吨钢铁的产品成本费用构成比例如表 4-19 所示。经过初步推算钢铁的目标成本降低率为 8%,国家下达的降低任务为 6%。经充分论证,确定预测期影响成本的主要因素有:产品的生产增长率为 30%,材料消耗定额降低率为 12%;材料单价降低率为 5%;生产工人工资增长率为 6%;劳动生产率提高 15%;变动性制造费用增长率为 7%;废品损失减少率为 14%。

表 4-19   上华钢铁有限公司 2×17 年 4 月钢铁成本费用构成表

费用项目	费用比例(%)
矿石及废钢等含铁原料	50
冶金辅料	4
煤炭及天然气等燃料	15
人工成本	8
固定折旧费	13
变动制造费用	8
废品损失	2
合 计	100

试测算每个成本项目变动对钢铁成本的影响,确定 2×17 年 5 月钢铁成本的降低额,并制订上华钢铁有限公司 2×17 年 5 月的成本计划。

4. 造纸在中国有着悠久的历史,但在改革开放后,造纸工业得到了较快的发展。从 1978 年到 1995 年,中国纸业年产量从 439 万吨增加到 2 812 万吨,在数量上仅仅次于美国和日本而位居世界第三位,年平均增长 10.4%,略高于国民生产总值的增长率,基本与我国的国民经济发展相适应。但随之而来的企业规模小、技术较落后、环境污染严重、非木材纤维占原料的比重大、耗电耗水多等问题也越来越明显,制约了我国造纸工业的进一步发展。为了解决发展与制约的矛盾,国家制定了造纸工业"十二五"计划及 2×20 年远景规划,在关闭污染严重、成本高的小造纸厂的同时,建议现有造纸企业生产规模通过技术改造达到年产 5 万吨以上,还有重点发展 5 个年产能力达 40 万吨的巨大造纸企业。在国内造纸企业中,华泰纸业可以说是民族产业中发展最快、规模最大、获利能力最强的企业之一,主要从事新闻纸、文化纸的生产和销售,截至 2×08 年总产能达 160 万吨,其中新闻纸现有产能 120 万吨,占国内新闻纸市场三分之一份额,是国内最大、市场占有率最高的新闻纸生产企业,全球单厂最大的新闻纸生产基地。根据市场调查分析,进入 2×13 年开始表现出强劲的增长势头,产量、价格均有较大幅度的增长。2×16 年实现销售收入 150 亿元,实现利润 45 亿元,全年固定成本 37.5 亿元,通过销售预测的结果预计下年度实现销售收入 200 亿元。

要求:

(1) 分别采用本量利分析法和经营杠杆系数法确定 2×17 年度的目标利润。

(2) 在企业利润预测实践中,运用本量利分析法和经营杠杆系数法应当首先做好哪些基础工作? 对利润预测有哪些影响?

（3）本量利分析法和经营杠杆系数法在我国企业利润预测中的应用现状及应当注意的问题有哪些？

5. 江南制造有限公司是一家生产机器设备的国有企业，2×16 年完成销售收入 862 万元，实现净利润 68.42 万元，向投资者分配利润 36.87 万元。2×16 年 12 月 31 日的资产负债表如表 4－20 所示。

表 4－20　资产负债表

编制单位：江南制造有限公司　　　　　　2×16 年 12 月 31 日　　　　　　　　单位：万元

项　目	年末数	项　目	年末数
货币资金	75.00	短期借款	105.00
交易性金融资产	18.00	应付票据	9.00
应收票据	19.00	应付账款	209.00
应收账款	597.00	预收账款	14.00
其他应收款	50.00	应付职工薪酬	37.00
预付账款	49.00	应付股利	38.00
存货	541.00	应付利息	14.00
		应交税费	9.00
		其他应交款	8.00
		其他应付款	91.00
流动资产合计	1 349.00	流动负债合计	534.00
长期股权投资	75.00	长期借款	695.00
固定资产	2 258.00	应付债券	500.00
无形资产	14.00	长期应付款	145.00
长期待摊费用	20.00	非流动负债合计	1 340.00
其他长期资产	3.00	负债合计	1 874.00
		实收资本	200.00
		资本公积	26.00
		盈余公积	139.00
		未分配利润	1 480.00
非流动资产合计	2 370.00	所有者权益合计	1 845.00
资产合计	3 719.00	负债和所有者权益合计	3 719.00

年初公司拟进行 2×17 年的财务预测，于是，公司领导章威组织生产部主管李双、供销部主管刘伟、财务部主管李洁等召开了 2×17 年生产、销售、资金计划会。会上大家根据所掌握的情况，结合本公司实际情况分别做了发言。

刘伟认为企业产品市场需求较好，本年度可以适当增加产品生产量，如果企业生产能力允许的话，可比上年增长 20%，销售价格不会有什么变化。

李双讲车间现在还有剩余生产能力，如果产品能够占领市场，销售有保证，企业现有的生产能力完成比上年增长 20% 的生产任务没有问题，即增加产销量不需要进行固定资产方面的投资。

李洁分析了上年的资金使用情况，认为 2×16 年年末其他应收款占用资金较多，2×17

年其他应收款占营业收入的比例应在 2×16 年年末的基础上下降1‰。其他方面资金使用没有什么太大的问题。

会议结束时,章威责成李洁根据各部门提出的有关数据资料或建议,预测一下 2017 年需要从外界融通多少资金,以便公司做好下一步的筹资安排。

会议结束后,财务部立即着手进行资金需要量的预测。根据历史资料考察,公司的流动资产、应付款项都和销售收入的变动成正比例关系;而长期资产项目、短期借款、应付票据、长期借款及股东权益项目则和销售收入的增长没有太大的关系;2×17 年如果能够较好地压缩费用支出,预计销售净利率将比上年增长 10%,股利支付率与上年保持一致,留存收益增加。可以满足企业的部分融资需求。

要求:

(1) 讨论江南制造有限公司融资需求的预测方法;

(2) 请代财务部根据销售百分比法编制江南制造有限公司 2×17 年的融资需求。

项目五 短期经营决策

【知识目标】

1. 了解决策的意义、分类及一般程序；
2. 明确经营决策分析中应考虑的成本概念；
3. 掌握短期经营决策的类型及分析方法。

【能力目标】

1. 能够对企业在生产过程中遇到的管理问题进行生产决策；
2. 能够利用经营决策分析方法对企业的产品定价做出决策；
3. 能够完成企业的存货管理决策以及在现实经济生活中的具体应用。

【导入案例】

百亩果园"园主"的梦想

从律师事务所走向田间地头，从写字楼白领摇身一变成为新一代果农，广东省中山市港口镇一名 80 后小伙子李斯毅的创业路径被认为是"剑走偏锋"。2004 年大学毕业后，怀揣炙手可热的经济法专业文凭，李斯毅在律师事务所、商标事务所都工作过。2009 年，他发现绿色健康食品行业大有可为，又看中了火龙果这种营养价值高、市场需求大的品种，于是把目光投向绿色产业，萌生出当果农的想法，开始进行研究和考察，筹备开办大南满园农业发展有限公司（下称"大南满园"）。不过，放弃自己原来的法律专业转而投向绿色有机火龙果种植的他，看到"大南满园"日趋成熟壮大之时，对自己的创业选择信心满满。

说起火龙果种植头头是道的李斯毅，其实是"半路出家"的绿色创业者。独家选种、育苗，独家配方有机肥料；火龙果怕湿，就采用滴灌的方式；为得到绿色无公害产品，就使用低毒农药和生物制剂除病害；在火龙果开花的夜晚人工授粉提高造果率，每一个步骤将绿色和精准的宗旨贯彻始终，接下来李斯毅打算将果园搞成一个生态农场，发展绿色旅游；然后把火龙果苗培育成盆栽盆景出售；另外还在研究火龙果酒、火龙果醋等深加工产品。将火龙果做成一个产业链，深加工可以提高公司的抗风险能力，朝可持续发展的方向走。但是，如果深加工产品要自行投产的话，估计需要 500 万～1 000 万元。

李斯毅的"大南满园"产业链经营战略能否实现？在火龙果的深加工过程中应当涉及哪

些相关成本的分析？深加工的投入对于李斯毅的"大南满园"生产经营是否能够带来经济效益？这些决策均需要大量会计信息的支持。对于此类决策,究竟哪些信息是相关的和有用的呢？又使用哪些方法对这些相关信息进行分析处理从而做出合理可行的决策选择呢？

(资料来源:《南方日报》,2012年11月6日 中山观察 AC03 版)

任务一 短期经营决策前的准备工作

决策是指在目前条件下,决策者为实现某一具体目标,借助于科学的理论与方法,进行计算分析和判断,从若干个可行性方案中选择一个最佳方案的过程。即使方案只有一个,是否决定采用这个方案,这一过程也属于决策。简而言之,决策就是选优的过程。管理会计中的短期经营决策是指企业充分利用会计信息和其他相关资料,面对复杂的经济环境,运用现代科学理论和方法,对企业日常经营活动中所涉及的成本、收入和利润等重要因素进行分析计算,为实现特定的管理目标所作出的正确选择的过程。在市场经济条件下,竞争是不可避免的,市场的主体是企业,它的各项经济活动必须面对市场,根据市场的变化来进行科学的决策,解决诸如生产什么、生产多少、何时生产、何时停产、如何定价等一系列问题。通过决策,合理安排企业的各项资源,协调各部门之间的经济关系,不断加强企业的竞争力,从而实现企业的发展与壮大。显然,短期经营决策分析的正确与否直接影响到企业经济活动的正常运行,甚至会影响到企业的生死存亡。所以,对现代企业而言,不是是否决策的问题,而是如何做出正确决策并进行科学决策的问题。

一、决策的分类

管理界有句名言:管理的重心在经营,经营的重心在决策。决策贯穿于整个经营管理过程,不同种类的决策所需要的信息是不同的,因此,决策可以按照不同的标志进行分类。

(一) 按决策的重要性分类

1. 战略性决策

战略性决策是指那些关系到企业发展的全局性、长远性和根本性问题的有关决策。这类决策的正确与否,往往关系到企业的生死存亡。

2. 战术性决策

战术性决策是指那些为了实现战略性决策目标而进行有针对性的具体决策。这类决策的正确与否,往往影响企业日常活动或局部效益的实现。

(二) 按决策掌握的信息分类

1. 确定性决策

确定性决策是指影响决策的因素或客观条件明确肯定,每个决策方案的结果也是已知的,只需要比较各方案的结果并从中加以选择即可。这类性质的决策在现实生活中比较少。

2. 不确定性决策

不确定性决策是指事先不知道决策可能出现的结果,或知道结果但并不知道结果出现的概率的决策类型。

3. 风险性决策

风险性决策是指决策的结果不唯一,但决策者事先知道决策的各种结果以及它们出现的概率,由此做出的决策类型。

（三）按决策时期的长短分类

1. 短期决策

短期决策是指决策方案只涉及企业 1 年内的经营性业务,它一般具有投资小、时间短、只考虑企业现有资源的合理利用问题等特点。这类决策是企业日常经营活动的重要组成部分,比较常见。

2. 长期决策

长期决策是指决策结果涉及 1 年以上,且在较长时期对企业生产经营活动产生重大影响的决策方案。它一般具有投资大、时间长、需要考虑企业长远战略发展的特点。这类决策常常涉及企业固定资产的长期投资。进行此类决策的次数一般有限。

（四）按决策方案的从属关系分类

1. 独立方案决策

独立方案决策是指备选的方案各自独立,只需判断方案本身是否具备可行性,不存在择优问题。

2. 互斥方案决策

互斥方案是指备选方案之间具有排他性。该类方案的决策不仅要判断方案本身的可行性,而且要进行方案之间的择优。

3. 最优组合方案决策

最优组合方案决策是指在资源条件范围内,可以存在若干方案,如何使各方案的组合为最优,从而实现特定管理目标的过程。例如,在资本总量的限制范围内,进行哪些项目的投资就属于最优组合方案决策。在企业投资多元化的今天,常常需要做出这类决策。

二、经营决策分析程序

为了使企业的经营决策科学合理,更加符合客观实际,必须严格遵循决策的原则与程序。一般而言,经营决策程序可以概括为五个步骤。

（一）确定决策目标

决策目标是决策工作的起点,确定决策目标就是要明确决策要解决的问题是什么。例如,新产品的开发问题,停产何种产品的问题等。在树立决策目标时,应尽量使目标数量化、具体化,便于目标在实施过程中的操作。

（二）收集相关资料

确定决策目标后,应针对目标,广泛收集与决策相关的资料和信息。资料越丰富,方案越精确,决策的科学性越强。在收集资料时注意定性判断与定量分析相结合;会计信息与一般信息相结合。对于信息要反复筛选、加工,提高信息的质量标准。

（三）拟定各种备选方案

根据收集的资料,设计出实现目标的若干个可行性备选方案。备选方案是科学决策的基础和保证,因此,备选方案的提出必须经过准确的测算和反复的筛选。同时,应考虑实际操作上的方便性。

(四) 选择最佳方案

备选方案拟定后,要利用一定的决策分析方法,对备选方案进行评价和选择,这是整个决策过程中最为关键的一步,它的正确与否直接关系到企业局部和整体的发展。故在对比各备选方案时,要全权衡利弊得失、收益与风险,从而作出正确的判断。

(五) 实施与评价

决策方案的实施是落实决策目标的最后一步,同时也是检验决策正确与否的客观依据。在实施过程中,要注重具体问题的监督与检查,及时提供反馈信息,纠正偏差,以保证目标的顺利实现。通过方案实施的结果,对前面一系列的工作进行评价,为企业以后的决策提供重要的信息。

三、经营决策分析中常用概念

(一) 相关成本

经营决策中需要使用大量的会计信息,成本是重要的会计信息之一。在财务会计中,人们强调的是成本的承担者和承担的数量;而在企业的管理决策中,人们强调的是成本的相关性。1923 年,美国经济学家克拉克(Clark)提出的"不同目的,不同成本"思想,奠定了管理会计多维成本概念的理论基础。下面我们针对管理会计中用于决策分析评价的多维成本概念进行描述。

1. 差量成本

差量成本有广义与狭义之分。广义的差量成本是指决策分析时,两个或两个以上备选方案之间预期成本的差异。狭义的差量成本是指两个或两个以上备选方案之间由于产量增减变化而形成的成本差异。差量成本在企业经营决策中被广泛使用,如是否接受特殊价格的订货等。在一定条件下,它一般是某一决策方案的相关变动成本。

2. 边际成本

边际成本在经济学中是指成本对业务量无限小变化的变动部分。在现实经济活动中,业务量无限小也只能小到一个经济单位(如一个、一件等),故在经营决策中,边际成本是指当业务量增减一个单位时所引起的成本的增减。在一定条件下,边际成本就是单位变动成本,是一种特殊形式的差量成本。

3. 机会成本

机会成本是指在经营决策中,由于选择某一方案而放弃其他方案,由此所丧失的潜在利益即成为所选方案的机会成本。机会成本并非选取方案的实际支出,也不是现成的会计信息,但它是经营决策分析中必须加以考虑的因素,因为企业的经济资源是有限的,必须充分全面考虑所失所得,才能客观地评价决策方案的优劣。

4. 付现成本

付现成本是指企业在实施某一决策方案时,需要以现金支付的营运成本。由于企业决策方案实施的连续性约束,所以,如果碰到企业资金短缺,那么对付现成本的考虑往往重于对总成本的考虑,一般会选择付现成本最小而非总成本最小的方案。

5. 重置成本

重置成本是指按照目前市场价格购买企业所拥有的某项资产所需支付的成本。我们知道,财务会计提供的信息是以历史成本作为计量基础的,但是,在通货膨胀存在的市场条件下,对于企业决策而言,历史成本信息只反映过去的交易价格,而管理会计决策方案往往是面向未来的,重视的是信息的相关性,因此,它常常强调的是重置成本。如在企业的定价决策中,以100元购进某产品,3个月后,市场发生变化,其购进价格为130元,那么130元即为该产品的重置成本,企业以成本为基础进行定价,按历史成本定价为120元,账面上盈利20元,实际上流入的现金连简单再生产都无法长期维持。长此以往,企业必将亏损。错误的定价源于使用了不恰当的成本信息。所以,重置成本是决策中重要的相关成本。

6. 沉没成本

沉没成本是指过去已经发生,并不能由现在或将来的任何决策行为加以改变的成本。企业过去购置的资产的账面价值都是沉没成本。例如,企业曾经购置一台设备,价值30 000元,由于技术进步,目前该设备完全被淘汰,账面净值5 000元就属于沉没成本,从财务会计的角度来看,账面资产还有5 000元,从管理会计角度来看,这5 000元与企业当前的任何决策不存在相关性,可以不必考虑该因素。在企业固定资产的更新决策方面要充分考虑沉没成本。

7. 专属成本与共同成本

专属成本是指同某种决策方案有直接关系的成本开支。它的归属对象具体明确。共同成本是指和几种决策方案有关系的成本开支,它的归属对象不具体且不唯一。

8. 可延缓成本与不可延缓成本

在企业资源的约束下,已经选定的某方案如果推迟执行,不至于对企业全局产生影响,那么与这一方案有关的成本就称为可延缓成本。例如,为改善办公条件,在办公室安装空调,与安装空调相关的成本就是可延缓成本,因为,安装空调与否不会影响企业全局工作。不可延缓成本是指即使受到企业资源的约束,对于已经选定的某一方案也必须立即执行,否则将对企业的全局产生重大影响。那么,与此方案相关的成本就是不可延缓成本。例如,企业设备出现故障导致停产,必须进行大修理,否则将影响企业正常生产。这时,修理设备所开支的成本即为不可延缓成本。

9. 可避免成本与不可避免成本

可避免成本是指通过企业决策层的某项决定可以改变其发生数额的成本。一般来说,企业的变动成本和酌量性固定成本就属于可避免成本。不可避免成本是指通过企业决策层的某项决定不能改变其发生数额的成本。一般来说,企业的约束性固定成本就属于不可避免成本。

相关成本是指同特定决策方案有密切关系,在进行决策分析时必须加以认真考虑的有关成本,如差量成本、边际成本、机会成本、付现成本、可避免成本、可延缓成本等。非相关成本是指同备选方案无直接关系,在决策时可以不予考虑的成本,如沉没成本、不可避免成本等。

（二）相关收入

相关收入是指与特定决策方案相联系、能对决策产生重大影响的、在短期经营决策中必须充分考虑的收入。判断是不是相关收入的标准是,某一方案存在,就会发生某项收入,某一方案不存在,就没有该项收入,那么,这项收入就是相关收入。如果无论是否存在某一方案,均会发生某项收入,该项收入即为无关收入,在决策时可以不予考虑。相关收入的计算是以特定方案的单价和相关业务量为依据的。

(三)相关业务量

相关业务量是指在短期经营决策中必须认真考虑的、与特定决策方案相联系的产量或销量。相关业务量往往通过相关收入或相关成本来实现对决策方案的影响。这也恰恰说明了相关业务量的重要性。在实际操作过程中,相关收入或相关成本计算错误往往出于对相关业务量的错误判断。如在是否增产某种产品的决策中,应考虑的相关业务量就不是该产品的全部产量,而是增产的数量。

四、经营决策分析的常用方法

经营决策分析方法是完成经营决策分析过程,最终得到经营决策分析结论所使用的决策分析指标、模型、程序、算法的统称。该方法可以是定性的,也可以是定量的,也可以是定性与定量相结合的。有些决策分析方法用于短期经营决策,有些则适用于长期投资决策;有的用于确定型决策,有的用于不确定与风险型决策。在短期经营决策过程中常用的定量方法有贡献毛益分析法、差别分析法、相关成本分析法、成本无差别点分析法。

(一)贡献毛益分析法

短期生产决策类型一般具有时间短、资金量小、不突破原有的生产能力的特征。企业原有的固定成本通常是无关成本,所以,决策方案利润的最大化其实就是贡献毛益最大化。贡献毛益分析法是指在评价各方案优劣时,计算出各方案的贡献毛益指标,贡献毛益最大的方案即为最佳方案。需要注意的是,对于某种产品而言,单位贡献毛益指标更能反映其盈利能力,但在选择不同方案时,应以贡献毛益总额指标作为选择方案的依据。当不同方案的单位产品所耗用的生产能力不同时,在一定生产能力条件下的各方案的产量就有所不同,单位贡献毛益最大的方案并不一定就是贡献毛益总额最大的方案。

【实务5-1】 假设某企业拟用剩余生产能力生产A产品或B产品。A产品单价30元,单位变动成本15元;B产品单价9元,单位变动成本3元。该企业现有剩余生产能力1 000台时,生产一件A产品需耗8台时,生产一件B产品需耗2.5台时。

表5-1 相关资料 单位:元

项 目	A产品	B产品
单价	30	9
单位变动成本	15	3
单位贡献毛益	15	6

解析:从表5-1中我们可以看到,A产品的单位贡献毛益大于B产品,如果以单位贡献毛益指标作为评价标准,则应选择A产品。但如果考虑企业的剩余生产能力是有限的,则应按表5-2的分析结果进行选择。

表 5-2　贡献毛益分析表 　　　　　　　　　　　　　　　　　　　　　　单位:元

项　目	A 产品	B 产品
单位变动成本	15	3
单位贡献毛益	15	6
剩余生产能力	1 000	1 000
单位产品耗时(台时/件)	8	2.5
生产量	125	400
贡献毛益总额	1 875	2 400

从表 5-2 中可以看到,虽然 A 产品的单位贡献毛益大于 B 产品,但其贡献毛益总额却小于 B 产品,故应选择 B 产品的决策方案。采用此方法时,如果不同方案的生产量相同,则比较各方案的单位贡献毛益的大小即可。

✎【知识链接 5-1】

什么是生产能力

生产能力是指在计划期内,企业参与生产的全部固定资产,在既定的组织技术条件下,所能生产的产品数量或者能够处理的原材料数量。生产能力是反映企业所拥有的加工能力的一个技术参数,也可以反映企业的生产规模。

生产能力又分为最大生产能力、正常生产能力和剩余生产能力。最大生产能力是指理论生产能力,是指企业在不增加资金投入的前提下,百分之百有效利用工程技术、人力以及物力资源而可能实现的生产经营能力。正常生产能力是指计划生产能力,在纳入企业年度计划,考虑现有市场容量、生产技术条件、人力资源、管理水平以及可能实现的各种措施等情况下必须达到的生产经营能力。剩余生产能力包括绝对剩余生产能力和相对剩余生产能力。绝对剩余生产能力是指企业最大生产经营能力与正常生产能力之差,代表企业的潜在能力。相对剩余生产能力是指由于受到市场容量或经济效益原因的影响导致企业未来经营方向改变后的生产经营规模小于正常生产经营能力而形成的差异。

(二) 差别分析法

差别分析法是在进行互斥方案的决策时,以差别损益指标作为评价方案取舍标准的一种决策方法,该方法需要计算差别损益指标。

$$差别损益=差别收入-差别成本$$

差别收入是指两方案的相关收入之差;差别成本是指两方案的相关成本之差。

【实务 5-2】　依【实务 5-1】,采用差别分析法对上述方案进行决策,见表 5-3。

管理会计(第二版)

表 5 - 3 差别分析表 单位:元

项　目　＼方　案	A 产品	B 产品	差异额
相关收入	3 750	3 600	＋150
相关成本	1 875	1 200	＋675
差别损益			－525

解析:计算结果表明,生产 A 产品比生产 B 产品的贡献毛益要少 525 元,所以应选择 B 产品,这与贡献毛益分析法的结论是相同的。

(三)相关成本分析法

相关成本分析法是在各个备选方案相关收入相同的情况下,以各个方案的相关成本的大小作为决策的依据。在相关收入相同的前提下,相关成本最低的方案即为最佳方案。采用相关成本分析法时,一定要注意相关成本的范围和方案的业务量。相关成本不仅包括变动成本,还应包括专属成本,同时各个备选方案的业务量也必须确定。

【实务 5 - 3】 某企业生产需要一种零件,年需要量 1 000 件,既可自制也可外购。如果由本企业生产,单位变动成本 30 元,且需要购进一台专用设备,每年发生专属成本 4 000 元。如果外购,单价 40 元。

要求:对上述备选方案进行决策分析,相关成本分析表见表 5 - 4。

表 5 - 4 相关成本分析表 单位:元

项　目　＼方　案	自制方案	外购方案
变动成本	30 000	40 000
专属成本	4 000	
相关成本合计	34 000	40 000

解析:从表 5 - 4 的分析中可以看到,采用自制方案生产该零件,相关成本为 34 000 元,而外购的相关成本为 40 000 元,自制成本比外购成本低,故应选择自制方案。

(四)成本无差别点分析法

成本无差别点分析法是指在各备选方案的相关收入均为 0,相关的业务量为一个不确定因素时,通过判定处于不同水平上的业务量与成本无差别点业务量之间的关系,做出互斥方案决策的一种方法。在采用此法时,备选方案之间的固定成本和单位变动成本应相互矛盾,即第一方案的固定成本大于第二方案的固定成本,而第一方案的单位变动成本又小于第二方案的单位变动成本。

成本无差别点业务量是指能使两方案总成本相等的业务量,又称成本分解点。其基本计算公式为

$$成本无差别点业务量=\frac{两方案相关固定成本之差}{两方案单位变动成本之差}=\frac{A_1-A_2}{B_2-B_1} \tag{5-1}$$

若第一方案的固定成本为 A_1,单位变动成本为 B_1,第二方案的固定成本为 A_2,单位变

动成本为 B_2，且满足 $A_1 > A_2$、$B_1 < B_2$，那么，当业务量在 $0 \sim X$ 范围内时，固定成本较低的方案较优；当业务量大于 X 时，固定成本较高的方案较优。

【实务 5-4】　某企业需用的甲零件既可以自制，又可以从市场上购买。若自制，单位变动成本 10 元，相关固定成本为 4 000 元；若外购，市价 15 元。

要求：做出企业取得甲零件方式的决策。

解析：利用成本无差别点法进行决策。

成本无差别点业务量 $= \dfrac{4\ 000 - 0}{15 - 10} = 800$（件）

当甲零件全年需用量在 $0 \sim 800$ 件时，应安排外购；若全年需用量在 800 件以上，则以自制为宜。

任务二　产品生产的决策分析

一、新产品开发的决策分析

新产品的生产可以通过投资新的生产设备和利用企业原有生产设备两种方式进行，前者需要大量的资金投入，属于企业长期投资的范畴，本项目中暂不涉及。这里介绍的新产品开发的决策分析，是指利用企业剩余生产能力来开发某种市场上有销路的产品。关于这类新产品的决策分析，一般分为涉及专属成本和不涉及专属成本两类。

（一）不涉及专属成本的决策分析

当新产品的开发不涉及专属成本时，表明各备选方案的固定成本都是相同的，在进行决策分析时只需要考虑各方案的贡献毛益总额即可，可以采用贡献毛益分析法。

【实务 5-5】　某企业现有年剩余生产能力 3 000 台时。可用来生产甲产品或乙产品，该剩余设备的年折旧额为 50 000 元，甲、乙两种产品的相关资料如表 5-5 所示。

表 5-5　相关资料　　　　　　　　　　　　　　　　单位：元

品　种 项　目	甲产品	乙产品
单价	90	60
单位变动成本	60	25
单位产品台时定额	5	6

要求：试用贡献毛益分析法进行决策分析。

解析：其分析结果如表 5-6 所示。

表 5-6　贡献毛益分析表　　　　　　　　　　　　　　　　单位:元

项　目　＼　方　案	甲产品	乙产品
剩余生产能力(台时)	3 000	3 000
单位产品台时定额	5	6
生产量	600	500
相关收入	54 000	30 000
相关成本	36 000	12 500
贡献毛益总额	18 000	17 500

分析结果表明,生产甲产品比生产乙产品可多获得贡献毛益 500 元,所以,应选择生产甲产品。

(二) 涉及专属成本的决策分析

当新产品开发方案中涉及增加专属成本时,相关成本不仅要考虑决策方案的单位变动成本,还必须考虑专属成本。一般用差别分析法进行决策分析,如表 5-7 所示。

【实务 5-6】　依【实务 5-5】,若生产甲产品需要增加一台设备,价值 5 000 元。

要求:试用差别分析法进行决策分析。

表 5-7　差别损益分析表　　　　　　　　　　　　　　　　单位:元

项　目　＼　方　案	甲产品	乙产品	差异额
相关收入	54 000	30 000	24 000
相关成本	41 000	12 500	28 500
其中:增量成本	36 000	12 500	
专属成本	5 000		
差别损益			－4 500

解析:在表 5-7 中,差别损益为－4 500 元,意味着在考虑了专属成本之后,选择生产甲产品将比选择生产乙产品减少利润 4 500 元,故应选择乙产品的生产。

二、亏损产品停产的决策分析

亏损产品停产的决策分析,主要研究的是当企业生产多种产品时,如果某一产品的价格低于按会计原则的要求计算的单位产品成本时,是否停止该产品的生产或转产。

(一) 剩余生产能力无法转移,亏损产品是否停产的决策分析

所谓剩余生产能力无法转移,是指企业亏损的产品停产后,闲置下来的生产能力无法用于其他方面,既不能转产,也不能将其设备对外出租。在这种情况下,只要亏损产品的单位贡献毛益大于 0,即亏损产品的单价大于其单位变动成本,就不应停止该产品的生产。其原理是,只要亏损产品的贡献毛益为正值,就可以为企业补偿一部分固定成本。如果停产,企业的固定成本是不会因为亏损产品的停产而减少的,它的发生额是不变的,这时应由亏损产品负担的固定成本转而由企业其他盈利产品负担,最终导致整个企业减少相当于该亏损产

品提供的贡献毛益那么多的利润。

【实务5-7】　某企业产销甲、乙、丙3种产品,其中,乙、丙产品盈利,甲产品亏损。有关资料见表5-8。

要求:做出是否停产甲产品的决策分析。

表5-8　相关资料　　　　　　　　　　　　　　　　　　　单位:元

项目＼品种	甲产品	乙产品	丙产品	合　计
销售收入	8 000	16 000	12 000	36 000
生产成本				
直接材料	1 800	2 800	1 600	5 200
直接人工	1 600	1 600	1 400	4 600
变动制造费用	1 400	1 200	1 200	3 800
固定制造费用	2 200	3 200	2 000	7 400
期间费用				
变动销售管理费用	1 200	2 400	1 800	5 400
固定销售管理费用	800	1 600	1 200	3 600
总成本	9 000	12 800	9 200	31 000
净利润	−1 000	3 200	2 800	5 000

解析:根据资料显示,甲产品亏损1 000元,按照成本性态的原理,甲产品的贡献毛益是:

甲产品的贡献毛益＝8 000−(1 800＋1 600＋1 400＋1 200)＝2 000(元)

甲产品创造的贡献毛益是2 000元,而其分摊的固定成本是3 000元(＝2 200＋800),故亏损1 000元。但如果甲产品停产,就不能提供2 000元的贡献毛益,由它分摊的3 000元的固定成本就只能由乙、丙两种产品负担,这将使得企业的总利润减少2 000元,所以,在企业生产能力不能转移的情况下,甲产品不能停产。

(二) 剩余生产能力可以转移,亏损产品是否停产的决策分析

当企业生产亏损产品的机器设备在其停产后,可以转产其他产品或对外出租时,就必须考虑继续生产亏损产品的机会成本,如果继续生产亏损产品所丧失的收益大于亏损产品所提供的贡献毛益,则应该停产,否则可继续生产。

【实务5-8】　依【实务5-7】,假定其他条件不变,若停产甲产品,其生产设备可以对外出租,每年可获租金2 500元。

要求:做出甲产品是否应该停产的决策分析。

解析:由于继续生产甲产品的贡献毛益是2 000元,小于其机会成本(租金收入2 500元),故应停产甲产品。

三、接受特殊价格追加订货的决策分析

在企业生产任务不饱和的情况下,如果客户要求以低于正常价格或低于计划产量的单

管理会计(第二版)

位成本的特殊价格订货时,企业是否可以考虑接受这种特殊价格的订货呢? 针对这种情况,我们做如下分析:

(1) 特殊订货不冲击正常生产任务时。

当追加订货不冲击正常生产任务时,剩余生产能力无法转移且生产特殊订货无须增加固定成本,只要特殊订货的单价大于该产品的单位变动成本,即可接受订货。

(2) 特殊订货冲击正常生产任务时。

若该订货冲击正常生产任务完成,应将由此而减少的正常收入作为追加订货方案的机会成本考虑。当追加订货的贡献毛益大于机会成本时,就可以接受订货;否则,不能接受。

(3) 特殊订货需追加专属成本时。

若该订货要求追加专属成本,则必须将专属成本作为特殊订货的成本加以考虑,如果接受订货的贡献毛益大于专属成本,则可以接受。

(4) 企业剩余生产能力可以转移时。

若企业剩余生产能力可以转移时,则必须将与此有关的收入作为接受特殊订货方案的机会成本加以考虑。如果接受订货的贡献毛益大于其机会成本,则可以接受。

【实务5-9】 某企业生产甲产品的生产能力是 20 000 件,每年生产能力利用率为80%,正常售价为 76 元,有关成本数据见表 5-9。

要求:针对以下不相关情况做出是否接受特殊价格追加订货的决策分析。

表 5-9 相关资料 单位:元

项 目	金 额
直接材料费	22
直接人工费	18
制造费用	22
其中:变动制造费用	10
固定制造费用	12
单位产品成本	62

(1) 现有一客户要求订货 4 000 件,每件定价 52 元,剩余生产能力无法转移,追加订货不需要专属成本;

(2) 现有一客户要求订货 4 000 件,每件定价 52 元,剩余生产能力无法转移,追加订货需购置一台专用设备,价值 5 000 元;

(3) 现有一客户要求订货 4 500 件,每件定价 52 元,剩余生产能力无法转移;

(4) 现有一客户要求订货 5 000 件,每件定价 55 元,接受订货需追加固定成本 3 800 元,若不接受订货可将设备出租,租金 10 000 元。

解析:

(1) 该企业每年有 4 000 件的剩余生产能力且无法转移,客户的订货数量没有冲击正常生产,没有增加专属成本。在这种情况下,只要定价大于单位变动成本即可接受订货,特殊定价 52 元大于该产品的单位变动成本 50 元(=22+18+10),所以,可以接受此订货。

（2）在这种情况下，对接受或拒绝订货两个方案采用差别分析法，具体结果见表5-10。

表5-10 差别损益分析表　　　　　　　　　　　　　　单位:元

项　目 ＼ 方案	接受追加订货	拒绝追加订货	差异额
相关收入	208 000	0	208 000
相关成本合计	205 000	0	205 000
其中:增量成本	200 000	0	
专属成本	5 000	0	
差别损益			3 000

从上述计算分析中可以看出，接受订货比拒绝订货可多获利3 000元，所以应接受订货。

（3）客户订货4 500件，已经超出企业剩余生产能力，如果接受订货，将减少正常销售量500件，因此，这500件的正常销售收入应作为接受特殊订货的机会成本。此外，如果接受订货，此方案的增量成本的计算，应按4 000件考虑，而不应该按4 500件，因为无论是否接受订货，其500件的生产是计划内的，总要发生的，与决策方案无关。其具体分析见表5-11。

表5-11 差别损益分析表　　　　　　　　　　　　　　单位:元

项　目 ＼ 方案	接受追加订货	拒绝追加订货	差异额
相关收入	234 000	0	234 000
相关成本	238 000	0	238 000
其中:增量成本	200 000	0	
机会成本	38 000	0	
差别损益			—4 000

从表5-11中可以看到，差别损益为—4 000元，表明接受追加订货将使利润减少4 000元，故应拒绝接受订货。

（4）客户订货5 000件，超出正常生产能力1 000件，这1 000件的正常销售收入应作为接受方案的机会成本，设备出租的租金收入也应作为接受订货的机会成本考虑，具体分析见表5-12。

表5-12 差别损益分析表　　　　　　　　　　　　　　单位:元

项　目 ＼ 方案	接受追加订货	拒绝追加订货	差异额
相关收入	275 000	0	275 000
相关成本	289 800	0	289 800
其中:增量成本	200 000	0	
机会成本	86 000	0	
专属成本	3 800	0	
差别损益			—14 800

从表 5－12 中可以看到,接受订货将减少利润 14 800 元,故不应接受订货。

四、产品是否深加工的决策分析

工业制造行业的有些产品加工程序较长,它可以在加工到某一程序时以半成品的状态出售,也可以以最终产成品的形式出售,这类企业就会存在上述产品是以产成品的形式还是以半成品的形式出售的决策问题。在这类决策分析中,深加工前的半成品或联产品的成本都属于沉没成本,是与决策无关的成本。相关成本只包括与深加工有关的成本内容,而相关收入则包括直接出售半成品和深加工成产成品后出售的有关收入。接下来,我们以导入案例中李斯毅的"大南满园"是否深加工火龙果为例来探讨产品是否深加工的决策分析。

【实务 5－10】 李斯毅的"大南满园"生产火龙果半成品,单位变动成本 10 元,固定成本 12 000 元,销售单价 14 元,年产量 6 000 件,如果把火龙果进行深加工成后再出售,销售单价可提高到 20 元,单位变动成本提高到 13 元,同时需要发生固定成本 5 000 元,若不进行深加工,投资于固定成本的资金可在资本市场进行投资,市场无风险收益率为 10%。

要求:做出火龙果产品直接出售或深加工后再出售的决策分析。

表 5－13　差别损益分析表　　　　　　　　　　　　　　单位:元

方案 项　目	深加工为火龙果	直接出售火龙果半成品	差异额
相关收入	20×6 000＝120 000	14×6 000＝84 000	36 000
相关成本	23 500	0	23 500
其中:增量成本	3×6 000＝18 000	0	
机会成本	500	0	
专属成本	5 000	0	
差别损益			12 500

解析:通过计算分析可知,深加工火龙果后出售比直接出售火龙果多获利 12 500 元(见表 5－13),所以,应选择深加工后再出售的方案。

需要注意的是,有些产品其产成品与半成品的投入产出比例是 1∶1 的关系,我们采用以上的计算分析即可。如果某些产品其产成品与半成品的投入产出比例不是 1∶1 的关系,那么,深加工方案中的相关业务量的确定必须依据数量比例关系而定。

五、零部件自制或外购的决策分析

有些企业在产品的生产过程中所需要的零部件既可以自制,也可以从外部市场购买,这时,企业就面临零部件是自制还是外购的决策问题。在这类问题的决策中,不管零部件是自制还是外购,企业的销售收入不会受到影响,只需要考虑相关成本即可。外购中的相关成本主要是外购单价和机会成本;自制零部件的相关成本主要包括变动生产成本、专属成本及机会成本。如果企业所需零部件的数量确定,分析时可采用相关成本分析法。如果企业所需的零部件数量不确定,则可采用成本无差别点分析法进行决策分析。

（一）需用量确定时自制或外购的决策分析

【实务5-11】　某企业年需要A零件2000件，该零件既可以自制也可以外购。外购单价26元，每件的运费0.5元，每次外购差旅费1000元，每年采购3次。自制的单位成本25元，若自制，全年需增加专属固定成本4600元。如果外购，自制设备可以对外出租，每年可获租金4000元。自制A零件的单位产品生产成本资料见表5-14。

要求：做出A零件是自制还是外购的决策分析。

表5-14　A零件单位生产成本资料　　　　　　　　　　　　　　　　　　单位：元

项　目	金　额
直接材料费	10
直接人工费	6
变动制造费用	5
固定制造费用	4
合　计	25

解析：自制A零件的单位产品生产成本为25元，其中，直接材料、直接人工和变动制造费用属于相关成本，固定性制造费用并不是由于该方案而增加的，所以是无关成本，不予以考虑。自制方案中为自制零件新增的专属固定成本是相关成本，设备的租金收入是自制方案的机会成本，应予以考虑。外购的单价、运费和差旅费是外购方案的相关成本。其具体分析见表5-15。

表5-15　相关成本分析表　　　　　　　　　　　　　　　　　　　　　　单位：元

项　目　＼＼方　案	自　制	外　购
变动成本	42 000	53 000
专属成本	4 600	3 000
机会成本	4 000	
合　计	50 600	56 000

从以上计算分析中可以看出，A零件自制方案的成本比外购方案的成本低5400元，所以应选择自制方案。

（二）需用量不确定时自制或外购的决策分析

【实务5-12】　某企业需要的E零件既可以自制，又可以外购，外购市价15元。若自制，每年相关的专属成本4000元，自制E零件的单位变动成本为13元。

要求：做出企业取得E零件方式的决策。

解析：由于E零件的需用量是不确定的，故采用成本无差别点分析法。

E零件成本无差别点业务量 $= \dfrac{4\,000 - 0}{15 - 13} = 2\,000$（件）

解析:该企业 E 零件的全年需用量在 2 000 件时,无论采用自制方案或外购方案,其成本都是相同的。当 E 零件的全年需用量在 0～2 000 件时,应选择外购,此时外购方案的总成本较低;当 E 零件的全年需用量在 2 000 件以上时,应选择自制,此时自制方案的总成本最低。在实际工作中,当企业需用的零部件对外采购时,如果采购量达到一定的标准,供应商会提供价格优惠。此时在进行决策时,必须考虑到价格变化的因素,以便做出正确的决策。

【实务 5 - 13】 假设某企业生产的 F 零件既可以自制,也可以外购。若外购,数量在 2 000 件以下(含 2 000 件)时,每件购买价 13 元;购买量在 2 000 以上时,每件购买价 10 元。若自制,每件单位变动成本 8 元,固定成本 8 000 元。

要求:做出该企业取得 F 零件方式的决策分析。

解析:由于外购中价格变动的影响,必须考虑不同需要量条件下的成本变化。

零部件在 2 000 件以下时,F 零件自制与外购的成本无差别点 $= \dfrac{8\,000-0}{13-8} = 1\,600$(件)

零部件在 2 000 件以上时,F 零件自制与外购的成本无差别点 $= \dfrac{8\,000-0}{10-8} = 4\,000$(件)

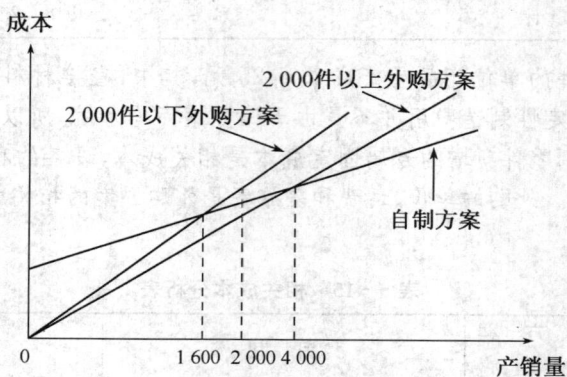

图 5 - 1　F 零件的成本无差别点

从图 5 - 1 和表 5 - 16 中可以看到,当零部件的需要量在 1 600 件以下时,外购成本低于自制成本,应选择外购方式;当零部件的需要量在 1 600～2 000 件时,自制成本低于外购成本,应选择自制方式;当零部件的需用量在 2 000～4 000 件时,外购成本低于自制成本,应选择外购方式;当零部件的需用量在 4 000 以上时,自制成本低于外购成本,应选择自制。

表 5 - 16　F 零件的成本无差别点决策分析表

F 零件购买区间	自制成本	外购成本	决策结论
(0,1 600)	大	小	外购
(1 600,2 000)	小	大	自制
(2 000,4 000)	大	小	外购
(4 000,+∞)	小	大	自制

六、产品生产工艺方案的决策分析

某一种产品或零部件,其生产工艺方案可以有多种选择,一般来说,生产工艺越先进,其固定成本越高,单位变动成本越低;而生产工艺越落后,其固定成本相对越低,单位成本越高。选择适合企业的生产方式,应综合考虑企业的产量、市场及产品特征,寻求综合成本最低的方案。在这类问题的决策中,一般采用成本无差别点法。

【实务 5-14】 企业可采用两种工艺技术方案生产某产品,用 A 方案进行生产时,单位变动成本为 4 元,年固定成本为 16 000 元;用 B 方案生产时,单位变动成本为 6 元,年固定成本为 12 000 元。

要求:做出当该产品的年产销量分别为 2 600 件和 1 800 件时应采用的生产工艺。

解析:成本无差别点的业务量 $=\dfrac{16\,000-12\,000}{6-4}=2\,000$(件)

当企业的产销量在 2 600 件时,应采用 A 方案,此时 A 方案的总成本较低;当企业的产销量在 1 800 件时,应采用 B 方案,此时 B 方案的总成本较低。

需要注意的是,如果企业的产销量目前没有超过成本无差别点的业务量,但该产品未来增长的趋势明显,仍应考虑采用固定成本较高而单位变动成本较低的方案。同样,即使企业的产销量稍微超过成本无差别点的业务量,但考虑新增固定资产必须追加投资,也应综合考虑现金流量,谨慎决策。

任务三 产品定价的决策分析

一、定价决策的意义和影响因素

(一) 定价决策的意义

企业产品的定价决策是企业的重要决策内容之一,企业决策者应在国家政策允许的范围内,通过对影响价格变动的各因素的分析与判断,做出正确的价格决策,最大限度地扩大产品的销售收入,提高企业的经济效益。具体而言,定价决策的意义有以下几个方面:

(1)价格是产品价值的基本反映,是保证成本费用得以补偿的先决条件。如果不能合理地制定价格,要么不能完全补偿生产中的消耗,使企业资产逐渐缩水,影响企业的发展;要么掩盖生产经营中的浪费,使企业利润空间变小,妨碍市场占有率的扩大。只有通过正确的定价决策,分析企业内部生产条件和外部销售市场,做到既为各种产品补偿劳动耗费,又可实现合理的利润空间,保证生产循环得以顺利进行。

(2)合理的价格还是销售工作的"双刃剑"。一方面,销售工作要受到价格的制约;另一方面,灵活的价格政策又为销售活动提供了变化的舞台。销售工作一直是企业头等大事,提高销售收入是提高企业经济效益的重要前提,只有正确的定价决策才能配合企业的销售管理,完成企业的经济目标。

（3）正确的价格决策还是企业长远规划的重要基础信息。正确的价格信息不仅影响企业目前的生产经营活动，还会涉及企业其他重要决策，特别是长期投资决策。由于这类决策活动需要的资金量大，所以，对企业的生死存亡有重要影响。正确的价格有助于企业在这类重要决策中做出准确的判断。

（二）影响定价的因素

（1）产品价值。产品价值是产品价格的基础，产品价值本身的大小决定着价格的高低。虽然有供求关系等其他影响因素，但产品价值的计量却是根本的。因此，产品价值是影响定价的重要因素之一。

（2）供求关系变化。供求关系的变化直接影响着价格的变动。正确的定价可以及时地反映市场供需双方平衡关系的波动，遵循经济规律的变化原则，保证企业产品的销售量。

（3）竞争程度。在市场环境中，企业的生产类型决定了其竞争程度。如果是垄断或寡头垄断的行业，其定价相对简单且波动不大，基本上企业可以把握。如果是完全竞争的行业，价格受市场的影响比较大，产品定价工作相对复杂，具有品牌优势的企业，其产品定价可高于无品牌的企业。

（4）市场环境。除以上因素外，特定的地理位置、消费习惯、文化背景、收入水平等都可能对产品的价格有影响。因此，在进行定价决策时，还应充分考虑这些因素，从而做出正确的决策。

二、产品定价的基本方法

（一）标准产品的定价方法

成本加成法一般适合企业的标准产品的定价，该方法是以企业的产品成本为基础，在此基础上加上适当的目标利润作为目标价格。成本计算的方法有两种，一种是完全成本法，这种方法的计算资料在财务报表中可以得到。另一种是变动成本法，这种方法的计算结果要通过管理会计的计算程序得到。两种方法的产品成本内容不同，故加成的内容也不一样。

1. 完全成本加成法

完全成本加成法是在产品制造成本的基础上，加上企业既定的目标利润确定。该方法只需在现成的成本会计资料中取得即可。

$$产品销售价格＝单位产品制造成本＋单位目标利润额 \tag{5-2}$$

$$＝单位产品制造成本×(1＋成本加成率) \tag{5-3}$$

$$成本加成率＝\frac{(投资额×预期投资报酬率)＋非制造成本总额}{产品制造成本总额} \tag{5-4}$$

【实务 5-15】 某企业按会计部门提供的成本资料，采用完全成本加成法制定 A 产品的销售价格。该产品的计划产量 10 000 件，A 产品成本资料见表 5-17。假定该公司的投资总额为 140 万元，预期投资报酬率 15%。

要求：确定 A 产品的销售价格。

表 5-17　A 产品成本资料　　　　　　　　　单位:元

项　目	金　额
直接材料费	200 000
直接人工费	150 000
变动制造费用	100 000
固定制造费用	150 000
变动销售及管理费用	50 000
固定销售及管理费用	40 000
合　计	690 000

解析:首先按完全成本法的计算程序计算单位产品成本,以此作为加成的成本基础,如表 5-18 所示。

表 5-18　单位产品成本表　　　　　　　　　单位:元

项　目	金　额
直接材料	20
直接人工	15
变动制造费用	10
固定制造费用	15
单位产品制造成本	60

其次,计算成本加成百分比。完全成本加成法的加成百分比为:

$$成本加成率=\frac{(1\,400\,000\times15\%)+90\,000}{600\,000}=50\%$$

最后,确定 A 产品的销售价格,见表 5-19。

表 5-19　A 产品销售价格表　　　　　　　　单位:元

成本项目	金　额
直接材料	20
直接人工	15
制造费用	25
产品成本	60
成本加成(50%)	30
目标销售价格	90

A 产品销售价格=60×(1+50%)=90(元)

2. 变动成本加成法

变动成本加成法是以单位变动成本为基础,加上一定数额的固定成本及目标利润来确定产品销售价格的方法。采用这种方法时,成本资料应按管理会计理论进行处理,确定产品价格的下限是产品的单位变动成本。按照变动成本加成法所确定的价格虽然从金额上最终和完全成本加成法相同,但两种方法的思路并不相同。完全成本加成法强调的是成本的功能,而变动成本加成法强调的是成本的性态。在企业为了扩大市场占有率或产品出现积压且无法马上转产的情况下,采用变动成本加成法定价,可以灵活地确定固定成本的数额大小,确保企业简单再生产的正常进行,为企业以后的蓄势发展提供条件。

$$产品销售价格=单位变动成本+固定成本+目标利润 \qquad (5-5)$$
$$=单位变动成本\times(1+成本加成率) \qquad (5-6)$$
$$成本加成率=\frac{(投资额\times预期投资报酬率)+全部固定成本总额}{产品变动成本总额} \qquad (5-7)$$

【实务5-16】 依【实务5-15】,要求按变动成本加成法确定 A 产品的销售价格。

解析:首先,按变动成本法的计算程序计算 A 产品的单位变动成本,以此作为成本加成的基础,见表 5-20。

表 5-20 A 产品单位变动成本表 单位:元

项 目	金 额
直接材料	20
直接人工	15
变动制造费用	10
变动销售及管理费用	5
单位变动成本合计	50

其次,计算加成百分比。变动成本法的加成百分比为:

$$成本加成率=\frac{(1\,400\,000\times15\%)+190\,000}{500\,000}=80\%$$

最后,确定 A 产品的销售价格,见表 5-21。

表 5-21 A 产品销售价格表 单位:元

成本项目	金 额
直接材料	20
直接人工	15
变动制造费用	10
变动销售及管理费用	5
变动成本合计	50
成本加成(80%)	40
目标销售价格	90

A 产品销售价格$=50\times(1+80\%)=90$(元)

(二) 新产品定价

新产品定价是企业定价决策中的重要内容之一。新产品的定价不仅要考虑其科学性,而且还要考虑其艺术性。新产品的价格在很大程度上影响着新产品在市场上的命运,新产品的定价一般采用撇油定价法和渗透定价法两种方法。

1. 撇油定价法

该方法又称高价定价法。这种方法的策略是在新产品投放市场时,价格定得较高,随着市场的认同、竞争的加剧而逐步降价的方法。该方法着眼于目前利益,保证在新产品刚刚进入市场时能快速收回投资。它一般比较适合那些价格弹性小、不易仿制、技术含量相对高的新产品。

2. 渗透定价法

该方法又称低价定价法。这种方法的策略是在新产品投放市场时,价格定得较低,以低价为新产品开拓市场,赢得竞争优势后再逐步提价的方法。该方法着眼于长远利益,保证在新产品刚刚进入市场时能快速占领市场。它一般比较适合那些价格弹性大、产品竞争激烈、易于仿制、技术含量低的产品或市场前景光明的时尚产品。

任务四　存货管理的决策分析

一、存货决策的意义及基本要求

(一) 存货决策的意义

存货是企业在生产过程中所拥有的产成品、半成品、各种零部件和原材料的总称。它是从事生产经营活动必备的条件之一,是保证企业简单再生产和扩大再生产得以顺利进行的物质基础。随着市场经济的进一步发展,企业越来越重视存货的控制。对于企业而言,存货的意义主要表现在以下两个方面:

(1) 存货是生产过程中不可或缺的重要物资储备,其储备总量和储备比例直接影响着企业生产循环的顺利进行。工业企业的生产过程在时间上是连续不断的,在空间上是并存的,企业的原材料、半成品、各种零部件和产成品共同构成科学的存货体系。在目前我国企业管理水平相对较低的条件下,企业无法全面推行"适时生产系统",存货还可以起到"蓄水池"的作用。如果不保持一定量的存货,企业生产就可能出现停工待料的情况,影响企业的均衡生产。如果出现缺货,有可能导致不能按期履行合同,不仅造成经济损失,而且对企业的信誉也会带来负面影响。

(2) 存货占用了企业较大比重的资金,通过存货控制可以提高资金的使用效益。从价值增值的角度看,存货本身不会增值,企业应尽量减少存货。由上述可以得知,很多企业在目前的管理条件下必须保持一定量的存货。由于存货是企业资金的另一种形态,其本身并不增值,企业必须通过产品销售的实现,获得销售收入而收回资金并取得资金的增值,因此,如果过多地持有存货,就会影响资金的收益率。合理科学地确定存货的数量和比例,不仅可以保证生产的顺利实施,而且可以提高资金的周转效率,意义重大。

(二) 存货决策的基本要求

由于存货控制工作涉及企业的财务部门、生产部门、采购部门,而每个部门对存货的要求是不完全相同的。财务部门从资金管理的角度上要求尽量降低存货,从而减少资金占用;采购部门从工作的主动性上要求尽早采购,尽量多地采购,以节约运输费用和享受价格优惠,同时避免存货中断所造成的工作失误;生产部门从生产顺畅的角度上要求保持较高水平的存货,方便均衡生产;销售部门从推销的角度上要求企业有大量现货,一方面提高竞争力,另一方面,现货交易更有利于销售。可见,企业内部各个部门对存货的要求是不尽相同,存货决策的目的就是在保证生产、销售顺利进行的前提下,选择成本最低、效益最好的存货数量与比例。

二、存货规划决策的方法

(一) 存货规划决策中的相关概念

1. 订货成本

订货成本是指一定时期内,企业为定购存货而发生的各项费用,包括采购人员的工资、差旅费、到货验收费等各项费用。按与订货次数之间的关系可将其分为固定成本与变动成本两部分。前者与订货次数的多少无关,是维持采购部门正常业务活动所必须发生的费用;后者则随订货次数的增减而成正比例变动,但与每次订货的数量(即批量)无关。

2. 采购成本

采购成本是指存货本身的成本,包括存货的单价及运杂费。它与订货的数量大小成正比例关系,在一定时期内,与订货次数无关。当采购存货的单价与采购数量无关时,采购成本是无关成本;当采购存货的单价与采购数量有关时,采购成本是相关成本。

3. 储存成本

储存成本是指在一定时期内,企业为储存有关存货而发生的各项费用,包括搬运费、仓储费、保险费、储存过程中的自然损耗及资金占用的利息等。按该成本与储存量的关系将其分为固定成本与变动成本两部分,前者与储存量的大小无关,后者与平均储存量成正比例关系。

4. 平均储存量

平均储存量是指企业存货的平均数。由于企业存货的消耗有一个过程,所以,平均储存量实际上就是最高储存量与最低储存量的简单平均值。最高储存量往往就是企业的经济订货量,而最低储存量一般按零处理,故该平均数的计算公式为

$$平均储存量 = \frac{经济订货量}{2} \tag{5-8}$$

(二) 经济订货量的确定

经济订货量是指在保证生产经营需要的前提下,能使企业全年存货相关总成本最低的订货批量。在不同的条件下,经济订货量所考虑的相关总成本的内容是不相同的。下面分别介绍几种情况下的经济订货量的确定方法。

1. 简单条件下经济订货量的确定

在实际生产活动中,订货要考虑的因素很多,在分析相对复杂环境前,先研究简单条件,然后再进行拓展。所谓简单条件,是指在进行存货控制决策中所涉及的品种单一,采购中不存在现金折扣(采购价格不变),不允许出现缺货现象,每批订货均能一次到货,全年需要量已知,各种相关成本数据已知。此时进行存货控制所考虑的相关总成本只包括相关订货成本和相关储存成本。

设 K 表示每次订货的变动成本, A 表示全年需要量, Q 表示经济订货量, C 表示单位存货年平均变动性储存成本, P 表示进货单价,则有

$$相关订货成本 = K \times \frac{A}{Q} \qquad (5-9)$$

$$相关储存成本 = C \times \frac{Q}{2} \qquad (5-10)$$

$$相关总成本(TC) = 相关订货成本 + 相关储存成本$$

$$= K \times \frac{A}{Q} + C \times \frac{Q}{2} \qquad (5-11)$$

当 K、A、C 为常数时, TC 的大小取决于 Q。为了求出 TC 的极小值,我们对上述总成本的公式进行求导运算。令 TC 的导数为0,则有:

$$Q = \sqrt{\frac{2AK}{C}} \qquad (5-12)$$

$$TC = \sqrt{2AKC} \qquad (5-13)$$

上述计算结果是使相关总成本最低的经济订货量。

【实务 5-17】 某企业每年需要耗用甲材料720 000千克,该材料的单位采购成本为10元,单位年储存成本为4元,平均每次进货费用为400元。

要求:确定甲材料的经济订货量、平均资金占用额(W)和最佳进货批次(N)。

解析: $Q = \sqrt{\frac{2AK}{C}} = \sqrt{\frac{2 \times 720\,000 \times 400}{4}} = 12\,000$(千克)

$TC = \sqrt{2AKC} = \sqrt{2 \times 720\,000 \times 400 \times 4} = 48\,000$(元)

$W = P \times \frac{Q}{2} = 10 \times \frac{12\,000}{2} = 60\,000$(元)

$N = \frac{A}{Q} = \frac{720\,000}{12\,000} = 60$(次)

2. 有数量折扣条件下的经济订货量的确定

为了鼓励客户购买更多的商品,供应商通常会有价格上的优惠。此时,购货企业对经济订货量的确定,除了要考虑订货成本和储存成本外,还应考虑存货的采购成本。因为,此时存货的采购价格与每次采购的数量已有了直接的联系,属于决策的相关成本。

$$相关总成本 = 存货采购成本 + 存货订货成本 + 存货的储存成本$$

【实务 5-18】 某企业的甲材料的年需要量为16 000千克,每千克标准价格为20元,供应商规定,客户每批购买量不足1 000千克的,按照标准价格计算;每批购买量1 000千克以上、2 000千克以下的,价格优惠2%;每批购买量2 000千克以上的,价格优惠3%。已知每批订货成本600元,单位材料的年储存成本30元。

要求:做出该企业最佳经济订货量的决策。

解析:首先,按经济订货批量模式确定经济订货量。

$$Q = \sqrt{2 \times 16\,000 \times \frac{600}{30}} = 800(千克)$$

每次进货 800 千克时的存货相关总成本为：

存货相关总成本＝采购成本＋订货成本＋储存成本

$$=16\,000\times20+\frac{16\,000}{800}\times600+\frac{800}{2}\times30$$

$$=344\,000（元）$$

每次进货 1 000 千克时的存货相关总成本为：

$$存货相关总成本=16\,000\times20\times(1-2\%)+\frac{16\,000}{1\,000}\times600+\frac{1\,000}{2}\times30=338\,200（元）$$

每次进货 2 000 千克时的存货相关总成本为：

$$存货相关总成本=16\,000\times20\times(1-3\%)+\frac{16\,000}{2\,000}\times600+\frac{2\,000}{2}\times30=345\,200（元）$$

通过以上的计算可知，每次进货为 1 000 千克时的存货相关总成本最低，所以，在有数量折扣的情况下，最佳进货量是 1 000 千克。

三、存货的日常管理

存货的日常管理的方法是 ABC 分析法。

ABC 分析法又称巴雷特控制法，是意大利经济学家巴雷特 1979 年在分析研究本国人口与收入的规律时发明的。后来在生产实践中，管理者发现存货的品种与价值的关系与上述研究规律相似，所以逐步将 ABC 分类法应用于存货的控制中。其基本原理是按照存货成本比重的高低将存货分为 A、B、C 三类，对不同类别的存货成本采取不同的控制方法。

划分 ABC 三类的标准是双重的，一个是金额标准；另一个是数量标准。其中，金额标准是最基本的，品种数量标准仅作为参考。通常将品种数量占全部存货数量 5%～10%、金额占全部存货金额 70%～80% 的存货划分为 A 类；将品种数量占全部存货数量 20%～30%、金额占全部存货金额 15%～20% 的存货划分为 B 类；将品种数量占全部存货数量 50%～70%、金额占全部存货金额 5%～10% 的存货划分为 C 类。

A 类存货的特点是金额巨大，但品种数量较少；B 类存货金额一般，品种数量相对较多；C 类存货品种数量较多，但价值较低。对存货进行分类划分后，对 A 类存货要重点控制，要计算每个存货项目的经济订货量和订货点，尽可能地适当增加订货次数，减少库存量。同时，还要为 A 类存货设置永续盘存卡片，以加强日常管理与控制。B 类存货金额相对较少，而品种数量又远远多于 A 类存货，企业通常没有能力对每一品种进行控制，可以通过划分类别的方式进行管理。按类别计算经济订货量，分类设置永续盘存卡反映库存动态，定期清点即可。对 C 类存货的控制，由于它们数量众多，但价值较低，因此，可以适当地增加每次订货的数量，减少全年的订货次数。对这类存货的日常控制可以简单化，通过实地盘点制进行管理即可。

【技能实训】

城风智能监控有限公司是一家生产尖端电子产品的公司。目前，公司的产品比较单一，主要是市场信号发生器作为其他公司的电子配件对外出售,占有的市场份额较大,产品的单位变动成本为 150 元,单位固定成本为 250 元,目前市场价格为 800 元,平均年订单量为 100 万件,年利润可观。董事长在公司年会上提出要利用公司现有的经济资源开发新产品,赚取更多利润。他认为目前汽车销售量大增,带来了汽车防盗报警系统需求量上升,公司可开发这种产品,同时交通肇事者也会增多,这就给交通管理部门带来管理上的困难,现在发达国家的警车上全部安装有雷达测速器,我国公安部门也在部分警车上安装了这种仪器,而且我国已有厂商在生产这种产品,为了占领市场份额,赚取利润,公司也应该开发生产雷达测速器。

在董事长提议下,市场部对两种产品年销售量、价格进行了市场调查与预测,结果如下表 5-22 所示。

表 5-22　市场调查与预测明细表

项　　目	汽车防盗报警系统	雷达测速器
年销售量(万件)	80	0.92
单位价格(元)	500	10 000

财务部门就两种新产品的单位成本作了预算,其中雷达测速仪的材料需要进口购入,结果如下表 5-23 所示。

表 5-23　新产品单位成本预算表　　　　　　　　　　　　　　　　单位:元

项　　目	汽车防盗报警系统	雷达测速器
直接材料	80	1 500
直接人工	20	200
变动性制造费用	30	300
固定性制造费用	110	4 000
合　计	240	6 000

总经理说,由于我们的生产能力有限,如果两种新产品同时开发,又要达到预算的产销量,就要缩减信号发生器的生产量,大概需要减少一半,同时也要失去一些老客户,而且生产雷达测速器还要投入专属设备,大概需要 230 万元左右。如果只开发其中的一种产品,现有的生产能力完全够用,只需要为雷达测速器增加 230 万元的专属设备。

要求:作为财务经理,请你给董事长做出决策,下一步是同时开发两种新产品还是只开发其中的一种或者不开发任何一种产品,继续生产老产品?

项目六　长期投资决策

【知识目标】

1. 了解长期投资的概念、分类及一般程序；
2. 理解资金时间价值的概念及作用；
3. 理解投资风险价值的概念及作用；
4. 掌握长期投资决策的基本方法。

【能力目标】

1. 熟练掌握资金时间价值的计算方法及其在投资决策中的应用；
2. 掌握投资风险价值的计算方法；
3. 掌握投资项目现金流量的计算方法；
4. 熟练掌握项目投资决策的计算方法及其选择。

【导入案例】

畅达公司是否应该生产新型杀虫剂

在过去的 10 年里，畅达公司一直是家用杀虫剂市场的龙头企业，其他一些公司在不同程度上效仿该公司的产品，但畅达公司仍然在市场中占有绝对支配地位，因为该公司的产品具有较高的知名度和美誉度。现在，畅达公司准备生产一种新型杀虫剂。这种新型杀虫剂不会代替公司现有的产品，但会影响公司现有产品的销售。经过销售部、生产部等各部门的讨论，与这种新型杀虫剂相关的收入和成本数据如下：

（1）为了生产新产品，需要购买新设备。新设备的购买价格为 6 000 万元。预计该设备可使用 6 年，期末无残值。公司计划对该设备采用直线法计提折旧。

（2）市场部预测新型杀虫剂在未来 6 年内的销售收入分别为 8 000 万元、14 000 万元、18 000 万元、28 000 万元、38 000 万元、44 000 万元。

（3）在未来 6 年内，新型杀虫剂的销售成本分别为 4 000 万元、7 000 万元、9 000 万元、14 000 万元、19 000 万元、22 000 万元。

（4）预计现有杀虫剂的分销商将倾向于销售新型杀虫剂，这将导致他们减少对现有产品的销售。估计在未来 6 年内现有产品的销售收入每年将降低 5 000 万元，该产品的毛利率为 40%。

（5）为了推广新产品，需增加对产品的宣传力度。预计第一年的广告费用为 2 000 万元，以后各年的广告费用为 1 000 万元。

（6）为了推广新产品，需对销售人员进行培训，前 3 年的培训支出为每年 200 万元。

（7）该公司的所得税税率为 25%。

（8）公司进行该投资的必要报酬率为 10%。

根据以上资料，判断该公司是否应该对该新项目进行投资。

任务一　长期投资决策概述

一、长期投资决策的概念

（一）长期投资

长期投资是指投资预期回收时间在 1 年以上且需要大量资金投入的一种经济活动。广义而言，既包括投资于厂房、机器设备等方面的固定资产投资，也包括无形资产投资、长期流动资产投资和长期有价证券投资。狭义而言，长期投资专指固定资产投资。一般来说，长期投资具有时间较长、投资较多、风险较高、收益较大的特点。

（二）长期投资决策

长期投资决策是指对各种长期投资方案的现金流出和现金流入进行比较、分析、判断和评价，并采用一定的决策方法，从若干备选方案中选择最优方案的过程。由于长期投资的特点，其成功与失败对企业的影响较大，因此必须慎重，在长期投资前应该认真地进行投资可行性分析。

二、长期投资的分类

（一）根据投资对企业的影响程度划分

据此划分，长期投资可分为战术性投资与战略性投资。

战术性投资是指不涉及整个企业发展前途的长期投资，如为提高劳动生产率、改善工作环境而进行的硬件设备投资。

战略性投资是指对企业全局有重大影响的长期投资，如并购企业、企业转产、增加新产品的投资。

（二）根据投资项目之间的相关程度划分

据此划分，长期投资可分为相关性投资与非相关性投资。

如果采纳或者放弃某个投资项目，可以显著影响另外一个投资项目，则可以说这两个项目是相关性投资项目。按相关性质的不同，相关性投资可进一步划分为互补性投资和互斥性投资。凡相互配套、相互依存、缺一不可的投资，如厂房与设备、主要设备与配套设备等，均属于互补性投资。凡只能选择其一而互相排斥的投资，如全自动生产线和半自动生产线、厂址选择等，均属于互斥性投资。

如果采纳或放弃某一项目并不影响另一个项目,则可以说这两个项目是非相关性投资项目。

(三)根据投资的具体目的划分

据此划分,长期投资可分为扩大生产规模的投资与降低成本的投资。

扩大生产规模的投资主要是增加生产性固定资产以扩大产能,而降低成本的投资主要是购置生产效率更高或物料消耗更低的生产设备。

(四)根据投资的具体方式划分

据此划分,长期投资可分为固定资产投资、无形资产投资、证券投资和其他长期资产投资。其中,固定资产投资可分为更新改造投资和全新投资。

三、长期投资决策的一般程序

(一)长期投资项目的提出

对于战略性投资项目,一般来说,由企业的高层管理者提出,而战术性投资项目可以由企业中层或基层管理者提出。

(二)长期投资项目的评价

当长期投资项目提出以后,就必须从多个方面进行可行性分析,写出投资项目可行性分析报告。投资项目的可行性分析一般应包括以下几个方面:

(1)国民经济可行性分析,即从整个国民经济的现状及发展的角度,宏观地分析该项目是否可行,是否有发展前景,其中尤其应该考虑到是否符合国家的产业政策和环保的要求。

(2)财务可行性分析,即从经济效益的角度,分析该项目是否能够盈利。这也是本章的重点内容。

(3)技术可行性分析,即从技术的角度,分析本企业的技术水平能否达到该项目的要求。

(三)长期投资项目的决策

在写出投资项目可行性分析报告的基础上,企业应做出最后的决策。对于投资额特别大的项目应由董事会或股东大会投票表决,对于投资额较小的项目,则可以由企业的经理层做出决策。

(四)长期投资项目的实施与控制

在长期投资项目的实施过程中,必须加强对建设进度、建设质量、建设成本等方面的严格管理,确保投资项目保质保量完成。但是,在投资项目的实施过程中,如果发现国家政策、市场环境、企业内部环境等方面发生了某些重大的变化,使原来可行的投资项目变得不可行,则必须尽早果断停止投资项目的建设,或采取其他补救措施,力求减少损失。

四、长期投资决策的相关概念

(一)资金时间价值

资金时间价值是资金在周转使用中由于时间因素而形成的差额价值。在现实经济生活中,等量的资金在不同时期具有不同的价值。年初的 1 万元,将其投入到生产经营活动过程中,到年终其价值要高于 1 万元。这是因为资金使用者把资金投入生产经营以后,劳动者借以生产新的产品,创造新的价值,会带来利润,实现增值。资金周转使用的时间越长,所获得的利润越多,实现的增值额就越大。资金时间价值的实质,是资金在参与生产经营活动后的增值额。

通常情况下,资金的时间价值被认为是没有风险和没有通货膨胀条件下的社会平均资金利润率,这是利润平均化规律作用的结果。由于资金时间价值的计算方法与利息的计算方法相同,因而人们常常将资金时间价值与利率混为一谈。实际上,利率不仅包括时间价值,还包括风险价值和通货膨胀的因素。

【知识链接 6-1】

社会平均资金利润率

社会平均资金利润率是社会生产过程中各部门之间竞争的结果,是指社会各部门整体利润相对于整个社会生产物质资本投入的一种平均化和均衡化。

社会平均利润率＝全社会利润总额÷社会总资本

社会平均利润率是由全社会各个产业部门不同的个别利润率,在竞争规律作用下,趋向平均化而形成的。各个产业部门不同的利润率的形成取决于三个主要因素:① 剩余价值率;② 资本有机构成;③ 资本周转速度。

(二) 投资风险价值的概念

投资风险价值是指投资者由于冒着风险进行投资而获得的超过资金时间价值的额外收益,又称投资风险收益、投资风险报酬。投资风险价值可用风险收益额或风险收益率表示。投资者冒着风险进行投资而获得的超过资金时间价值的额外收益,称为风险收益额;风险收益额与投资额的比率,则为风险收益率。在实际工作中,通常以风险收益率进行计量。在不考虑通货膨胀的情况下,投资收益率(即投资收益与投资额的比率)包括两个部分,一部分是无风险投资收益率,即资金时间价值;另一部分是风险投资收益率,即风险价值。它们的基本关系为

$$投资收益率＝无风险投资收益率＋风险投资收益率 \qquad (6-1)$$

(三) 现金流量

在涉及长期投资的投资决策中,现金流量是指该长期投资项目所引起的现金流入量和现金流出量的统称。它可以动态反映该长期投资项目投入和产出的相对关系。这时的"现金"是一个广义的现金概念,不仅包括各种货币资金,还包括长期投资项目所需要投入的企业所拥有的非货币资源的变现价值。

现金流量是计算长期投资决策评价指标的主要依据和重要信息,其本身也是评价长期投资是否可行的一个基础性指标。为方便长期投资项目现金流量的确定,首先做出以下假设:

1. 财务可行性分析假设

财务可行性分析假设即假设长期投资决策从企业投资者的立场出发,只考虑该长期投资项目是否具有财务可行性,而不考虑该长期投资项目是否具有国民经济可行性和技术可行性。

2. 全投资假设

全投资假设即假设在确定长期投资项目的现金流量时,只考虑全部投资的运动情况,而

不具体考虑和区分哪些是自有资金,哪些是借入资金,即使是借入资金也将其视为自有资金处理。

3. 建设期间投入全部资金假设

建设期间投入全部资金假设即假设投资的资金都是在建设期投入的,在生产经营期没有投资。

4. 经营期和折旧年限一致假设

经营期和折旧年限一致假设即假设长期投资项目的主要固定资产的折旧年限或使用年限与经营期相同。

5. 时点指标假设

为了便于利用资金时间价值的形式,将长期投资决策所涉及的价值指标都作为时点指标处理。其中,建设投资在建设期内有关年度的年初或年末发生,流动资金投资则在建设期末发生,经营期内各年的收入、成本、摊销、利润、税金等项目的确认均在年末发生,新建项目最终报废或清理所产生的现金流量均发生在终结点。

(四) 长期投资决策项目评价的主要方法及其分类

1. 长期投资决策的主要评价方法

企业进行长期投资决策时,必须在事前运用科学的方法进行分析和预测,其中对现金流量的分析至关重要。当长期投资决策项目的现金净流量已经确定之后,就可以采取一定的方法进行评价。项目投资评价的主要方法有投资利润率法、投资回收期法、净现值法、净现值率法、现值指数法、内含报酬率法等。

2. 长期投资决策主要评价方法的分类

(1) 按是否考虑资金时间价值分类。投资决策方法按其是否考虑资金时间价值,可分为非贴现评价方法和贴现评价方法两大类。非贴现评价方法是指在计算过程中不考虑资金时间价值因素的评价方法,又称为静态评价方法,具体包括投资利润率法和静态投资回收期法。贴现评价方法是指在投资决策过程中充分考虑和利用资金时间价值的一类方法。贴现评价方法又称为动态评价方法,具体包括贴现回收期法、净现值法、净现值率法、现值指数法和内含报酬率法等。

(2) 按评价方法的重要性分类。评价方法按其在决策分析中的地位,可分为主要方法、次要方法和辅助方法。净现值法、内含报酬率法等为主要方法;静态投资回收期法为次要方法;投资利润率法为辅助方法。

(3) 按评价方法计算的难易程度分类。评价方法按其计算的难易程度,可分为简单方法和复杂方法。投资利润率法、静态投资回收期法、动态投资回收期法、净现值法、净现值率法和现值指数法为简单方法;内含报酬率法为复杂方法。

任务二　资金时间价值的计算

在企业财务管理中,要正确地进行筹资决策、投资决策和短期经营决策,就必须弄清楚在不同时点上收到或付出的资金价值之间的数量关系,掌握各种终值和现值的计算方法,即资金时间价值的计算问题。资金时间价值的计算包括一次性收付款项和多次等额收付款项（年金）两种类型。

一、一次性收付款项终值和现值的计算

一次性收付款项是指在某一特定时点上一次性支付（或收取），经过一段时间后再相应地一次性收取（或支付）的款项。例如，年初存入银行 1 年定期存款 100 元，年利率 10%，年末取出 110 元，就属于一次性收付款项。

终值又称将来值，是现在一定量现金在未来某一时点上的价值，俗称本利和。如上例中 1 年后的本利和 110 元即为终值。

现值又称本金，是指未来某一时点上的一定量现金折合到现在的价值。如上例中 1 年后的 110 元相当于现在的价值 100 元，这 100 元即为现值。

（一）单利终值和现值的计算

在单利方式下，本金能带来利息，利息必须在提出以后再以本金形式投入才能产生利息，否则不能产生利息。单利终值的一般计算公式为

$$F=P+P\times i\times n=P(1+i\times n) \tag{6-2}$$

其中，P 表示现值，即第一年年初的价值；F 表示终值，即第 n 年年末的价值；i 表示利率；n 表示计息期数。在本章中，以上符号的意义不变。

单利终值的计算与单利的现值计算是互逆的，因此，单利现值的一般计算公式为

$$P=\frac{F}{(1+i)^n} \tag{6-3}$$

（二）复利终值和现值的计算

在复利方式下，本金和利息都可以产生利息。复利终值是一定量的本金按复利计算若干期后的本利和。复利终值的一般计算公式为

$$F=P\times(1+i)^n \tag{6-4}$$

复利现值是复利终值的逆运算，其计算公式为

$$P=F\times(1+i)^{-n} \tag{6-5}$$

上列公式中的 $(1+i)^n$ 和 $(1+i)^{-n}$ 分别为复利终值系数和复利现值系数，可分别用符号 $(F/P,i,n)$ 和 $(P/F,i,n)$ 表示，其数值可以查阅按不同利率和不同时期编成的"1 元复利终值表"和"1 元复利现值表"。

【实务 6-1】　王先生在银行存入 5 年期定期存款 5 000 元，年利率为 5%。

要求：分别计算单利计息和复利计息的情况下，该笔存款到期的金额。

解析：单利计息时，到期存款本利和=5 000×(1+5%×5)=6 250(元)

复利计息时，到期存款本利和=5 000×(1+5%)⁵=5 000×1.276=6 380(元)

【实务 6-2】　王先生在市中心有一套住房，预计 4 年后可按 400 000 元出售。

要求：按年复利率 6% 计算该住房现在的价值。

解析：该住房现在的价值=400 000×$\frac{1}{(1+6\%)^4}$=400 000×0.792=316 800(元)

二、年金终值和现值的计算

年金是指一定时期内每次等额收付的系列款项,通常记作 A。年金的形式多种多样,如折旧、租金、利息、保险金、养老金、等额分期收款、等额分期付款、零存整取或整存零取储蓄等,通常都采取年金的形式。年金按其每次收付发生的时点不同,可分为普通年金、即付年金、递延年金、永续年金等几种。每期期末收款、付款的年金称为普通年金;每期期初收款、付款的年金称为即付年金或预付年金;距今若干期以后发生的每期期末收款、付款的年金称为延期年金;无期限连续收款、付款的年金称为永续年金。下面主要介绍各种年金终值和现值的计算方法。

(一) 普通年金终值和现值的计算

普通年金是指一定时期每期期末等额的系列收付款项,又称后付年金。普通年金终值犹如零存整取的本利和,是一定时期内每期期末收付款项的复利终值之和。

年金终值的计算公式为

$$F=A\times\frac{(1+i)^n-1}{i}=A\times(F/A,F/A,i,n) \tag{6-6}$$

上式中,A 表示年金,其他符号意义不变。括号中的数值,通常称为年金终值系数,记作 $(F/A,i,n)$,其数值可以通过查"年金终值系数表"得到。

【实务 6-3】 张先生每年年末存入银行 1 000 元,连存 5 年,年利率 10%,则 5 年满期后,计算张先生可得的本利和。

5 年期满后可得本利和 $=1\,000\times\frac{(1+10\%)^5-1}{10\%}=1\,000\times6.\,105=6\,105$(元)

普通年金现值是一定时期内每期期末收付款项的复利现值之和。其计算公式为

$$P=A\times\frac{1-(1+i)^{-n}}{i}=A\times(P/A,i,n) \tag{6-7}$$

括号中的数值通常称为年金现值系数,记作 $(P/A,i,n)$,其数值可以通过查"年金现值系数表"得到。

【实务 6-4】 王先生将市中心的住房从现在开始出租,租约规定,租期为 5 年,每满一年可获得租金 20 000 元,按年利率 5% 计算王先生所获租金的现值。

租金现值 $=20\,000\times(P/A,5\%,5)=20\,000\times4.\,329=86\,580$(元)

(二) 即付年金终值和现值的计算

即付年金的终值是其最后一期期末时的本利和,是各期初收付款项的复利终值之和。

即付年金终值的计算公式为

$$F=A\times[\frac{(1+i)^{n+1}-1}{i}-1]=A\times[(F/A,i,n+1)-1] \tag{6-8}$$

上式中的 $\frac{(1+i)^{n+1}-1}{i}-1$ 是即付年金终值系数,它是在普通年金终值系数 $\frac{(1+i)^n-1}{i}-1$ 的基础上,期数加 1、系数减 1 所得的结果,通常记作 $(F/A,i,n+1)-1$。

【实务 6-5】 为了另外购买一套住房,王先生连续 6 年于每年年初存入银行 30 000

元。若银行存款年利率为 5%,则王先生在第 6 年年末能一次得到多少钱?

$$F=30\ 000\times[(F/A,5\%,7)-1]=30\ 000\times(7.142-1)=184\ 260(元)$$

即付年金现值是各期期初收付款项的复利现值之和。其计算公式为

$$P=A\times\frac{[1-(1+i)^{-n}](1+i)}{i}=A\times[\frac{1-(1+i)^{-(n-1)}}{i}+1]$$
$$=A\times[(P/A,i,n-1)+1] \qquad (6-9)$$

上式中的 $\frac{1-(1+i)^{-(n-1)}}{i}+1$ 是即付年金现值系数,它是在普通年金现值系数的基础上,期数减 1、系数加 1 所得的结果。

【实务 6-6】 6 年后,王先生采用银行按揭方式另外购买商品房一套,在付清首付款后,他还需要每年年初支付贷款本息 15 000 元,分 10 年还清。若贷款利率为 6%,计算王先生购房时的银行按揭款余额。

$$P=15\ 000\times[(P/A,6\%,9)+1]=15\ 000\times(6.8017+1)=117\ 025.5(元)$$

【知识链接 6-2】

银行按揭

银行按揭的正确名称是购房抵押贷款,是购房者以所购房屋之产权作为抵押向银行申请贷款,由银行先行支付购房者首付款后剩余房款给房地产开发商,以后购房者按月向银行分期支付本息。银行按揭的成数通常由五成到八成不等,期限由 1~30 年不等。购房者按揭还款方式有等额年金法和等额本金法两种不同方式。

按揭作为一种抵押贷款,对银行来说,本身就存在着风险。当市场利率上升,房市低迷时,贷款人的还款能力就有可能受到影响,银行也就相应面临着巨大的信贷风险。当风险积聚到一定的程度时,就有可能有朝一日爆发出巨大的金融风险。

(三) 递延年金终值和现值的计算

递延年金是指第一次收付款发生时间不在第一期期末,而是间隔若干期后才发生的系列等额收付款项,是普通年金的特殊形式。

递延年金终值的计算可以视为普通终值的计算,只是期数有所不同。

递延年金现值的计算方法有两种:

第一种方法,计算公式为

$$P=A\times[\frac{1-(1+i)^{-(m+n)}}{i}-\frac{1-(1+i)^{-m}}{i}]=A\times[(P/A,i,m+n)-(P/A,i,m)] \qquad (6-10)$$

上式是先计算出 $m+n$ 期的普通年金现值,然后减去前 m 期的普通年金现值,即得递延年金的现值。

第二种方法的计算公式为

$$P=A\times[\frac{1-(1+i)^{-n}}{i}]\times(1+i)^{-m}=A\times(P/A,i,n)\times(P/F,i,m) \qquad (6-11)$$

上式是先将递延年金视为 n 期普通年金,求出在第 $m+1$ 期期初的现值,然后再折算到第一期期初,即得递延年金的现值。

管理会计(第二版)

【实务6-7】 小王准备投资一处房产用于出租,根据市场行情,小王估计购置该房产后1～3年每年年末可获租金2万元,4～6年每年年末可获租金3万元,第六年年末可以40万元的价格出售。

问题:如果小王想获得8%以上的投资回报,则该房产价格不能高于多少?

解析:如果采用8%的利率计算该房产的现值即是该房产的最高价格。

该现值=2×(P/A,8%,3)+3×(P/A,8%,3)×(P/F,8%,3)+40×(P/F,8%,6)=43.04(万元)

即该处房产如果不高于43.04万元则可投资。

(四)永续年金现值的计算

永续年金是指无限期等额收付的特种年金,即期限趋于无穷的普通年金。由于永续年金持续期无限,没有终止的时间,因而没有终值,只有现值。永续年金的现值可以通过普通年金现值的计算公式导出。

$$P=A\times\frac{1-(1+i)^{-n}}{i} \qquad (6-12)$$

当$n\to\infty$时,$(1+i)^{-n}$的极限为0,故上式可写成

$$p=\frac{A}{i} \qquad (6-13)$$

【实务6-8】 某企业家拟在一所大学建立一项永久性的奖学金,每年计划颁发100 000元奖学金。

问题:若利率为10%,则现在应存入多少钱?

解析: $$P=100\,000\div10\%=1\,000\,000(元)$$

【实务6-9】 长江股份有限公司发行了一种优先股,持有该优先股可以从第三年年末开始,每年获得5万元的固定股息。如果市场利率是10%,则该优先股的价值是多少?

解析:从该优先股支付股息的情况看,该优先股的价值=$\frac{5}{10\%}$×(P/F,10%,2)

=50×0.826 4=41.32(万元)

任务三 投资风险价值的计算

高风险高回报,投资者承担了投资风险就应该获得相应的投资回报。对于投资者来说,在决定投资前就对投资风险报酬进行估算是非常重要的,这将影响到投资者的投资决策。投资风险收益具有不易计量的特性,要计算在一定风险条件下的投资收益,必须利用概率论的方法,按未来年度预期收益的平均偏离程度来进行估量。

一、概率分布和预期收益

一个事件的概率是指这一事件的某种后果可能发生的机会。如果把某一事件所有可能

的结果都列示出来,对每一结果给予一定的概率,便可构成概率的分布。若概率以 P_i 表示,n 表示可能出现的所有结果的个数,任何概率都要符合以下两条规则:

(1) $0 \leqslant P_i \leqslant 1$;

(2) $\sum\limits_{t=1}^{n} P_i = 1$。

上式表明,每一个随机变量的概率最小为 0,最大为 1,不可能小于 0,也不可能大于 1。全部概率之和必须等于 1,即 100%。

根据某一事件的概率分布情况,可以计算出预期收益。预期收益又称收益期望值,是指某一投资方案未来收益的各种可能结果。用概率为权数计算出来的加权平均数,是加权平均的中心值。其计算公式如下:

$$\overline{E} = \sum\limits_{t=1}^{n} X_i \times P_i \qquad (6-14)$$

式中,$\overline{E}$ 为预期收益;X_i 为第 i 种可能结果的收益;P_i 为第 i 种可能结果的概率;n 为可能结果的个数。

【实务 6-10】　湖滨公司某投资项目有 A、B 两个方案,投资额均为 10 000 元,其收益的概率分布如表 6-1 所示。

表 6-1　湖滨公司收益概率分布表

宏观经济环境状况	概率(P_i)	收益值	
		A 方案	B 方案
繁荣	$p_1 = 0.20$	$X_1 = 2\,000$	$X_1 = 3\,500$
一般	$p_2 = 0.50$	$X_2 = 1\,000$	$X_2 = 1\,000$
较差	$p_3 = 0.30$	$X_3 = 500$	$X_3 = -500$

解析:根据表 6-1 的资料,可分别计算 A、B 两方案的预期收益:

$\overline{E}_A = 2\,000 \times 0.2 + 1\,000 \times 0.5 + 500 \times 0.3 = 1\,050$(元)

$\overline{E}_B = 3\,500 \times 0.2 + 1\,000 \times 0.5 + (-500 \times 0.3) = 1\,050$(元)

在预期收益相同的情况下,投资的风险程度同收益的概率分布有密切的联系。概率分布越集中,实际可能的结果就会越接近预期收益,实际收益率低于预期收益率的可能性就越小,投资的风险程度也就越小;反之,概率分布越分散,投资的风险程度也就越大。为了清晰地观察概率的离散程度,可根据概率分布表绘制概率分布图进行分析。

表 6-1 假定经济情况只有繁荣、一般、较差三种,概率个数为 3。根据表 6-1 资料可绘制不连续的概率分布图,如图 6-1、图 6-2 所示。

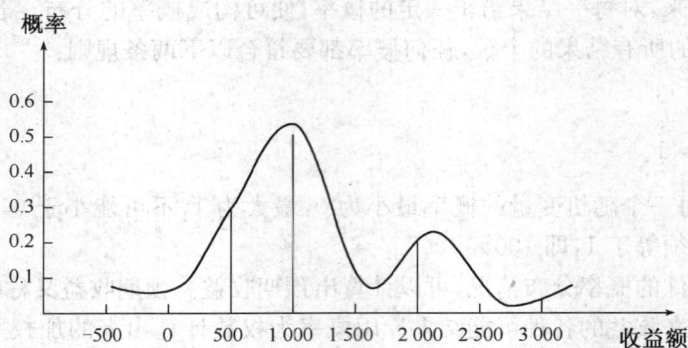

图 6-1 A方案的概率分布图

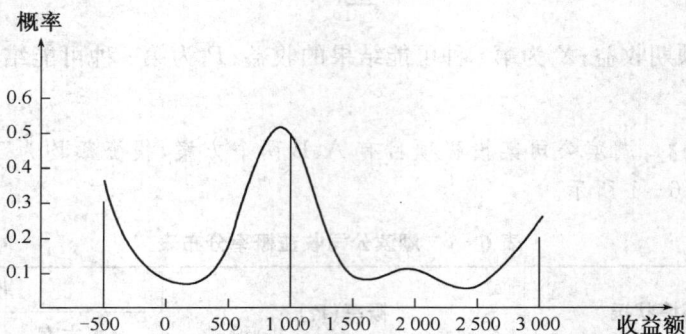

图 6-2 B方案的概率分布图

二、风险收益的衡量

投资风险程度究竟如何计量,这是一个比较复杂的问题,目前通常以能反映概率分布离散程度的标准离差来确定。根据标准离差计算投资风险收益,可按以下步骤进行,现以 A 方案为例说明。

第一步,计算投资项目的预期收益。计算公式和 A 方案预期收益的计算,已在前面列示。

第二步,计算投资项目的收益标准离差。以上计算的结果是在所有各种风险条件下,期望可能得到的平均收益值为 1 050 元。但是,实际可能出现的收益往往偏离期望值。如市场繁荣时偏离 950 元,销路一般时偏离-50 元,销路较差时偏离-550 元。要知道各种收益可能值(随机变量)与期望值的综合偏离程度是多少,不能用三个偏差值相加的办法求得,而只能用求解偏差平方和的方法来计算标准离差。计算公式如下:

$$\text{标准离差}\ d = \sqrt{\sum_{i=1}^{n}(\text{随机变量}\ X_i - \text{期望值}\ \overline{E})^2 \times \text{概率}\ P_i} \qquad (6-15)$$

代入【实务 6-10】数据求得:

$$d = \sqrt{(2\,000-1\,050)^2 \times 0.20 + (1\,000-1\,050)^2 \times 0.50 + (500-1\,050)^2 \times 0.30}$$

＝522.02(元)

标准离差是由各种可能值(随机变量)与期望值之间的差距所决定的。它们之间的差距越大,说明随机变量的可变性越大,意味着各种可能情况与期望值的差别越大;反之,它们之间的差距越小,说明随机变量越接近于期望值,就意味着风险越小。所以,收益标准离差的大小,可以看作是投资风险大小的具体标志。

第三步,计算投资项目的收益标准离差率。标准离差是反映随机变量离散程度的一个指标,但它是一个绝对值,而不是一个相对值,只能用来比较预期收益率相同的投资项目的风险程度,而不能用来比较预期收益率不同的投资项目的风险程度。为了比较预期收益率不同的投资项目的风险程度,还必须求得标准离差和预期收益的比值,即标准离差率(以 V 表示)。其计算公式如下:

$$V=\frac{标准离差 d}{期望值 \overline{E}}\times 100\% \tag{6-16}$$

根据以上公式,代入上例数据求得:

$$V=\frac{522.02}{1\,050}\times 100\%=49.72\%$$

第四步,求投资方案应得风险收益率。

收益标准离差率可以代表投资者所冒风险的大小,反映投资者所冒风险的程度,但它还不是收益率,必须把它变成收益率才能比较。标准离差率变成收益率的基本要求是,所冒风险程度越大,得到的收益率也应该越高,投资风险收益应该与反映风险程度的标准离差率成正比例关系。收益标准离差率要转换为投资收益率,其间还需要借助于一个参数,即风险价值系数。即

$$应得风险收益率 R_R=风险价值系数 b\times 标准离差率 V \tag{6-17}$$

$$应得风险收益额 P_R=收益期望值 \overline{E}\times \frac{风险收益率 R_R}{无风险收益率 R_F+风险收益率 R_R} \tag{6-18}$$

在【实务 6-10】中,假定投资者确定风险价值系数为 8%,则应得的风险收益率及风险收益额为:

风险收益率＝8%×49.7%＝3.98%

应得的风险收益额＝$1\,050\times \frac{3.98\%}{6\%+3.98\%}$＝419(元)

至于风险价值系数的大小,则是由投资者根据经验,并结合其他因素加以确定的。通常有以下几种方法:

(1)根据以往同类项目的有关数据确定。根据以往同类投资项目的投资收益率、无风险收益率和收益标准离差率等历史资料,可以求得风险价值系数。例如,企业进行某项投资,其同类项目的投资收益率为 10%,无风险收益率为 6%,收益标准离差率为 50%。根据公式:

$$K=R_F+R_R=R_F+bV$$

可计算如下:

$$b=\frac{K-RF}{V}=\frac{10\%-6\%}{50\%}=8\%$$

式中，K 为投资收益率；R_F 为无风险收益率；R_R 为风险收益率；b 为风险价值系数；V 为标准离差率。

(2) 由企业领导或有关专家确定。如果现在进行的投资项目缺乏同类项目的历史资料，不能采用上述方法计算，则可根据主观的经验加以确定。

(3) 由有关部门组织专家确定。

第五步，计算投资方案的预测投资收益率，权衡投资方案是否可取。

按照上列程序计算出来的风险收益率，是在现有风险程度下要求的风险收益率。为了判断某一投资方案的优劣，可将预测风险收益率同应得风险收益率进行比较，研究预测风险收益率是否大于应得风险收益率。对于投资者来说，预测的风险收益率越大越好。无风险收益率即资金时间价值是已知的，根据无风险收益率和预测投资收益率，可求得预测风险收益率，从而推算出预测风险收益额。其计算公式如下：

$$预测投资收益率 = \frac{预测收益额}{投资额} \times 100\% \tag{6-19}$$

$$预测风险收益率 = 预测投资收益率 - 无风险收益率 \tag{6-20}$$

$$预测风险收益额 = 收益期望值 \times \frac{预测风险收益率}{无风险收益率 + 预测风险收益率} \tag{6-21}$$

假设【实务 6-10】中 A 方案无风险收益率为 6%，则有关指标计算如下：

$$预测投资收益率 = \frac{1\,050}{10\,000} \times 100\% = 10.5\%$$

$$预测风险收益率 = 10.5\% - 6\% = 4.5\%$$

$$预测风险收益额 = 1\,050 \times \frac{4.5\%}{6\% + 4.5\%} = 450(元)$$

求出预测的风险收益率(收益额)后，用以与应得的风险收益率(收益额)进行比较，即可对投资方案进行评价。如上述 A 方案：

预测风险收益率 4.50%＞应得风险收益率 3.98%；预测风险收益额 450 元＞应得风险收益额 419 元。

这说明该投资方案所冒的风险小，而预测可得的风险收益率大，此方案符合投资原则，可取；否则为不可取。

以上对投资风险程度的衡量，是针对一个投资方案而言的。如果有多个投资方案可以选择，那么进行投资决策总的原则应该是，投资收益率越高越好，风险程度越低越好。具体来说，有以下几种情况：

(1) 如果两个投资方案的预期收益率基本相同，应当选择标准离差率较低的那一个投资方案。

(2) 如果两个投资方案的标准离差率基本相同，应当选择预期收益率较高的那一个投资方案。

(3) 如果甲方案预期收益率高于乙方案的预期收益率，而其标准离差率低于乙方案的标准离差率，则应当选择甲方案。

(4) 如果甲方案预期收益率高于乙方案的预期收益率，其标准离差率也高于乙方案的标准离差率，在此情况下则不能一概而论，而要取决于投资者对风险的态度。有的投资者愿意冒较大的风险,以追求较高的收益率,可能选择甲方案;有的投资者则不愿意冒较大的风险,宁肯接受较低的收益率,可能选择乙方案。但若甲方案收益率高于乙方案的程度大,而其收益标准离差率高于乙方案的程度较小,则选择甲方案可能是比较适宜的。

应当指出,风险价值计算的结果具有一定的假定性,并不十分精确。研究投资风险价值原理,主要是在进行投资决策时,树立风险价值观念,认真权衡风险与收益的关系,选择有可能避免风险、分散风险,并获得较多收益的投资方案。

任务四　投资项目现金流量的估算

在长期投资决策分析时,通常用现金流出量、现金流入量和现金净流量来反映长期投资项目的现金流量。现金流出量是指由于长期投资而引起的企业现金支出的增加额。现金流入量是指由于长期投资而引起的企业现金收入的增加额。现金净流量(NCF)则是一定时期内现金流入量减去现金流出量的差额。在确定现金流量时可以根据长期投资项目资金的不同来源分别进行确定。

一、投入资金为自有资金时

(一)建设期现金流量
建设期现金流量即企业在建设期所发生的现金流入量和现金流出量。它一般包括:
(1)土地使用费用支出,主要指因长期投资项目占用土地而支出的土地使用费。
(2)固定资产方面的投资,包括固定资产的购入或建造成本、运输成本和安装成本等。
(3)流动资产方面的投资,包括投入的现金、材料等。
(4)其他方面的投资,包括与固定资产投资有关的职工培训费、注册费等。
(5)原有固定资产的变价收入,这主要在更新改造投资项目时考虑。
建设期现金流量除原有固定资产变价收入为现金流入量外,其他部分均为现金流出量。

(二)营业期现金流量
营业期现金流量即长期投资项目投产后,企业在生产经营期间所发生的现金流入量和现金流出量。营业现金流量一般按年度进行计算。营业现金流入量主要由因生产经营而使企业增加的营业收入和该年回收额构成。营业现金流出量则主要由付现成本和所得税构成。所谓付现成本,是指每年需要实际支付现金的销货成本。销货成本中不需要每年实际支付现金的某些成本,如折旧费用、待摊费用等则属于非付现成本。经营期现金净流量通常可以表示为

现金净流量=销售收入-付现成本-所得税+该年回收额
=销售收入-(销售成本-非付现成本)-所得税+该年回收额
=营业利润-所得税+非付现成本+该年回收额
=净利润+非付现成本+该年回收额　　　　　　　　(6-22)

显然,上述净利润与财务会计中的净利润的计算口径不一致,而非付现成本主要包括该年折旧额和该年摊销额。该年回收额主要包括以下三个方面:

（1）固定资产残值收入或变价收入；

（2）原来垫支在各种流动资产上的资金收回；

（3）停止使用的土地变价收入等。

二、投入资金为借入资金时

实际上，根据全投资假设，在进行长期投资决策时，一般不需要考虑投入资金的来源，所以当投入资金为借入资金时现金净流量的确定方法与投入资金为自有资金时现金净流量的确定方法基本上是一样的。但由于现行的财务会计规则中，有些规定对长期投资的现金净流量产生了某些影响，所以应该加以特别注意，主要有以下两个方面：

（1）由于规定建设期发生的与购建长期投资相关的固定资产、无形资产等长期资产的相关利息支出可以资本化，所以在确定固定资产、无形资产等长期资产的原值时，必须考虑资本化利息。

（2）由于规定经营期间的借款利息支出可以在税前列支，从而减少了企业的利润，但根据全投资假设，在进行投资决策时，不应该考虑借款利息，所以在确定现金净流量时，必须加上该年的利息支出。此时经营期现金净流量可用下式表达：

现金净流量＝销售收入－付现成本－所得税＋该年回收额＋该年利息费用

＝该年净利润＋该年折旧＋该年摊销额＋该年回收额＋该年利息费用

(6－23)

三、现金流量的估算

现金流量的计算可以根据现金流量的构成进行考虑。在计算长期投资项目的现金流量时应该注意以下几个方面的问题：

（1）产生现金流入的销售收入不是一般意义上的销售收入，而是已收到货款的销售收入。

（2）应考虑增量现金流量。当投资一个项目时，除了应计算本长期投资项目的现金流量外，还应考虑其对企业其他投资项目的影响。

（3）注意区分相关成本和沉没成本。相关成本是指与该投资项目相关的成本，沉没成本则与该投资项目是否进行无关。

（4）对非付现成本的处理。

【实务6-11】 汉昌公司准备投资一新项目，该项目需要投资固定资产100万元，项目有效期为5年，采用直线法折旧，期满无残值，另外需投资10万元用于员工培训，该款项在第一年年初支付，其他不计，该项目建设期为1年。投产后，每年可实现销售收入200万元，每年付现成本150万元。假定所得税税率为30%。

试计算该长期投资项目的现金流量。

解析：该项目每年的折旧额＝100÷5＝20（万元）

该项目的营业期现金流量的计算见表6-2。

表 6-2 营业现金流量的计算 单位:万元

项 目 \ 年 度	1	2	3	4	5
销售收入	200	200	200	200	200
付现成本	150	150	150	150	150
折旧	20	20	20	20	20
税前净利润	30	30	30	30	30
所得税	9	9	9	9	9
净利润	21	21	21	21	21
营业期现金流量	41	41	41	41	41

该项目的现金净流量的计算见表 6-3。

表 6-3 项目现金净流量计算表 单位:万元

项 目 \ 年 度	建设期		经营期				
	0	1	2	3	4	5	6
固定资产投入	-100	0	0	0	0	0	0
员工培训	-10	0	0	0	0	0	0
营业现金流量	0	0	41	41	41	41	41
NCF_i	-110	0	41	41	41	41	41

任务五 长期投资决策基本方法及其应用

一、非贴现方法

(一) 静态投资回收期法

静态投资回收期是指在不考虑资金时间价值的情况下,收回全部投资额所需要的时间。该指标一般以年为单位,包括两种情况:

(1) 含建设期的投资回收期(以下以 P 表示);

(2) 不含建设期的投资回收期(以下以 P_s 表示)。

显然有

$$P = P_s + S \qquad (6-24)$$

其中 S 为建设期。通常只需要计算出其中一种投资回收期即可,包含建设期的投资回收期。计算公式为

$$P = P_0 + \frac{\left|\sum_{t=0}^{P_0} NCF_t\right|}{NCF_{(P_0+1)}} = P_0 - \frac{\sum_{t=0}^{P_0} NCF_t}{NCF_{(P_0+1)}} \tag{6-25}$$

其中,P_0是累计现金净流量由负值变为正值的前一年。

【实务6-12】 根据【实务6-9】的资料,该项目的现金净流量如表6-4所示。

表6-4　某项目的现金净流量表　　　　　　　　　　　　　　　　单位:万元

年度	0	1	2	3	4	5	6
NCF_i	−110	0	41	41	41	41	41

首先,计算出该项目的累计现金净流量如表6-5所示。

表6-5　某项目累计现金净流量　　　　　　　　　　　　　　　　单位:万元

年度	0	1	2	3	4	5	6
$\sum NCF_i$	−110	−110	−69	−28	13	54	95

解析:从累计现金净流量可知,$P_0=3$,根据以上公式有

$$P = 3 + \frac{|-28|}{41} = 3.68(年)$$

可见,该项目包含建设期的投资回收期为3.68年,不含建设期的投资回收期为2.68年。此外,由于该项目经营期的营业现金流量都相等,所以可以采用简单的方法首先计算出不含建设期的投资回收期,即不含建设期的投资回收期为2.68年(=110÷41),从而再计算出包含建设期的投资回收期为3.68年。

在使用投资回收期进行项目投资评价时,首先计算出该项目的投资回收期,然后与标准回收期进行比较。标准回收期是国家根据各行业、各部门具体情况规定的回收时间。如机械产品的标准回收期为7年,机床工具为4~6年,汽车为5年,电器设备为4年。企业也可以根据实际情况自己制订相应投资项目的标准回收期。如果备选项目的投资回收期大于标准回收期,则不宜采纳。在进行互斥性投资方案评价时,在满足前面可行性的情况下,应选择投资回收期较短的投资项目。

投资回收期法的优点有以下几个:

(1) 计算简便,选择标准直观,易于理解。

(2) 将对现金净流量的预测重点放在"近期",有利于控制投资风险。由于项目投资决策分析的依据现金净流量是预测出来的,而预测的准确性随时间的延长而快速降低,一般来说,5年以上预测的准确性就会很差。

投资回收期法的缺点有以下几个:

(1) 没有考虑资金的时间价值。这种缺陷可以用贴现投资回收期法弥补。

(2) 没有考虑回收期满后的现金流量的状况,可能导致决策者优先考虑急功近利的投资项目。

(二) 投资利润率法

投资利润率又称投资报酬率(ROI),是指长期投资项目在达产期间的平均净利润与投

资项目的投资额之间的比率,一般以百分比表示。其计算公式

$$ROI = \frac{\overline{P}}{I} \times 100\% \qquad (6-26)$$

其中,$\overline{P}$ 表示年平均净利润;I 表示投资总额。

投资利润率是一个非贴现的正指标。采用投资利润率法评价长期投资项目可行性的判断标准是,如果投资项目的投资利润率高于企业要求的最低收益率或无风险收益率,则该投资项目可行;如果投资项目的投资利润率低于企业要求的最低收益率或无风险收益率,则该项目不可行。在多个长期投资项目的互斥性决策中,项目的投资利润率越高,说明该投资项目的投资效果越好,应该选择投资利润率高的投资项目。

投资利润率法与投资回收期法一样具有简明、易于计算的优点,同时又克服了投资回收期法在投资期没有考虑全部现金净流量的缺点。其缺点是没有考虑资金时间价值,也不能说明投资项目的可能风险。

【实务 6-13】 某公司拟建一条生产线,有 A、B 两个投资方案,基本情况如表 6-6 所示。假设无风险投资收益率为 6%,该公司应该选择哪个方案?

表 6-6 　A、B 投资方案资料表　　单位:万元

年　度 ＼ 项　目	A 方案		B 方案	
	投资额	净利润	投资额	净利润
第一年	50	2.5	100	8
第二年		5.0		12
第三年		7.5		9
第四年		10		7

解析:根据以上资料可得:

A 方案年平均净利润 $= \dfrac{2.5+5.0+7.5+10}{4} = 6.25$(万元)

B 方案年平均净利润 $= \dfrac{8+12+9+7}{4} = 9$(万元)

A 方案的投资利润率 $= \dfrac{6.25}{50} = 12.5\%$

B 方案的投资利润率 $= \dfrac{9}{100} = 9\%$

通过计算可知,A、B 两个方案的投资利润率都大于 6%,其中,A 方案的投资利润率大于 B 方案的投资利润率。如果该企业采用投资利润率法进行决策,则应该选择 A 方案。

二、贴现方法

(一) 贴现回收期法

贴现回收期法是一种以贴现的现金净流量计算投资回收期的方法,即首先将各年的现金净流量进行贴现,得到贴现现金流量表,然后采取前述投资回收期的计算方法计算该项目

的贴现投资回收期。贴现投资回收期除了考虑到了资金时间价值外,其他的优点、缺点以及判断标准与投资回收期相差无几。

【实务6-14】 假设某项目的现金净流量及贴现的现金流量如表6-7所示。假设贴现率为10%,试计算其贴现回收期。

表6-7 贴现现金流量的计算

单位:万元

年　份	现金净流量	复利现值系数	贴现现金流量	累计贴现现金流量
0	−100	1.000	−100	−100
1	20	0.909	18.18	−81.82
2	30	0.826	24.78	−57.04
3	40	0.751	30.04	−27
4	50	0.683	34.15	7.15
5	40	0.621	24.84	31.99

解析:根据投资回收期的计算公式可得:

$$贴现回收期 = 3 + \frac{|-27|}{34.15} = 3.79(年)$$

(二)净现值法

1. 净现值的定义及采用净现值法计算的步骤

净现值(NPV)是指在长期投资项目计算期内,按行业基准收益率或企业设定的贴现率计算的投资项目未来各年现金净流量的现值之代数和。其计算公式为

$$NPV = \sum_{t=0}^{n} \frac{NCF_t}{(1+i)^t} \tag{6-27}$$

其中,i为贴现率。

注意,如果营业期的现金净流量相等,则可以采用年金方法简化计算。

净现值的计算一般包括以下步骤:

(1)计算出各期的现金净流量。

(2)按行业基准收益率或企业设定的贴现率,将长期投资项目各期所对应的复利现值系数通过查表确定下来。

(3)将各期现金净流量与其对应的复利现值系数相乘计算出现值。

(4)最后加总各期现金净流量的现值,即得到该投资项目的净现值——NPV。

净现值是贴现的绝对值正指标,采用净现值法评价投资项目可行性的标准如下:

(1)单项决策时,若$NPV \geqslant 0$,则项目可行;若$NPV < 0$,则项目不可行。

(2)多项互斥投资决策时,在净现值大于0的投资项目中,选择净现值最大的投资项目。

【实务6-15】 某企业需投资150万元引进一条生产线,该生产线有效期为5年,采用直线法折旧,期满残值50万元。该生产线当年投产,预计每年可获净利润10万元。如果该项目的行业基准贴现率为8%。

试计算其净现值并评价该长期投资项目的可行性。

解析：原始投资额 $(NCF_o)=-150$（万元）

每年折旧 $=\dfrac{150-50}{50}=20$（万元）

每年的经营现金净流量 $NCF_i=10+20=30$（万元）

期末回收额 $R_n=50$（万元）

$$NPV=-150+30\times(P/A,8\%,5)+50\times(P/F,8\%,5)$$
$$=-150+30\times3.993+50\times0.681=3.84（万元）$$

由于该项目的净现值大于 0，所以该项目可行。

2. 净现值法的优缺点

净现值法是项目投资评价中常用的方法，其主要优点有：

（1）考虑了资金时间价值，增强了投资经济性评价的实用性。

（2）完整考虑项目计算期内全部现金流量，体现了流动性与收益性的统一。

（3）考虑了投资风险，项目投资风险可以通过提高贴现率加以控制。

净现值也存在某些缺点，主要有：

（1）净现值是一个绝对数，不能从动态的角度直接反映投资项目的实际收益率。在进行互斥性投资决策，当投资额不等时，仅用净现值有时无法确定投资项目的优劣。

（2）净现值的计算比较复杂，且较难理解和掌握。

（3）净现值的计算需要有较准确的现金净流量预测，并且要正确选择贴现率，而实际上现金净流量的预测和贴现率的选择都比较困难。

【实务 6-16】　福兴集团有甲、乙两个可供选择的投资项目，它们的初始投资额分别为 100 万元和 200 万元，其中固定资产投资额分别为 60 万元和 150 万元，项目有效期均为 6 年，每年现金净流量分别为 45 万和 70 万元。假设两个投资项目均在投资当年一次投入完工并产生经济效益，资金成本均为 10%，固定资产采用直线法折旧，项目结束均无残值。

分别计算该项目的净现值和投资报酬率并做出决策。

解析：

（1）分别计算两方案的净现值。

甲方案的净现值 $NPV=45\times(P/A,10\%,6)-100=45\times4.355-100=95.98$（万元）

乙方案的净现值 $NPV=70\times(P/A,10\%,6)-200=70\times4.355-200=104.85$（万元）

（2）分别计算两方案的投资报酬率。

甲方案的年折旧额 $=60\div6=10$（万元）

乙方案的年折旧额 $=150\div6=25$（万元）

甲方案的投资报酬率 $=(45-10)\div100=35\%$

乙方案的投资报酬率 $=(70-25)\div200=22.5\%$

从净现值角度看，乙项目的净现值较大，应该选择乙项目。但是，从投资报酬率来看，甲项目的投资回报率高于乙项目，应该选择甲项目。

因此，在实际的投资决策中，若对净现值法缺乏深刻的理解而一成不变地套用公式，往往就会做出错误的决策。

3. 确定投资项目贴现率的方法

在项目投资评价中,正确选择贴现率非常重要,它直接关系到项目投资的评价结果。如果选择的贴现率过低,则会使本来不应该采纳的投资项目得以通过,这样一方面会浪费有限的社会资源,另一方面会加大企业的经营风险。如果选择的贴现率过高,则会导致一些经济效益较好的投资项目不能通过,从而一方面会使有限的社会资源得不到充分的运用,另一方面会使企业失去有利的投资机会。在实务中,一般可以采取以下几种方法确定投资项目的贴现率:

(1)以市场利率作为折现率。

企业的财务目标可分为经济效益目标和社会效益目标,经济效益目标就是追求企业收益的最大化;社会效益目标就是承担社会责任,为社会繁荣与进步做出贡献。当企业发展壮大后,为回报社会,可能会投资一些社会福利项目、环保建设项目等。对于企业来说,这些项目决策时主要考虑的是社会效益,而较少考虑其经济效益。因此,这类项目的折现率就可以采用市场利率。另外,当企业有较多的闲置资金时,为了发挥这些闲置资金的作用,企业可能会进行一些短期的小型投资项目,就可以采用较低的市场利率作为折现率。

(2)以投资项目的资金成本作为贴现率。

当企业发展成熟时,为维持企业长期的稳定发展,企业会进行一些大型的改扩建项目。这些项目一般投入资金巨大,投资周期较长,企业仅凭自身积累的资金常常无法满足投资需求,需要借入资金,这时投资的资金成本就成了投资决策的最低标准。因为根据现代财务杠杆理论,当企业的投资报酬率大于负债资本的成本时,企业通过借入的资金进行投资,可以达到"借鸡下蛋"的效果,获得财务收益。相反,借入的资金则会成为企业的负担。所以,投资项目资金成本是投资项目决策选择折现率的底线。

(3)选择企业自身的投资回报率作为折现率。

如上所述,资金成本仅是投资项目决策时折现率的一个底线,往往不是一个最佳的折现率。当一个发展良好、获利丰厚的企业依此决策时,虽然项目也会盈利,但项目的盈利水平可能低于企业原来的整体盈利水平,这样项目投产后反而会降低企业的投资回报率。因此,对于一个主营业务稳定,并占有一定的市场优势的企业,为保持企业的获利能力和获得更大的成长机会而进行多元化经营时,各种多元化经营项目的投资决策就应该选择企业自身的投资回报率作为现金流量的折现率。只有这样,企业的各项多元化经营项目才能具有较高的盈利水平,不仅保持整个企业的高水平的盈利,而且为企业带来新的经济增长点,使企业获得更大的成长机会。

(4)选择竞争对手的投资报酬率作为折现率。

当企业处在一个市场成熟、竞争激烈的行业中时,要想在市场中赢得一席之地,不仅要注重生产管理以及技术创新,更为重要的是要关注市场动态,掌握竞争对手的情况,做出最佳的投资决策。企业要时刻关注竞争对手的投资和获利情况,积极地收集和利用竞争对手的投资信息来为自己的决策服务,做出正确的投资决策。决策时,若能以竞争对手投资决策的折现率作为自己的项目的折现率是一个可以考虑的选择。

(5)根据投资的不同阶段,分别采取不同的贴现率。

例如,在计算项目建设期现金净流量的现值时,以贷款的实际利率作为贴现率;在计算投资项目经营期现金净流量的现值时,以全社会资金平均收益率作为贴现率。

采用净现值法进行投资项目评估,正确选择折现率是关键。因为折现率的高低将影响投资方案的优先顺序,进而影响投资评价的结论。如果选择的折现率过低,将会使一些经济效益较差的项目通过投资评估,浪费企业有限的资源;如果选择的折现率过高,则会导致一些效益较好的项目不能通过投资评估,从而使企业资金闲置,不能充分发挥现有资源的作用。正是由于应用净现值法时折现率不易确定,故而限制了其应用范围。

(三)净现值率法

净现值率是指长期投资项目的净现值占原始投资现值总和的百分比指标(可以记作 $NPVR$)。其计算公式为

$$NPVR = \frac{投资项目净现值}{原始投资现值} \times 100\% \qquad (6-28)$$

或

$$NPVR = \frac{NPV}{\left| \sum_{t=0}^{s} NCF_t \times (P/F, i, t) \right|} \times 100\% \qquad (6-29)$$

净现值率是一个贴现的相对量评价正指标,采用这种方法进行投资项目评价的标准是,当 $NPVR \geqslant 0$,则项目可行;当 $NPVR < 0$,则项目不可行。

净现值率法作为一种项目投资评价方法,其优点有:

(1)考虑了资金时间价值。

(2)可以动态反映项目投资的资金投入与产出之间的关系。

其缺点是:

(1)不能直接反映投资项目的实际收益率。

(2)在资本决策过程中可能导致片面追求较高的净现值率,在企业资本充足的情况下,有降低企业投资利润总额的可能。

【实务 6-17】　某长期投资项目的建设期为 1 年,经营期为 5 年,其现金净流量表如表 6-8 所示,贴现率为 10%。

要求:计算该项目净现值率,并评价其可行性。

表 6-8　某投资项目现金净流量表　　　　　　　　　　　　　单位:万元

年　度	0	1	2	3	4	5	6
NCF_i	-100	-20	50	50	50	50	50

解析:从表中可以看出,经营期的现金净流量相等,其净现值可以采用年金的方法计算。

$$NPV = -100 - 20 \times (P/F, 10\%, 1) + 50 \times (P/A, 10\%, 5) \times (P/F, 10\%, 1)$$
$$= -100 - 20 \times 0.909 + 50 \times 3.791 \times 0.909 = 54.12(万元)$$

然后,计算该项目净现值率为

$$NPVR = \frac{NPV}{|-100 - 20 \times (P/F, 10\%, 1)|}$$
$$= \frac{54.12}{100 + 20 \times 0.909} = 0.46$$

该项目的净现值率大于0,故可以投资。

(四)现值指数法

现值指数法亦称获利指数法(PI),是指投产后按行业基准收益率或企业设定贴现率折算的各年营业现金净流量的现值合计(可简称报酬总现值)与原始投资的现值合计(投资总现值)之比,用公式表示为

$$PI = \frac{\sum_{t=s+1}^{n} NCF_t \times (P/F,i,t)}{\left| \sum_{t=0}^{n} NCF_t \times (P/F,i,t) \right|} \qquad (6-30)$$

从净现值率和现值指数的定义可知这两个指标存在以下关系:

$$PI = 1 + NPVR \qquad (6-31)$$

与净现值率一样,现值指数也是一个贴现的相对量评价指标,采用这种方法的判断标准是,如果$PI \geq 1$,则该投资项目可行;如果$PI < 1$,则该投资项目不可行。如果几个投资项目的现值指数都大于1,那么现值指数越大,投资项目越好。但在进行互斥性投资决策时,正确的选择原则不是选择现值指数最大的项目,而是在保证现值指数大于1的情况下,使追加投资所得的追加收益最大化。

【实务6-18】 根据【实务6-17】的资料,计算该项目的现值指数。

解析: $PI = \frac{50 \times (P/A,10\%,5) \times (P/F,10\%,1)}{100 + 20 \times (P/F,10\%,1)} = \frac{50 \times 3.791 \times 0.909}{100 + 20 \times 0.909} = 1.46$

由于该项目的现值指数大于1,根据判断标准,该项目可行。

从现值指数法与净现值法的计算原理来看,这两种方法存在以下的联系:

(1)现值指数法与净现值法的本质相同,特别是在进行投资项目的可行性分析时,采用这两种方法将得到相同的结果,因为如果一个投资项目的$NPV > 0$,则一定有$PI > 1$。

(2)两者都着眼于现金净流量及其资金时间价值,都需要准确地预测投资项目有效期内的现金净流量。

(3)在原始投资额不同的两个方案之间进行决策分析时,采用现值指数法与净现值法进行评价,所得结果可能不一致。由于现值指数是相对指标,而净现值是绝对指标,所以在一般情况下,应以现值指数法为准,选择现值指数较大的投资项目。但如果该投资项目所要求的收益率特别高,企业的资金充裕且无其他更好投向时,则应以净现值法为准。

现值指数法的优缺点与净现值法的优缺点基本相同,但现值指数法可以从动态的角度反映投资项目的资金投入与总产出之间的关系,可以弥补净现值法在投资额不同的项目之间不便比较的缺陷,使各种不同投资额的项目之间可直接用现值指数进行对比。其缺点除了无法直接反映投资项目的实际收益率外,其计算过程比净现值法复杂,计算口径也不一致。

(五)内含报酬率法

内含报酬率(Internal Rate of Return,IRR)又叫内部收益率,是指投资项目实际可以实现的收益率,当以该收益率为贴现率计算投资项目的净现值时,其结果为0,即

$$NPV = \sum_{t=0}^{n} \frac{NCF_t}{(1+IRR)^t} = 0 \qquad (6-32)$$

内含报酬率是一个贴现正指标。采用该方法的决策标准为：

(1) 当内含报酬率≥资金成本率(或预期收益率)时,项目可行;否则,项目不可行。

(2) 当进行多项目互斥决策时,内含报酬率越大越好。

内含报酬率可以分两种情况进行计算。

1. 当建设期为0,全部投资于建设起点一次性投入,营业期间各年现金净流量相等,可采用年金计算方法

由内含报酬率的定义可知:

$$NCF \times (P/A, IRR, n) = -NCF_0$$

$$(P/A, IRR, n) = \frac{-NCF_0}{NCF} = \alpha \qquad (6-33)$$

然后查年金现值系数表,求出内含报酬率。其具体计算过程如下:

(1) 计算年金现值系数。

$$(P/A, IRR, n) = \frac{-NCF_0}{NCF} = \alpha$$

(2) 查年金现值系数表,如果在期数为 n 的行中恰好找到等于上述数值 α 的年金现值系数,则该系数所对应的贴现率即为所求的内含报酬率。

(3) 如果在年金现值系数表中无法在期数为 n 的行中找到与 α 相等的年金现值系数,则可在期数为 n 的行中找出与 α 相邻的两个临界系数值 β_1 和 β_2,并找出与 β_1 和 β_2 对应的两个贴现率 i_1 和 i_2,然后采用内插法近似计算该投资项目的内含报酬率。其具体计算如下:

$$IRR = i_1 + \frac{\beta_1 - \alpha}{\beta_1 - \beta_2} \times (i_2 - i_1)$$

其中,要求 i_1、i_2 相差得不能太大,否则误差就会较大。

2. 各年现金净流量不相等时,可用试误法逐次测试

该方法的计算步骤如下:先估计一个贴现率,并用它计算投资项目的净现值。若净现值等于0,则该贴现率即为投资项目的内含报酬率,计算终止。若净现值大于0,即表明原先估计的贴现率低于该方案的内含报酬率,应提高贴现率,再进行测算(贴现率提高的幅度应该视已经计算出的净现值而定,即如果已经计算出的净现值越大,则贴现率提高的幅度就应该越大);反之,若净现值小于0,则表明原先估计的贴现率高于该项目的内含报酬率,应降低贴现率,再进行测算(贴现率降低的幅度也应该视计算出的净现值而定)。经过若干次的重复,最终一定会找到使净现值由正到负的两个相差不是很大的贴现率。以 i_1、i_2 分别表示这两个贴现率,以 NPV_1 和 NPV_2 分别表示它们所对应的净现值,则该项目的内含报酬率可用以下公式计算(其中,一般要求 i_1 和 i_2 的差不能大于 5%):

$$IRR = i_1 + \frac{NPV_1}{NPV_1 - NPV_2} \times (i_2 - i_1) \qquad (6-34)$$

【实务 6-19】 某长期投资项目的现金流量表如表 6-9 所示。如果该项目的资金成本为 10%,试用内含报酬率法判断该项目投资的可行性。

表 6-9　投资项目现金流量表　　　　　　　　　　　　　　　　单位:万元

年　度(n)	0	1	2	3	4	5
NCF_i	-200	80	80	80	80	80

解析:从投资项目的现金流量表(见表 6-9)可知,各年的营业现金净流量均相等,可以采用年金方法计算该项目的内含报酬率。

$(P/A, IRR, 5) = 200 \div 80 = 2.5$

查表得:$(P/A, 25\%, 5) = 2.689$,$(P/A, 30\%, 5) = 2.436$,根据公式则有:

$$IRR = 25\% + \frac{2.689 - 2.5}{2.689 - 2.436} \times (30\% - 25\%) = 28.74\%$$

通过计算可知,$IRR = 28.74\% > 10\%$,所以该投资项目可行。

【实务 6-20】某长期投资项目需要固定资产投资 24 000 万元,使用寿命为 5 年,5 年后有净残值收入 4 000 万元,采用直线法计提折旧,以后随着设备的陈旧,将逐年增加修理费 200 万元,另需垫支流动资金 3 000 万元,项目结束后收回。假定所得税税率为 30%,该项目的资金成本率为 15%。试用内含报酬率法评价该投资项目的可行性。

解析:首先,确定该投资项目的现金流量如表 6-10 所示。

表 6-10　投资项目现金流量表　　　　　　　　　　　　　　　　单位:万元

年度(n)	0	1	2	3	4	5
NCF_n	-27 000	8 900	8 760	8 620	8 480	15 340

从现金流量表可知,该投资项目每年的现金净流量均不相同,所以只能采用试误法计算其内含报酬率。其具体的计算过程如表 6-11 所示。

表 6-11　投资项目现金流量现值的计算　　　　　　　　　　　　单位:万元

年度(n)	NCF_n	测试(16%)		测试(22%)		测试(24%)	
		复利现值系数	现值	复利现值系数	现值	复利现值系数	现值
0	-27 000	1.00	-27 000	1.00	-27 000	1.00	-27 000
1	8 900	0.862	7 671.80	0.820	7 298.00	0.806	7 173.40
2	8 760	0.743	6 508.68	0.672	5 886.72	0.650	5 694.00
3	8 620	0.641	5 525.42	0.551	4 749.62	0.524	4 516.88
4	8 480	0.552	4 680.95	0.451	3 824.48	0.423	3 587.04
5	15 340	0.476	7 301.84	0.370	5 675.80	0.341	5 230.94
净现值			4 688.69		434.62		-797.74

经过三次测算,找到了符合条件的两个分别使净现值为正和为负的贴现率,即当贴现率为 22% 时,净现值为正;当贴现率为 24% 时,净现值为负。说明该投资项目的内含报酬率一定在 22% 和 24% 之间。即 $i_1 = 22\%$,$NPV_1 = 434.62$(万元);$i_2 = 24\%$,$NPV_2 = -797.74$(万元)。根据公式则有

$$IRR = 22\% + \frac{434.62 - 0}{434.62 - (-797.74)} \times (24\% - 22\%) = 22.71\%$$

由于 $IRR=22.71\%>15\%$,所以该投资项目可行。

内含报酬率法的优点主要有：

(1) 考虑了资金时间价值。

(2) 可以反映出投资项目的真实报酬率,且不受行业基准收益率高低的影响,比较客观,有利于对投资额不同的项目决策。

内含报酬率法的缺点有：

(1) 计算比较复杂,特别当每年现金净流量不相等的投资项目,一般要经过多次测算才能求得。

(2) 当经营期大量追加投资时,有可能导致多个 IRR 出现,或偏高或偏低,缺乏实际意义。

(3) 再投资收益率假设与实际可能不符。

一般在进行长期投资决策时,广泛采用净现值法和内含报酬率法进行评价,但它们的决策结果有时会不同。以下通过福兴集团的一个投资项目来说明这种现象。

【实务 6-21】　福兴集团有两个可供选择的互斥性投资方案,预期它们各年的现金流量如表 6-12 所示。企业要求的投资报酬率为 10%。

表 6-12　现金流量表　　　　　　　　　　　　　　　　　　　单位:万元

时间	现金流量	
	A 方案	B 方案
第一年年初	−24 000	−24 000
第一年年末	10 000	0
第二年年末	10 000	5 000
第三年年末	10 000	10 000
第四年年末	10 000	33 000

解析：

(1) 按照净现值方法决策时：

A 方案的净现值 $NPV=10\,000\times(P/A,10\%,4)-24\,000=10\,000\times3.170-24\,000$
$=7\,700$ (万元)

B 方案的净现值 $NPV=5\,000\times(P/F,10\%,2)+10\,000\times(P/F,10\%,3)+33\,000\times$
$(P/F,10\%,4)-24\,000$
$=5\,000\times0.826+10\,000\times0.75+33\,000\times0.683-24\,000$
$=10\,179$ (万元)

按计算结果来看,A 方案的净现值为 7 700 万元,B 方案净现值为 10 179 万元,就净现值指标进行决策,应选择 B 方案。

(2) 按照内含报酬率法决策时：

① 计算 A 方案的内含报酬率。

年金现值系数 $(P/A,IRR,n)=\dfrac{24\,000}{10\,000}=2.4$

由于年金现值系数接近 2.4 所对应的贴现率分别为 25% 和 24%,因此用内插法计算近似的内含报酬率为：

$$IRR=24\%+\frac{2.404-2.400}{2.404-2.362}\times(25\%-24\%)=24.96\%$$

② 计算 B 方案的内含报酬率。

首先，用 20% 贴现率测试。

$$NPV=5\,000\times(P/F,20\%,2)+10\,000\times(P/F,20\%,3)+33\,000\times(P/F,20\%,4)-24\,000$$

$$=5\,000\times0.694+10\,000\times0.579+33\,000\times0.482-24\,000=1\,166(万元)$$

然后，用 22% 贴现率测试。

$$NPV=5\,000\times(P/F,22\%,2)+10\,000\times(P/F,22\%,3)+33\,000\times(P/F,22\%,4)-24\,000$$

$$=5\,000\times0.672+10\,000\times0.551+33\,000\times0.451-24\,000=-247(万元)$$

最后，用内插法计算内含报酬率的近似值。

$$IRR=22\%-\frac{247-0}{247+1\,166}\times(22\%-20\%)\approx21.65\%$$

从计算结果来看，A 方案的内含报酬率为 24.1%，B 方案的内含报酬率为 21.65%，就内含报酬率指标进行决策应选择 A 方案。

显然，该企业在运用净现值法和内含报酬率法进行决策时常常陷于矛盾之中。两种方法在分析评价互斥投资方案时之所以会产生矛盾，是因为它们对投资方案所收回的现金的再投资率有不同的假设和理解。净现值法将各年的现金净流量，按照投资者要求收益率作为贴现率来计算其形成的增值，这个收益率同时也是投资者对于其所投资项目要求的再投资率。对 A 方案来讲，在计算其净现值时的再投资率为 10%，而在计算其内含报酬率时的再投资率为 24.1%；对 B 方案来说，在计算其净现值时的再投资率为 10%，而在计算其内含报酬率时的再投资率为 21.65%。

在互斥的选择决策中，运用净现值法和内含报酬率法，在大多数情况下得出的结论是相同的，只有在初始投资额不同或现金流量的时间分布不同的情况下，有时候会产生差异。

在实际工作中，应用净现值法的企业明显少于应用内含报酬率法的企业。因为采用内含报酬率法进行投资项目评估，不需要确定折现率，只需要根据内含报酬率就可以确定投资方案的先后顺序，从而减轻了实际应用的难度。而且，内含报酬率作为相对数指标，能够直观地反映方案本身的获利水平，且不受其他因素的影响，有利于不同投资方案之间的直接比较。

内含报酬率法使用得较多还与投资报酬率指标广泛应用于企业经营者业绩考评有关。为了提高业绩考评结果，经营者总是倾向于选择有利于提高企业经营业绩的投资方案。内含报酬率是项目本身的投资报酬率，能直观地反映投资项目的实施对企业经营业绩的影响。

内含报酬率法能够把投资项目寿命期内的收益与其投资总额联系起来，指出这个投资项目的收益率，便于将它与行业基准投资收益相对比，确定这个项目是否值得去建设。企业采用借款筹措资金，在借款条件(主要是指利率)不是很明确时，内含报酬率法可以避开借款条件，先求内含报酬率，并可以把它作为可以接受借款利率的最高限额。但是内含报酬率表现的是比率，不是绝对值，一个内含报酬率较低的方案，可能由于它规模较大而有较大的净现值,因而更值得去投资。所以投资者在对各个方案进行选择比较时,必须将其内含报酬率与净现值结合起来进行考虑。企业可以根据自己的实际情况做出决策,如比较看重回报额,则应以净现值为准,如比较看重回报率,则应该以内含报酬率为准。

(六) 差额投资内含报酬率法

所谓差额投资内含报酬率法,是指在计算出两个原始投资额不相等的长期投资项目的差量现金净流量的基础上,计算出差额内含报酬率,并据以判断这两个投资项目孰优孰劣的方法。在此法下,当差额内含报酬率指标大于或等于基准收益率或设定贴现率时,原始投资额大的项目较优;反之,则投资少的项目为优。差额内含报酬率与内含报酬率的计算过程一样,只是所依据的是差量现金净流量。该方法还经常被用于更新改造项目的投资决策中:当该项目的差额内含报酬率指标大于或等于基准收益率或设定贴现率时,应当进行更新改造;反之,就不应当进行更新改造。

【实务 6 - 22】 某企业有两个可供选择的长期投资项目,它们的差量净现金流量如表 6 - 13 所示。假设行业基准贴现率为 10%。

表 6 - 13 投资项目差量净现金流量表 单位:万元

项 目	0	1	2	3	4	5
甲项目的现金净流量	—200	128.23	128.23	128.23	128.23	128.23
乙项目的现金净流量	—100	101.53	101.53	101.53	101.53	101.53
ΔNCF	—100	26.70	26.70	26.70	26.70	26.70

要求:就以下两种不相关情况选择投资项目:

(1) 该企业的行业基准贴现率 i 为 8%;

(2) 该企业的行业基准贴现率 i 为 12%。

解析:根据所给资料可知,差量现金净流量(甲项目的现金净流量—乙项目的现金净流量)计算如下:

$\Delta NCF_0 = -100$ 万元 $\quad \Delta NCF_{1 \sim 5} = 26.70$ 万元

首先,计算该方案的差额投资报酬率。

计算年金现值系数 $= \dfrac{100}{26.7} = 3.7453$

查"年金现值系数表"可知,相邻贴现率的分别为

$(P/A, 10\%, 5) = 3.7908$

$(P/A, 12\%, 5) = 3.6048$

用内插法计算近似的内含报酬率近似值为

$$\Delta IRR = 10\% + \frac{3.7453 - 3.7908}{3.6048 - 3.7908} \times (12\% - 10\%) = 10.49\%$$

经过计算可知,甲、乙两个方案的差量内含报酬率为 10.49%。

在第(1)种情况下,由于差量内含报酬率大于 8%,所以应该选择甲项目。

在第(2)种情况下,由于差量内含报酬率小于 12%,所以应该选择乙项目。

(七) 年等额净回收额法

年等额净回收额法是指根据所有投资项目的年等额净回收额指标的大小来选择最优项目的一种投资决策方法。某一方案年等额净回收额等于该方案净现值与相关的资本回收系数的乘积。若某方案净现值为 NPV,设定折现率或基准收益率为 i,项目计算期为 n,则年等额净回收额可按下式计算:

$$A = NPV \times (A/P, i, n) \qquad (6-35)$$

或

$$A = \frac{NPV}{(P/A, i, n)} \qquad (6-36)$$

式中,A 为该项目的年等额净回收额;$(A/P, i, n)$ 为 n 年、折现率为 i 的资本回收系数;$(P/A, i, n)$ 为 n 年、折现率为 i 的与年金现值系数。资本回收系数与年金现值系数互为倒数,即满足

$$(A/P, i, n) \times (P/A, i, n) = 1 \qquad (6-37)$$

采用年等额净回收额的方法是在所有投资项目中,以年等额净回收额最大的项目为优。

【实务 6-23】 某企业拟投资新建一条生产线。现有三个方案可供选择:甲方案的原始投资为 200 万元,项目计算期为 5 年,净现值为 120 万元;乙方案的原始投资为 150 万元,项目计算期为 6 年,净现值为 110 万元;丙方案的原始投资为 300 万元,项目计算期为 8 年,净现值为 -1.25 万元。行业基准折现率为 10%。

解析:按年等额净回收额法进行决策分析。

因为甲方案和乙方案的净现值均大于 0,所以这两个方案具有财务可行性。

因为丙方案的净现值小于 0,所以该方案不具有财务可行性,只需对甲、乙两个方案进行评价即可。

$$\text{甲方案的年等额净回收额} = \frac{\text{甲方案的净现值}}{(P/A, 10\%, 5)} = \frac{120}{3.791} \approx 31.65(\text{万元})$$

$$\text{乙方案的年等额净回收额} = \frac{\text{乙方案的净现值}}{(P/A, 10\%, 6)} = \frac{110}{4.355} \approx 25.26(\text{万元})$$

因为 31.65 > 25.26,所以甲方案优于乙方案。

【技能实训】

1. 小王准备明年年初贷款 200 000 元购买住房,贷款时间为 20 年,若贷款利率为 6%,假设还款时间为每年的年末。

问题:小王分别采用等额年金法和等额本金法偿还贷款时,其后年年底分别应还款多少?

2. 康健药业公司准备投资一个新项目,该项目建设期为 1 年,投产期为 8 年。在建设期的期初和期末分别需要投资 800 万元和 200 万元。建成投产后,该项目第一年至第三年每年可以为公司增加 200 万元的现金净流量,第四年至第八年每年可以为公司增加 150 万元的现金净流量,期满后有净残值 100 万元。

问题:若企业要求的投资报酬率为12%,则判断该项目是否可行。

3. 长城公司有甲、乙两个投资方案可供选择,其中,甲方案需投资 36 000 元,项目有效期 6 年,采用直线法计提折旧,期末无残值,6 年中每年的销售收入均为 15 000 元,每年的付现成本为 4 000 元;乙方案需投资 42 000 元,采用直线法计提折旧,使用寿命 6 年,6 年后有残值收入 5 000 元,6 年中每年的销售收入为 17 000 元,付现成本第一年为 5 000 元,以后逐年增加 400 元,另需要垫支流动资金 4 000 元。假设所得税税率为 30%,公司要求的投资报酬率为 10%。

要求:分别计算两个方案的静态投资回收期、净现值和内含报酬率,并做出投资选择。

项目七   标准成本控制制度

【知识目标】

1. 了解成本控制的基本原则和内容；
2. 理解标准成本的概念及作用；
3. 了解可能导致产生各种成本差异的常见原因；
4. 熟练掌握各种标准成本制订、成本差异的计算原理。

【能力目标】

1. 能熟练掌握各种成本差异账户的计算；
2. 能够根据成本差异计算结果进行原因分析。

【导入案例】

山德士公司成本控制法

山德士，诺华集团成员，全球第二大非专利药公司。2009年，山德士公司全球销售额75亿美元。全球拥有23 000多名员工。生产国际品质、亲民价格的产品，山德士药品如今已远销覆盖世界90％人口的各个地区。

山德士公司是如何保持自己的竞争优势的呢？除了要对直接成本进行细致的分析，山德士公司还必须处理制造费用差异存在的财务上的挑战。对于边际利润微薄的一家制药企业，了解山德士公司如何使用差异分析和标准成本法管理间接成本很重要。

每年，山德士公司都会根据详细的生产计划，预计间接费用支出及其他因素（包括通货膨胀、效率计划、预计资本支出及折旧），编制间接成本预算。之后山德士公司通过作业成本法将间接成本分配到不同的作业中心（比如，混合、配制、制药片、检验包装等）。最后，每个作业中心根据每件产品需要的作业成本水平将制造费用分配到产品中，将得出的标准产品成本用来进行产品利润分析，并作为产品定价的基础。山德士公司通常分析的两个关键点是制造费用吸收分析和生产制造费用差异分析。

每月，山德士公司采用吸收分析法将库存实际产量的实际成本和标准成本进行比较。月度分析评价两个关键趋势。

（1）所有的成本和预算是否一致？如果不是，查明原因并报告责任管理者。

（2）产量和产品组合是否和计划一致？如果不是，山德士公司要检查调整机器生产能力，从而确定它们是否按预算进行生产，生产力水平是否有效地满足顾客的需要。

从作业中心层次对制造费用差异进行分析，这些差异有助于确定设备运作不灵需要修理或更换，也有助于辨别无效的生产流程，而制造费用差异也对标准自身进行检查和改进。标准是进行工厂生产力计划的一个关键因素。

如工厂主计长所说："山德士公司标准成本法中的成本不仅仅供给管理会计师和生产工程师了解，还要提供给市场和生产部的决策者。山德士公司的管理会计师对此深刻理解并进行干预，进行更好的定价和产品组合决策，减少浪费和改进生产流程，选择更有效的的生产力，这些都有助于提高公司整体利润。"山德士关注间接成本的差异将是保持利润增长和成长的关键。

（资料来源：http://www.sino-ma.org）

任务一　成本控制的原则与内容

一、成本控制的概念与原则

（一）成本控制的概念

控制是指对一个组织的活动进行的指导、约束、监督和调节，使之按照既定的目标发展。成本控制是指对企业成本费用及其耗用状态所进行的控制，即按照一定的程序和方式确保企业产品成本及各项费用按照标准成本制度或预算控制范围进行开支和使用，从而完成企业的成本控制目标。

（二）成本控制的基本程序

成本控制的基本程序如下。

1. 成本标准的制订

成本标准是对企业产品成本及费用的各项构成项目开支数量的界限，这个数量界限的制订是实施成本控制的前提。成本控制标准包括根据销售目标和企业战略发展所制订的总成本计划标准和费用开支总预算。与企业各产品的单位成本标准及各费用项目的预算开支标准相配套的是各种技术经济指标及其定额。

2. 成本控制的实施

成本控制的实施就是依据制订好的成本控制标准对成本的形成过程进行全过程和全方位的监督管理，及时通过实际成本信息反馈揭示成本差异，从而采取相应措施，实现对成本的控制。

3. 成本差异的分析

通过实际成本和标准成本的比较，计算成本差异数额；分析成本差异产生的原因并明确责任归属，对产生成本差异的部门进行相应的考核和奖惩。针对内外部环境，修正相应的成本标准，从而为下一个周期的生产提供准确的成本信息和目标。

（三）成本控制的原则

1. 全过程的成本控制

现代企业的成本控制是全过程的成本控制。这个过程从产品的研发阶段就要开始考虑和控制，涉及整个产品寿命周期的全过程。它包括设计成本、研制成本、工艺成本、制造成本、销售成本、管理成本及售后使用过程中的维护保养成本等各个方面。这一阶段的成本控制与实施与投资风险、生产管理、技术创新及市场营销等内容密切相关。只有具备全过程的成本控制意识和措施，才能真正地降低企业经营风险，提高效益，从而节约社会资源。

2. 全方位的成本控制

成本控制绝对不是成本开支越小越好，成本控制应该和产品定位相统一，是相对成本的控制。全方位的成本控制是在保证产品质量和客户的要求上，做到减少多余开支，既能使产品满足消费者的需要，又能做到成本最低；既考虑到生产过程的成本节约，又考虑到使用过程中成本开支；既要考虑到终端消费者，也要考虑到供应链过程中的成本耗费，使得成本控制为相关者利益服务，最终为企业品牌服务，为企业目标服务。

3. 全员的成本控制

成本是影响企业利润的一个重要因素，也是一项综合性很高的经济指标，它体现企业的所有部门和所有人员的工作效益。企业要达到成本控制目标，必须充分调动每个部门和每个职工的积极性及参与意识，做到人与事严格按照定额、标准或预算进行相关工作，当全员都有了成本意识时，成本控制的实施就容易和方便了。

4. 产品成本和责任成本的双重控制

在管理会计理论与实践中，既考虑产品成本，也强调责任成本，产品成本是责任成本的落实，责任成本是产品成本的保障。因此，在进行成本控制的过程中，不仅要了解差异产生的结果和原因，更应该追溯到成本差异的责任单位和个人，这样才能做到有针对性的考核和奖惩，为厉行节约，实现目标成本提供保证。

5. 注重例外控制

例外管理是西方企业家在企业管理上要求人们把注意力放到不正常的、关键性的问题上的一种方法，这个原则在成本指标的日常控制方面应用得较多。在实际工作中，企业成本差异普遍存在，注重例外控制要求我们应该突出重点，对那些不正常的关键性差异一定要追溯源头，查明发生的原因并及时反馈，迅速采取措施。在实施例外控制中，要把握"例外"标准。首先是重要性，这里是指差异金额的大小，可以用相对量指标，也可以用绝对量指标。这个标准企业自己掌握制订，一旦金额超出这个标准，即符合例外管理标准。其次是持续性，若某项差异虽然金额没有超出标准，但持续时间较长，也应视为"例外"，进行例外控制。再次是可控性，无论是上述两项标准的哪一项出现，但是不能由企业掌控这类成本的发生，都不能视为"例外"（例如，各类公用事业费用的开支等）不需要进行例外控制。

二、成本控制的内容

（一）产品投产前的成本控制

这部分成本控制的内容主要包括产品设计成本、加工工艺成本、物资采购成本、生产组织方式和各类成本定额标准的控制。这一部分内容对最终产品成本的影响最大,这项工作属于事前成本控制内容。虽然事实成本还没有发生,但是这项成本控制工作质量决定了成本将会怎样发生,也决定了产品成本水平。

(二) 产品制造过程中的成本控制

制造过程是产品实际成本形成的主要阶段,绝大部分的成本支出是在这一阶段发生的。它包括原材料、人工费、能源动力开支、各种辅料的消耗、工序间的物流费用及车间发生的各项间接费用等。之前制订的各种成本标准与定额、各类预算开支及总成本目标是否能顺利实现,关键是要看这个阶段成本控制的内容是否能完成。

1. 材料成本的控制

以制造业为例,一般产品成本中材料成本占 60% 以上,有的高达 90%。材料成本是制造成本中最为主要的成本控制项目,影响原材料成本的主要因素有采购价格和用量、库存费用、材料回收利用等方面进行控制。

2. 人工成本的控制

人工费在产品成本中占有一定的比重,从社会发展趋势来看,增加工资是不可逆转的。因此,在人工成本的控制上要做到工资的增长和企业效益同步,同时提高劳动生产效率,在工资总量不变的情况下,通过劳动生产率的提高来提高工资标准。

3. 制造费用的控制

制造费用的控制应根据其组成项目特点,分别采用不同方法进行。车间管理服务人员的工资标准和总量一般根据定员人数和标准工资可以确定。企业固定资产的折旧和大修理费用一般也是固定开支,这些项目可以不纳入日常的成本控制内容中。对于动力燃料等变动性费用,可结合材料成本的控制纳入日常控制工作中。

(三) 产品流通过程中的成本控制

这部分内容主要包括产品包装、出厂运输、广告开支等方面的费用。目前,我国绝大多数企业和产品不具备垄断性,也没有定价权,所以这方面的费用支出随着竞争的加剧越来越大。企业在进行这方面成本控制的时候,一定要和企业的战略发展方向、产品定位及寿命周期结合考虑,不能盲目降价促销,否则企业利润可能被蚕食。

(四) 期间费用的控制

企业的管理费用一般根据年度预算进行安排,许多项目有固定标准,主要是针对一些具有变动性质的差旅费和运输费等进行控制。销售费用开支的多少要结合产品品种、类型和企业发展阶段。企业初创期的销售费用开支较大,市场开发后有一个相对稳定的阶段,因此这项费用的控制主要是结合销售状况进行调整,注重相对成本的节约。财务费用的开支一般和企业的融资需求有密切联系,在进行控制时一方面要尽量使用融资成本较低的方案,减少利息支出;另一方面也不能浪费资金资源,利息收入较多时应积极理财,从而提高资金使用效率。

任务二 标准成本系统的设计

标准成本系统产生于 20 世纪初的美国,是泰罗制和会计结合的成果。到 20 世纪中叶逐步发展为包括标准成本的制订、成本差异分析和处理得较为完整的成本控制系统。它不是单一的成本计算方法。标准成本系统是将企业日常的成本核算与成本控制和管理结合起来,在完成核算的同时也揭示了差异,为成本控制工作指明方向,是现代企业强化内部生产管理的重要工具。

一、标准成本的概念及作用

(一) 标准成本的概念

标准成本是按成本项目反映的,在可以达到生产技术水平和有效经营管理的条件下,应当发生的目标成本。标准成本是通过调查、分析、技术测定等一系列科学方法制订的,具有客观性的"应计成本"。标准成本是标准成本控制的目标和衡量实际成本的尺度,所以具有目标性和尺度性。

标准成本与预算成本既有密切的联系又有区别。标准成本指的是单位成本,而预算成本指的是总成本,所以标准成本也可理解为"单位产品的预算成本"。

(二) 标准成本的作用

标准成本的作用主要有以下几个方面。

1. 有利于成本控制

在标准成本制度下,预先制订企业在一定时期内应达到的成本标准,及时反映和分析成本差异及其原因,使成本计算和成本控制有机地结合起来。由于成本差异是按原因项目反映,并按责任单位归集的,它不仅能说明成本升降的原因,而且能说明成本升降是由哪些责任单位工作的好坏所致。这就为正确评价各个责任单位的工作业绩提供了可行的证据,既加强了经济责任制,又有利于成本控制。

2. 有利于简化成本核算

在标准成本制度下,标准成本和成本差异分别列示,原材料、在产品、产成品和销售成本都以标准成本入账。在成本差异较小的情况下,可以将差异作为期间费用处理,这样大大减少了日常成本计算和核算的工作量。

3. 有利于企业决策

标准成本是一种预定的成本目标,它剔除了各种不合理因素,因此在确定产品的销售价格和不同投资方案进行成本比较时就具有重要的参考价值,是长期投资决策、短期投资决策,特别是价格决策的重要依据。

4. 有利于实行例外管理

将标准成本与实际成本相比而产生的差异,是例外管理赖以进行的必要信息。

5. 有利于激励工作热情

标准成本是企业员工在成本方面的奋斗目标,将其完成情况与企业员工个人的物质利益联系起来,就能加强员工的成本观念,激发他们尽职完成工作的热情。

二、标准成本的类型

(一) 理想的标准成本

理想的标准成本是指在理想的工作状态中,企业生产能达到的目标成本开支。这里的理想状态主要包括没有机器设备的故障发生、最为熟练的工人操作、相关材料和辅料完全达到质量标准、生产能力充分发挥等。理想的标准成本一般难以达到,是企业追求的目标。

(二) 现实的标准成本

现实的标准成本是指在目前正常的生产条件下,通过合理安排和组织,能够达到的目标成本。这一成本标准在制订时都考虑正常状态但稍有提高,目的是必须通过一定的努力才能达到。现实标准成本若太低,对生产者和管理者缺乏激励作用;若太高,无法企及,也会使得管理者和生产者绝望放弃。

三、标准成本的制订

标准成本不是简单的历史成本的平均数,而是衡量的尺度。因此,在制订标准成本时,首先,应研究企业过去的成本资料或同行业的成本水平,充分考虑现实环境的变化和生产技术方法的更新。例如,通胀所引起的原材料价格上涨,个人所得税标准的变化,企业为员工缴纳的社会保障费用等等。其次,应当组织技术人员、生产人员、销售人员、管理人员、财务人员等各部门的人员共同调查研究,认真分析生产经营的具体条件和市场外部环境,精心选定工艺,选择材料,做好经济技术分析,按产品、按零部件、按工序制订正常经营条件下的数量和价格。对于每一种常年生产的产品或常年提供的劳务,均应当设置标准成本卡,详细记录直接材料、直接人工、变动性制造费用、固定性制造费用等内容。

(一) 直接材料标准成本的制订

直接材料标准成本的制订要考虑材料的质量、数量和价格。直接材料的质量状况通常都会影响到生产过程中对材料数量的消耗和加工时间。故在制订材料的标准成本时,一定是在所要求的质量标准基础上的数量消耗和采购价格。

1. 直接材料用量标准的制订

直接材料用量标准是指单位产品耗用原材料及辅助材料的多少,也称为材料消耗定额。直接材料用量标准应根据企业产品的设计、生产和工艺的现状,结合企业的经营管理水平和成本降低任务的要求,考虑材料在使用过程中发生的必要损耗,如加工废料、不可避免废品损失等,以及产品的零部件来制订各种原材料及辅助材料的标准耗用量。

2. 直接材料价格标准的制订

直接材料价格标准通常采用企业编制的计划价格。计划价格通常以订货合同价格为基础,并考虑各种采购费用、库存情况和将来可能的各种变动,按材料种类分别确定。在竞争较为激烈的条件下,企业一般要保持与供应商较为稳定的关系,从而保持采购价格的稳定,若市场出现较大幅度的价格涨跌,材料标准成本中的价格标准也需要及时修改。

3. 直接材料标准成本的制订

制订了材料价格标准和用量标准后,可利用下述公式计算单位产品直接材料标准成本:

$$单位产品直接材料标准成本 = \sum (直接材料用量标准 \times 直接材料价格标准) \quad (7-1)$$

【实务 7-1】　若某产品耗用 A、B、C 三种材料,其用量标准与价格标准,其直接材料标准成本计算表,如表 7-1 所示。

表 7-1 单位某产品直接材料标准成本计算表 单位:元

项 目	A材料	B材料	C材料	合 计
材料标准用量(千克)	11	4.8	8.6	
材料标准价格	7	43	5	
单位产品直接材料标准成本	77	206.4	43	326.4

(二)直接人工标准成本的制订

直接人工标准成本包括直接人工标准工时和直接人工标准工资率两个因素。

1. 直接人工标准工时的制订

标准工时即人工的数量标准,也称工时消耗定额。这种标准的制订应借鉴泰勒的科学管理思想,在现有的生产技术水平、工艺方法和技术水平的基础上,按照产品加工经过的工序、动作标准,同时考虑人工疲劳、机器故障等引起的必要停歇时间、停工时间和无效时间,确定所需耗用的生产工时数。

2. 直接人工标准工资率的制订

标准工资率即人工的价格标准。它受劳动力的平均经验、操作情况、人工结构比例等因素的影响,采用不同的薪金制度同样影响标准工资率的制订。在计件工形式下,标准工资率就是计件工资单价;在计时工资形式下,标准工资率是指每一标准工时应分配的直接人工工资。其计算公式为

$$直接人工标准工资率 = \frac{计划生产工人工资总额}{标准工时总额} \qquad (7-2)$$

3. 直接人工标准成本的制订

$$单位产品直接人工标准成本 = \sum(直接人工标准工资率 \times 该产品某项作业标准工时)$$
$$(7-3)$$

【实务 7-2】 若某产品耗用甲、乙、丙三个车间的直接人工标准工时与标准工资率如表 7-2 所示,其直接人工标准成本计算表如表 7-2 所示。

表 7-2 单位某产品直接人工标准成本计算表

项 目	甲车间	乙车间	丙车间	合 计
直接人工标准工时(小时)	3	2.5	1.7	
直接人工标准工资率(元/小时)	8.6	9	7.5	
单位产品直接人工标准成本(元)	25.8	22.5	12.75	61.05

(三)制造费用标准成本的制订

制造费用标准成本包括制造费用数量标准和制造费用价格标准。

1. 制造费用数量标准的制订

制造费用数量标准是指在现有条件下生产单位产品所需的时间,即直接人工小时或机器工作小时。

2. 制造费用价格标准的制订

制造费用价格标准是指制造费用分配率标准,即每个标准工时应负担的制造费用。制

造费用价格标准由生产量标准和制造费用预算额来决定。生产量标准是指充分利用企业现有生产能力所能达到的最高产量,这个产量称为标准产量,一般用直接人工小时数表示。制造费用预算是指企业现有生产能力充分利用情况下的费用预算,分为固定性制造费用预算和变动性制造费用预算。制造费用分配率标准的计算公式为

$$固定制造费用标准分配率＝\frac{固定性制造费用预算总额}{标准产量工时总额} \tag{7-4}$$

$$变动制造费用标准分配率＝\frac{变动性制造费用预算总额}{标准产量工时总额} \tag{7-5}$$

3. 制造费用标准成本的制订

制订出制造费用数量标准和价格标准后,就可以制订出单位产品制造费用标准成本了。单位产品制造费用标准成本的计算公式如下:

$$单位产品固定制造费用标准成本＝单位产品标准工时×固定制造费用标准分配率 \tag{7-6}$$

$$单位产品变动制造费用标准成本＝单位产品标准工时×变动制造费用标准分配率 \tag{7-7}$$

【实务7-3】　有关资料如表7-3所示,制造费用标准成本如表7-3所示。

表7-3　单位某产品制造费用标准成本计算表　单位:元

项　目	变动费用	固定费用	合　计
制造费用预算	86 400	698 700	785 100
标准加工总工时(小时)	50 000	50 000	50 000
标准分配率(元/小时)	1.728	13.974	15.702
单位产品标准加工工时(小时)	10	10	10
单位产品制造费用标准成本	17.28	139.74	157.02

4. 单位产品标准成本的制订

单位产品标准成本是产品所耗的料、工、费之和,即将单位产品直接材料标准成本、直接人工标准成本、变动制造费用标准成本和固定制造费用标准成本相加即可。

【实务7-4】　以前面【实务7-1】~【实务7-3】中的数据为基础,单位产品标准成本的制订过程如表7-4所示。

表7-4　单位某产品标准成本计算表　单位:元

项　目	合　计
直接材料标准成本	326.4
直接人工标准成本	61.05
变动制造费用标准成本	17.28
固定制造费用标准成本	139.74
单位产品标准成本	544.47

任务三　标准成本系统的差异化分析

一、成本差异的通用计算公式

在标准成本制度下,成本差异是指在一定时期生产一定数量的产品所发生的实际成本与标准成本之间的差额。其通用的计算模式如下:

$$价格差异＝实际数量×实际价格－实际数量×标准价格 \qquad (7-8)$$
$$数量差异＝实际数量×标准价格－标准数量×标准价格 \qquad (7-9)$$

如果实际成本超过标准成本,所形成的差异称为不利差异(用字母 U 表示);如果实际成本小于标准成本,所形成的差异称为有利差异(用字母 F 表示)。

我们一般将不利差异放在相关账户的借方反映,将有利差异放在相关账户的贷方反映。

对于管理部门来说,成本差异是一项非常重要的管理信息和成本控制依据。它反映了有关责任单位的工作质量和效果,可以发现问题、纠正缺点、巩固成绩、改进工作。它既是日常成本控制的主要依据,又是评价与考核成本责任单位的重要参考数据。但应注意的是,成本差异不是绝对的,成本差异分析应与企业的具体情况相结合。应区别对待客观存在的差异和主观造成的差异,以判断成本差异的合理性。例如,由于通货膨胀引发的物价上涨而导致的材料和人工成本差异,就属于客观存在的不可控差异,企业管理当局不必考虑。只有属于管理者可控范围内的成本差异,才是管理者应当关注的重点。

二、直接材料成本差异的计算与分析

(一) 直接材料成本差异的计算

直接材料成本差异是指一定产量的直接材料实际成本和直接材料标准成本之间的差异,包括材料价格差异和材料用量差异。其中:

$$材料实际成本＝实际用量×实际价格 \qquad (7-10)$$
$$材料标准成本＝标准用量×标准价格 \qquad (7-11)$$
$$材料实际用量＝单位产品实际耗用量×实际产量 \qquad (7-12)$$
$$材料标准用量＝单位产品耗用量标准×实际产量 \qquad (7-13)$$
$$直接材料价格差异＝实际用量×实际价格－实际用量×标准价格$$
$$＝实际用量×(实际价格－标准价格) \qquad (7-14)$$
$$直接材料用量差异＝实际用量×标准价格－标准用量×标准价格$$
$$＝(实际用量－标准用量)×标准价格 \qquad (7-15)$$
$$直接材料成本差异＝实际用量×实际价格－标准用量×标准价格$$
$$＝材料实际成本－材料标准成本$$
$$＝材料价格差异＋材料用量差异 \qquad (7-16)$$

【实务 7-5】 远方公司生产甲产品耗用一种原材料 A,2006 年 3 月份有关资料如表7-5 所示。

表7-5　远方公司生产甲产品耗用直接材料有关资料　　　　　　　　单位:元

项　　目	数　　量
计划产量(台)	1 000
实际产量(台)	1 250
单位产品材料用量标准(千克/台)	50
实际材料耗用量(千克)	61 970
材料计划价格	3
材料实际价格	3.1

解析:根据表7-5的资料,计算材料成本差异。

直接材料价格差异＝61 970×(3.1－3)＝6 197(元)　(不利差异)

直接材料用量差异＝(61 970－50×1 250)×3＝－1 590(元)(有利差异)

直接材料成本差异＝6 197－1 590＝4 607(元)(不利差异)

(二)直接材料成本差异的分析

计算材料成本差异后,应进一步分析成本差异形成的具体原因,合理划分部门和个人的责任,为有效控制成本提供准确的参考信息。

形成材料用量差异的原因有,使用不同规格的材料或代用品,耗用材料的产出差异,材料质量低下,原材料浪费,发放原材料的数量或品种错误,机器效率低下,因工具磨损而延误生产,工人操作熟练程度不够等。

形成材料价格差异的原因有市场行情发生变化,购货合同条件发生变化,采购成本发生变化,原材料设计组合发生变化,采购费用发生变化等等。

(三)日常归集直接材料成本差异的账务处理

日常计算出来的材料成本差异除了可据以编制材料成本差异分析报告外,还应归集、登记成本差异明细分类账或登记表,使差异能在账务系统中得以登记,以便期末汇总每类差异的合计数,并统一进行处理。

材料成本差异账户的设置如下:

采用标准成本法时,"生产成本"账户核算产品的标准成本,并设置"材料价格差异"和"材料用量差异"两个账户分别核算材料成本差异。

月末,计算分析材料成本差异后,将标准成本部分结转到"生产成本"账户,将差异部分按形成原因分别结转到相应账户。

【实务7-6】 以【实务7-5】的资料为基础,编制月末计算分析材料成本差异后的分录。

解析:生产成本＝1 250×50×3＝187 500(元)

借:生产成本　　　　　　　　　　　　　　　　　187 500

　　材料价格差异　　　　　　　　　　　　　　　　6 197

　　贷:原材料　　　　　　　　　　　　　　　　　192 107

　　　　材料用量差异　　　　　　　　　　　　　　　1 590

三、直接人工成本差异的计算与分析

(一) 直接人工成本差异的计算

直接人工成本差异是指一定产量的直接人工实际成本与直接人工标准成本之间的差额。它可以分解为价格(工资率)差异和用量(效率)差异两个方面。其计算公式为

$$直接人工成本差异 = 人工实际成本 - 人工标准成本$$
$$= 实际工时 \times 实际工资率 - 标准工时 \times 标准工资率$$
$$= 人工效率差异 + 人工工资率差异 \tag{7-17}$$

其中,

$$人工实际成本 = 实际工时 \times 实际工资率 \tag{7-18}$$
$$人工标准成本 = 标准工时 \times 标准工资率 \tag{7-19}$$
$$人工效率差异 = 实际工时 \times 标准工资率 - 标准工时 \times 标准工资率$$
$$= 标准工资率 \times (实际工时 - 标准工时) \tag{7-20}$$
$$人工工资率差异 = 实际工时 \times 实际工资率 - 实际工时 \times 标准工资率$$
$$= 实际工时 \times (实际工资率 - 标准工资率) \tag{7-21}$$

【实务7-7】 沿用【实务7-5】的资料,以远方公司本月的直接人工成本有关资料(见表7-6),演示直接人工标准成本差异的计算。

表7-6 远方公司本月生产甲产品的直接人工成本资料

项 目	数 量
单位产品定额工时(小时/台)	4
实际耗用工时(小时)	5 080
标准工资率(元/小时)	9
实际工资率(元/小时)	9.2

解析:人工效率差异 $= 9 \times (5\ 080 - 1\ 250 \times 4) = 720$(元)(不利差异)

人工工资率差异 $= 5\ 080 \times (9.2 - 9) = 1\ 016$(元)(不利差异)

直接人工成本差异 $= 720 + 1\ 016 = 1\ 736$(元)(不利差异)

(二) 直接人工成本差异的分析

直接人工效率差异的方向和大小,取决于有关人工完成一定的生产任务所消耗的工时与其预定工时之间发生差异的性质和程度。直接人工工资率差异的方向和大小,取决于有关人工的实际工资率同其标准工资率之间发生差异的性质和程度。

影响直接人工成本差的因素主要有:人工工资制度和工资等级及其变化,产品工艺过程、加工方法和工种结构的改变,劳动生产效率的变化等。相应地,直接涉及直接人工成本差异的有关的责任单位或部门包括人力资源部门、设备管理部门及其他有关部门。

(三) 日常归集直接人工成本差异的账务处理

材料成本差异账户的设置如下:

采用标准成本法时,"生产成本"账户核算产品的标准成本,并设置"人工效率差异"和

"人工工资率差异"两个账户分别核算人工成本差异。

月末,计算分析材料成本差异后,将标准成本部分结转到"生产成本"账户,将差异部分按形成原因分别结转到相应账户。

【实务 7-8】 根据【实务 7-6】的资料,编制月末计算分析直接人工成本差异后的分录。

解析:生产成本=1 250×4×9=45 000(元)

借:生产成本   45 000
　　人工效率差异   720
　　人工工资率差异   1 016
　　贷:应付工资   46 736

四、制造费用差异的计算与分析

(一) 变动性制造费用差异的计算与分析

1. 变动性制造费用差异的计算

变动性制造费用差异是指一定产量产品的实际变动性制造费用与标准变动性制造费用之间的差额。该差额也可分为两部分,即变动性制造费用分配率差异(又称为开支差异)和变动性制造费用效率差异(又称为工时数量差异)。其计算公式为

$$变动性制造费用差异=实际变动性制造费用-标准变动性制造费用$$
$$=变动性制造费用分配率差异+变动性制造费用效率差异$$

$$(7-22)$$

其中,

$$实际变动性制造费用=实际分配率×实际工时 \qquad (7-23)$$

$$标准变动性制造费用=标准分配率×标准工时 \qquad (7-24)$$

$$实际分配率=\frac{实际变动性制造费用}{实际工时} \qquad (7-25)$$

$$变动性制造费用分配率差异=(实际分配率-标准分配率)×实际工时 \qquad (7-26)$$

$$变动性制造费用效率差异=标准分配率×(实际工时-标准工时) \qquad (7-27)$$

【实务 7-9】 沿用【实务 7-6】的资料,远方公司本月变动性制造费用的有关资料如表 7-7 所示。

表 7-7 远方公司本月生产甲产品的变动制造费用资料

项　目	数　量
变动性制造费用标准分配率(元/小时)	2.4
实际支付变动性制造费用(元)	12 000
实际耗用工时(小时)	5 080

解析:计算变动性制造费用差异。

$$变动性制造费用分配率差异=\left(\frac{12\,000}{5\,080}-2.4\right)×5\,080=-192(元)(有利差异)$$

变动性制造费用效率差异=2.4×(5 080-4×1 250)=192(元)(不利差异)
变动性制造费用差异=192-192=0(元)

2. 变动性制造费用差异的分析

变动性制造费用是由许多明细项目组成的,且与一定的生产水平相联系,仅仅分析制造费用差异总额难以满足日常控制与考核的需要。因此,在差异计算的基础上,应结合具体的费用明细项目和各项费用的弹性预算进行分析,以查清节约差异和超支差异的具体原因,明确责任,并采取必要的控制措施。

3. 日常归集变动性制造费用成本差异的账务处理

变动性制造费用成本差异账户的设置如下:

采用标准成本法时,"生产成本"账户核算产品的标准成本,并设置"变动性制造费用分配率差异"和"变动性制造费用效率差异"两个账户分别核算变动性制造费用成本差异。

月末,计算分析变动性制造费用成本差异后,将标准成本部分结转到"生产成本"账户,将差异部分按形成原因分别结转到相应账户。

【实务 7-10】 根据【实务 7-8】的资料,编制月末计算分析直接人工成本差异后的分录。

解析:生产成本=1 250×4×2.4=12 000(元)

借:生产成本   12 000
    变动性制造费用效率差异   192
  贷:变动性制造费用   12 000
      变动性制造费用分配率差异   192

(二) 固定性制造费用差异的计算与分析

1. 固定性制造费用差异的计算

固定性制造费用主要是为了获得生产能力以及维持这种能力的正常运转而发生的费用。它具有在相关范围内其总额固定不变的特性,可以通过编制固定预算,而不是弹性预算来进行成本控制。固定性制造费用成本差异是指实际产量下,固定性制造费用实际发生额与其标准发生额之间的差额。其总差异的分解通常有两种方法,即两差异法和三差异法。

(1)两差异法。这种方法是将总差异分解为预算差异和产能差异两部分。预算差异是指固定性制造费用的实际发生额与预算数之间的差额;产能差异也称为生产能力利用差异,是指在标准生产能力下,标准工时的标准性固定制造费用与实际产量应当消耗的标准工时的固定性制造费用标准之间的差额。其计算公式为

$$预算差异=固定性制造费用的实际发生额-固定性制造费用预算总额 \quad (7\text{-}28)$$

$$\frac{产能}{差异}=\frac{固定性制造费用}{标准分配率}×\left(\frac{预算产能}{标准工时}-\frac{实际产量}{标准工时}\right) \quad (7\text{-}29)$$

【实务 7-11】 沿用【实务 7-8】的资料,远方公司本月固定性制造费用的有关资料如表 7-8 所示。

表7-8　远方公司本月生产甲产品的固定制造费用资料　　　　　单位:元

项　　目	数　　量
预算产能标准总工时(小时)	5 050
实际耗用工时(小时)	5 080
实际产量标准工时(小时)	5 000
固定制造费用预算总额	23 480
固定制造费用实际支付总额	24 812

解析:计算固定性制造费用差异(两差异计算)。

标准分配率＝23 480÷5 050＝4.65(元/小时)

预算差异＝24 812－23 480＝1 332(元)(不利差异)

产能差异＝4.65×(5 050－5 000)＝232.5(元)(不利差异)

(2)三差异法。这种方法是将总差异分解为开支差异(也称预算差异)、能力差异和效率差异三种。其中,预算差异与两差异法下相同,能力差异和效率差异就是利用预算工时、实际工时和标准工时对两差异法下的产能差异进行的进一步分解,产能差异是能力差异和效率差异之和。其计算公式如下:

固定性制造费用能力差异＝固定性制造费用标准分配率×

(预算产能标准工时－实际产量实际工时)　　(7-30)

固定性制造费用效率差异＝固定性制造费用标准分配率×

(实际产量实际工时－实际产量标准工时)　　(7-31)

【实务7-12】　以【实务7-11】的资料为基础,采用三差异法计算如下:

固定性制造费用能力差异＝4.65×(5 050－5 080)＝－139.5(元)(有利差异)

固定性制造费用效率差异＝4.65×(5 080－5 000)＝372(元)(不利差异)

固定性制造费用预算差异＝24 812－23 480＝1 332(元)(不利差异)

2.固定性制造费用差异的分析

(1)预算差异产生的原因分析。资源价格变动,某些固定成本如差旅费、折旧费、职业培训费等随着管理上的变化而发生变化。

(2)产能差异产生原因分析。该差异只反映生产能力利用的程度,可能是由于产量达不到预定规模造成的,不能说明固定费用的超支或节约。

3.日常归集固定性制造费用成本差异的账务处理

固定性制造费用成本差异账户的设置如下:

采用标准成本法时,"生产成本"账户核算产品的标准成本,两差异法下设置"固定性制造费用预算差异"和"固定性制造费用产能差异"两个账户分别核算固定性制造费用成本差异,三差异法下设置"固定性制造费用开支差异""固定性制造费用能力差异"和"固定性制造费用效率差异"三个账户核算制造费用的差异。

月末,计算分析固定性制造费用成本差异后,将标准成本部分结转到"生产成本"账户,将差异部分按形成原因分别结转到相应账户。

【**实务 7-13**】 根据【实务 7-11】的资料,三差异法下,编制月末计算分析固定性制造费用成本差异后的分录。

解析:生产成本 1 250×4×23 480÷5 050＝23 247.5(元)

借:生产成本   23 247.5

  固定性制造费用效率差异   372

  固定性制造费用预算差异   1 332

  贷:固定性制造费用   24 812

   固定性制造费用能力差异   139.5

五、期末成本差异的账务处理

会计期末对发生的各种成本差异的处理方法主要有直接处理法和递延处理法。

(一)期末成本差异的账务处理方法之一——直接处理法

直接处理法是将本期发生的材料成本差异全部转入"主营业务成本"账户,由本期销售的产品负担,计入当期损益,不再分配给期末在产品或库存产成品。期末,资产负债表中的在产品和产成品只反映标准成本。随着产品的销售,应将本期已销产品的标准成本由"库存商品"账户转入"主营业务成本"账户。其账务处理的理由是,本期成本差异应体现本期成本控制的业绩,要在本期利润中予以反映。这种方法的优点是可以避免期末复杂的成本差异分配工作,工作程序简单,也能使当期经营成果与成本控制的业绩挂钩,符合权责发生制的要求;其缺点是当成本标准过于陈旧或实际成本水平波动较大时,过高的成本差异会使当期损益失实。它是实践中广为采用的一种成本差异处理方法。

【**实务 7-14**】 根据【实务 7-6】、【实务 7-8】、【实务 7-10】、【实务 7-13】所给的资料,远方公司生产甲产品的"生产成本"和"产成品"账户均无余额,本期投产的产品 1 250 台已全部完工,并已经全部销售。甲产品的标准成本总额为 267 747.5 元(＝187 500＋45 000＋12 000＋23 247.5),则直接处理法下其账务处理为

解析:(1) 产品完工按标准成本结转。

借:库存商品   267 747.5

  贷:生产成本   267 747.5

(2) 按标准成本结转销售成本。

借:主营业务成本   267 747.5

  贷:库存商品   267 747.5

(3) 结转成本差异,将"主营业务成本"账户调整为实际成本。

借:主营业务成本   7 907.5

  材料用量差异   1 590

  变动性制造费用分配率差异   192

  固定性制造费用能力差异   139.5

  贷:材料价格差异   6 197

   人工效率差异   720

人工工资率差异	1 016
变动性制造费用效率差异	192
固定性制造费用效率差异	372
固定性制造费用预算差异	1 332

（二）期末成本差异的账务处理方法之二——递延处理法

递延处理法是将本期的各种成本差异按标准成本的比例在期末在产品、产成品和本期销货之间进行分配，从而将存货成本和产品销售成本调整为实际成本的一种成本差异处理方法。在这种方法下，资产负债表中的存货项目中的"在产品""产成品"和利润报表中的"主营业务成本"项目反映的都是本期的实际成本。这种方法的理论依据是成本差异与本期的存货与销售成本都相关，不能只由销售成本来负担，应该有一部分差异随着期末的存货递延到下期。这种方法确定的存货项目中的"在产品""产成品"和利润报表中的"主营业务成本"项目比较准确，但差异分配工作烦琐，不便于当期成本的分析与控制，因而在实际工作中应用得较少。

六、标准成本控制系统适应性分析

标准成本控制系统为企业标准化的生产和控制提供了有效的方法和手段，100 多年来，为现代化的机器大工业的发展做出了巨大的贡献。但是，标准成本控制系统的实施是有赖于稳定的生产环境的，这个稳定的生产环境包括稳定的加工任务、稳定的产品品种、稳定的原材料价格和人工成本、稳定的购销渠道等。在目前的社会生产环境中，这个稳定的环境受到了极大的挑战。

（一）实施标准成本控制制度的不利因素

（1）市场竞争的加剧，使得产品在品种和规格上很难一成不变，产品更新换代很快。新技术的使用出现和替代，让生产工艺过程的稳定性周期变短。这些对实施标准成本控制制度增加了难度。

（2）一般性竞争行业，其稳定的外部市场对原材料的供应和人工成本的计量都提供了便利，当人工成本和原材料的供应价格处于较大波动的状态，标准成本的制定就失去了控制标准的作用。

（3）标准成本控制制度的核心是成本最低化的作用，而目前很多企业更多的是考虑产品质量及产品定位，故标准成本控制制度在实施时也遇到了困难。

（二）标准成本控制制度的改进方向

（1）成本和产品质量息息相关，越来越多的企业更加关注产品的质量，故标准成本控制制度在制订时一定要充分考虑质量标准的要求，改变成本最小化的目标，强调质量成本最小化，使得企业成本控制真正为企业产品服务，为利润服务。

（2）标准成本的制订在外部环境发生变化时，应结合企业的预算管理进行调整，充分考虑成本因素的变动幅度，在成本控制时设立相应的区间，这样标准成本控制的指导和考核意义同样存在。

（3）在固定成本投资较大的企业类型中，成本控制应延伸到固定资产投资范畴，加大对制造费用的控制，使标准成本控制制度的应用根据灵活，起到相应的作用。

【技能实训】

1. 远洋技术有限公司生产甲产品需使用原材料,本月生产甲产品 14 000 件,耗用材料 9 070 千克,该原材料的实际价格为 150 元/千克,标准单价为 160 元/千克,单位产品的标准用量为 4 千克/件;每件产品的定额工时为 2.6 小时,标准工资率为 6.2 元/小时,实际耗用工时 32 578 小时,支付人工费用 234 875 元。

要求:计算甲材料的材料成本差异和人工成本差异并做出相应的账务处理。

2. 宏发器材有限公司的成本制度将直接成本分为直接材料、直接人工和制造费用。制造费用(变动及固定)以标准直接人工小时为基础进行分摊。如表 7-9 所示,2×17 年年初,该公司采用下列标准成本制度:

表 7-9 宏发器材有限公司标准成本制度 元

成本项目	投 入	单位产品成本
直接材料	3 千克,5 元/千克	15
直接人工	5 小时,15 元/小时	75
变动制造费用	6 元/小时	30
固定制造费用	8 元/小时	40
单位产品标准制造费用		160

2×17 年各月份制造费用工时为 40 000 小时,1 月份直接材料水平为 48 100 千克,5.20 元/千克,直接人工水平为 40 100 小时,14.60 元/小时,实际变动制造费用总额为 200 000 元,实际固定制造费用总额为 400 000 元,实际产量为 7 800 个单位,预算变动制造费用为 7.5 元/小时,预算固定制造费用为 8.2 元/小时。

要求:

(1) 计算宏发器材有限公司的直接材料差异和直接人工差异;

(2) 采用两差异法和三差异法计算该公司的制造费用差异并做出相应的账务处理。

项目八　全面预算与控制

【知识目标】

1. 了解全面预算的意义和作用；
2. 了解全面预算的特点和分类；
3. 熟悉全面预算的编制程序和方式；
4. 掌握全面预算的编制方法。

【能力目标】

1. 能够运用弹性预算编制方法进行销售预算和生产预算的编制；
2. 能够运用零基预算编制方法进行销售预算和管理费用预算的编制；
3. 能够熟练编制现金预算、预计损益表及预计资产负债表。

【导入案例】

沈阳机床全面预算管理的成功

1995年，沈阳第一机床厂、中捷友谊厂、沈阳第三机床厂进行资产重组而组建了沈阳机床(集团)有限责任公司(以下简称沈阳机床)。自2000年以来，企业经济规模连续7年实现高速增长。销售收入增长11倍，机床产量增长11倍。2006年，沈阳机床决定引入全球领先的甲骨文海波龙预算管理系统。同时为了保障项目的成功，沈阳机床选择了专注于预算管理、对制造业有着深刻理解的诺亚舟咨询公司来为其实施。经过多次的改革和调整，沈阳机床在预算管理方面最终取得了显著的成效。

(1)确定预算目标。沈阳机床的战略目标是向世界机床行业前三强的"国际化、世界级"公司前进，在兼顾的同时快速地向研发和服务转型。要想实现这一战略目标，必须是预算管理的目标与之相对应，并且将战略目标层层分解，最终落实到各个预算管理部门。

(2)预算的编制。沈阳机床的具体做法是：① 按照实现价值最大化的财务目标要求，对资金筹集、资产营运、成本控制、收益分配、重组清算等财务活动，实施全面预算管理；② 将预算控制比率和控制标准纳入预算表格，增强预算编制的逻辑性；③ 建立费用预算与现金收支预算的对应关系，实现费用和资金的双重控制。

(3)预算的执行。沈阳机床执行预算的方式是：① 高层领导对预算管理高度支持；

② 组织机构的坚决执行,财务部在预算组织体系中起到了核心作用,为会计制度建设的推行提供了强大的组织保证;③ 将预算与核算结合,确保费用预算与资金预算执行的有效性;④ 允许根据分析结果及时调整预算,增强预算控制的灵活性。

(4) 预算的考核。沈阳机床在执行全面预算管理的同时,注重对预算执行情况的考评。每个预算期结束时,各部门都会召开会议,针对过去一段时期的工作进行评价。这样做不仅能够看到部门实现企业目标的进程,还可以及时发现存在的问题,以便进行改进。同时,沈阳机床通过引进绩效机制,决定对领导班子实施年薪制,将领导班子的薪酬分为固定数额和变动数额两个部分。其中,变动数额与集团下达给沈阳机床的年度预算目标挂钩,根据年度预算目标的不同实现程度,赋予不同的奖励系数,提高管理者对预算控制的积极性,从而提高了预算管理系统的控制力,确保企业年度预算目标的实现。

沈阳机床在成功推行预算管理的过程中,还存在哪些方面的不足?应该从哪些环节进行改进呢?

(资料来源:王棣华.财务管理案例精析.中国市场出版社,2010.12)

任务一 全面预算管理前的准备工作

随着市场竞争的加剧,企业经营环境日益复杂多变,经营规模不断扩大。企业要在市场竞争中居于有利地位,必须采用各种有效的管理方法和管理手段来对企业的生产经营活动进行规划和控制。任何一个企业,不论规模大小,它所掌握的人力、物力和财力的资源总是有一定限度的。一般地说,企业的全部资源主要是为了能满足生产和销售特定的产品,供应特定的劳务,并达到目标利润所必需的数量,为了能以较少的资源取得尽可能大的经济效益,提高企业的适应能力和应变能力,就必须事先搞好预算工作。预算就是以货币为主要计量单位,将决策的目标具体地、系统地反映出来的一种管理方法。

一、全面预算管理的含义

预算管理是企业对未来一定期间经营思想、经营目标、经营决策的财务数量说明和经济责任约束。而全面预算管理是将企业制订的发展战略目标层层分解,下达到企业内部各个部门,通过一系列的预算、控制、协调、考核,建立一套完整的、科学的数据处理系统。全面预算管理自始至终地将各个部门的经营目标同企业的发展战略目标联系起来,对其分工负责的经营活动全过程进行控制和管理,并对其实现的业绩进行考核与评价。

二、全面预算管理的作用

(一) 提升战略管理能力

企业高层管理者主要的责任之一就是确定企业的发展方向和企业发展目标,并且重要的关键点就是选择何种战略去实现目标,而选择的基础是战略性的预算。战略目标通过全面预算加以固化与量化,预算的执行与企业战略目标的实现成为同一过程;对预算的有效监控,将确保最大限度地实现企业战略目标。

战略预算是一种相对比较"粗"的预算,它传达一种信息,该战略方案"大概"需要多少资源,才可以实现。

年度预算是将战略目标、战略规划进行未来财年(一年或者一个季度)的分解、细化和数字化的过程。它相对准确地告知管理者,未来的某段时间内,某个部门需要现金多少、投资多少、需要多少人力、需要什么样的人才、需要什么设备等等。

全面预算能够细化公司战略规划和年度经营计划,是对公司整体经营活动一系列量化的计划安排,有利于战略规划与年度经营计划的监控执行。通过预算监控可以发现未能预知的机遇和挑战,这些信息通过预算汇报体系反映到决策机构,可以帮助企业动态地调整战略规划,提升企业战略管理的应变能力。

(二)优化资源配置

由于企业资源的稀缺性,预算管理委员会或者高层管理者必须慎重地权衡现有和将来可以调配的资源,并决定不同的部门可以使用的资源种类和资源数量的多少。针对企业战略目标的实现进行资源优化配置,通过预算形式将企业资源的优化配置数字化和固化下来,具有一定的严肃性,这是预算的"刚性"一面。

全面预算体系中有一部分数据会直接衡量下一年度企业财务、实物与人力资源的规模,可以用来作为调度与分配资源的重要依据之一。

(三)有效管理经营风险

全面预算是公司管理层进行事前、事中、事后监控的有效工具,它初步揭示了企业下一年度的经营情况,使可能的问题提前暴露。在预算执行过程中,通过寻找经营活动实际执行结果与预算的差距,迅速地发现问题并及时采取相应的解决措施。通过强化内部控制,公司高级管理层可以预测其中的风险点所在,并迅速采取某些风险控制的防范措施,从而达到规避与化解风险的目的。

(四)加强内部沟通协调

预算的编制使各个部门责任人都了解到本部门与企业总体的关系、本部门与其他部门间的关系。在努力实现自己部门目标的前提下,企业的总体目标也得以实现,上、下部门之间的目标连接是沟通协调的结果。预算的制订过程同时也是各个部门信息互换传达的过程。一个好的预算编制并不仅仅是企业内部信息简单地从上到下、从下到上的过程,还包括员工之间信息的传递过程。

因此,通过编制全面预算使各个职能部门向着共同的、总的战略目标前进;各个职能部门的经济活动必须密切配合、相互协调、统筹兼顾、全面安排,搞好综合平衡。譬如,生产预算一定要以销售预算为根据,材料采购预算则必须与生产预算相衔接等等。各部门的经济活动既要重视产值和利润指标,也要重视品种、质量、成本、劳动生产率指标,并使各指标之间保持必要的平衡,力求用较少的劳动消耗和资金占用,取得尽可能大的经济效益。

(五)有效地监控与考核

全面预算是公司实施绩效管理的基础,是进行员工绩效考核的主要依据,通过预算与绩效管理相结合,使公司对其部门和员工的考核真正做到"有章可循,有法可依"。

预算是全体员工积极参与和精心规划的结果,而非主管当局的命令。因此,通过扩大预算编制的参与面,在预算管理的全过程中激发了员工的积极性、主动性和能动性。另外,目标也有激励作用，人们采取的一切行为总是指向特定的目标。预算编制完成的一个标志性结果，就是上、下两级管理者签订责任书，以确立各方的责任、绩效目标。通过员工绩效目标的达成，从而顺利地实现企业的经营目标。

预算在确立组织内部各部门、环节、个人行动目标的同时，也进一步明确了它们所承担的经济责任，使之成为业绩考核的重要依据。根据预算执行结果，检查评价各部门、环节和个人经济责任和计划任务的完成情况，为经营者提供了有效的监控手段。

（六）有助于企业收入提升及成本节约

全面预算体系中包括有关业务单元的收入额度、收入来源和收入发生的时间。通过全员参与，集思广益，将企业现有资源收入最大化，甚至将没有想到的收入项目和潜在的资源，也进行最大化利用，从而使得企业收入提升。

另一方面，通过全面预算可以加强对费用支出的控制，有效降低公司的营运成本，这也是预算被发明的主要动因之一。降低成本有两种情况，其一，责任单元之外的职能部门，依据年初的预算进行的外部管控；其二，责任单元的员工自主成本意识的提升。比如，当看到自己部门某一项支出费用剩余的数量不多时，员工会有意识地"不该花的钱不花"，成本节约意识无形中得以养成。

三、全面预算管理的特点

（一）对未来的精确规划

全面预算的编制以销售预测为起点，进而对生产、成本及现金收支等进行预测（如销售量、生产量、成本、资金筹集额等），并编制预计损益表、预计现金流量表和预计资产负债表，反映企业在未来期间的财务状况和经营成果。它是对企业未来的精确规划。

（二）以提高企业整体经济效益为根本出发点

全面预算管理将企业管理的职能化整合为企业管理的整体化，讲究联合管理、联合行动，大大提高了管理效率，从而增进企业经济效益。

（三）以价值形式为主的定量描述

预算编制主要采用的是以价值形式对企业的各项生产经营活动进行量化反映，这种表现形式更能凸显预算的特点。

（四）以市场为导向

在企业全面预算的编制、监督、控制与考核中必须始终牢牢树立以市场为导向的管理意识，注意把握市场的特点和变动，揣摩市场规律，并在实际工作中较好地运用规律为企业创造效益。

（五）以企业全员参与为保障

只有企业全体人员重视并积极参与预算编制工作，企业制订的预算才易于被员工接受，才能减少企业管理层和一般员工之间的信息不对称造成的负面影响，为顺利实现企业全面预算管理目标提供保障。

（六）以财务管理为核心

预算的编制、执行、控制和考评等一系列环节，以及众多信息的搜集、传递工作都离不开财务管理工作，财务管理部门是全面预算管理的中坚力量，具有不可替代的重要作用。

四、全面预算的分类

全面预算实际上是一整套预计的财务报表和有关的附表。它主要是用来规划计划期间的经济活动及其成果。全面预算一般包括业务预算、专门预算和财务预算三大类。

（一）业务预算

业务预算是反映企业在计划期日常发生的各种具有实质性的基本活动的预算。它主要包括销售预算、生产预算、直接材料预算、直接人工预算、制造费用预算、期末产成品存货预算及销售与管理费预算等。

（二）专门预算

专门预算是指企业为不经常发生的长期投资决策项目或非经常性业务所编制的预算。专门预算大体上分为两类。

1. 资本支出预算

它是根据经过审核批准的各个长期投资决策项目所编制的预算，其中必须详细列出该项目在寿命周期内各个年度的现金流出量和现金流入量的明细资料。

2. 非经常性业务预算

非经常性业务预算是指企业在计划期内为日常经营业务以外不经常发生的业务所编制的预算。如企业为了满足业务经营和资本支出的需要以及提高资金使用效果而进行的筹资、投资和股利分配等专门决策预算。

（三）财务预算

财务预算是指企业在计划期内反映有关现金收支、经营成果和财务状况的预算。财务预算将各种业务预算和专门决策预算折算成金额反映在财务预算内，故又称总预算；各种业务预算和专门决策预算就称为分预算。财务预算主要包括现金预算、预计损益表和预计的资产负债表三种。

五、全面预算的编制程序

如图8-1所示，企业的决策需要根据长期规划，利用本量利分析等工具，提供企业一定时期的总目标，并下达规划指标；由基层成本控制人员自行草编预算，使预算能较为可靠、较为符合实际；各部门汇总部门预算，并初步协调本部门预算，编制出销售、生产、财务等预算；预算委员会审查、平衡各预算，汇总出公司的总预算；经过总经理批准，审议机构通过或驳回修改预算；主要预算指标报告给董事会或上级主管单位，讨论通过或者驳回修改；批准后的预算下达给各部门执行。

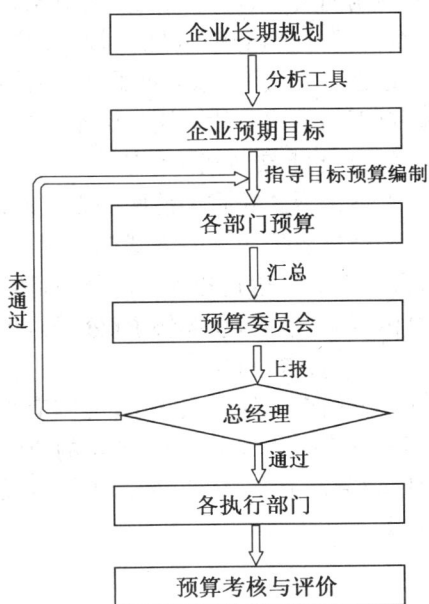

图 8-1　全面预算的编制程序

六、全面预算的编制方式

(一) 自上而下式

预算由公司总部按照战略管理需要,结合公司股东大会意愿及企业所处行业的市场环境而提出,各分部或分公司只是预算执行主体,一切权力集中在总部。总部预算管理职责集中于预算管理委员会,其通常的做法是,对于单一产品是由不同子(分)公司生产、经营的,总部视子(分)公司为其产品生产销售某一环节上的责任部门。该类子(分)公司一般定位为内部结算利润中心。

自上而下式的优点在于,能保证总部利益,同时考虑企业战略发展需要;其不足之处在于,将权力高度集中在总部,从而不能发挥各子(分)公司自身管理的主动性和创造性,不利于"人本管理",从而不利于企业的未来发展。自上而下式一般只适用于单一产品生产和经营的企业。

(二) 自下而上式

公司总部主要起到管理中心的作用,在这种方式下,比较注重各子(分)公司预算管理的主动性,总部只对预算负有最终审批权,并将预算管理作为各子(分)公司落实其经营责任的管理手段。其一般的做法是总部的管理责任是确定财务目标。各子(分)公司的管理责任是如何实现这一目标。因此,子(分)公司编制并上报的预算在总部看来只是对总部财务目标实现的一种承诺,总部审批子(分)公司上报预算的目的只是出于对这一承诺可靠性进行的核实。

自下而上式的优点在于,提高子(分)公司的主动性,体现分权主义和人本管理,同时将子(分)公司置于市场前沿,提高子(分)公司独立作战的能力。其不足之处在于,总部只强调结果控制而忽视过程控制,可能引发管理失控,一旦结果成为事实,难以弥补过失造成的损失;而子(分)公司从自己的利益出发,申请预算时多多益善,使用时大手大脚,造成资金浪费。在这种方式下,总部对子(分)公司预算的审批非常关键,防止子(分)公司管理人员不作为。自下而上式一般适用于资本型控股集团,即财务控制型的母子管理关系。

(三) 上下结合式

上下结合式吸收了前两种方式的优点,在预算编制过程中采取了自上而下和自下而上的交替循环。采用这一方式的关键点是如何将上与下对接起来,首先,由总部确定预算目标,自上而下下达到各子(分)公司;然后,各子(分)公司作为责任体自下而上编制预算,将目标具体落实;最后,总部将子(分)公司编制的预算进行审核、调整,确定总部预算后分解至个子(分)公司执行。

上下结合式的优点在于,能够有效保证企业总目标的实现;按照统一、明确的"游戏规则"分解目标,体现了公平、公正的原则,避免挫伤"先进"而保护"后进";经过了总体平衡的阶段,既考虑了个子(分)公司预算责任体的实际情况,又兼顾了全局利益,提高了预算编制的效率。

任务二　全面预算的编制方法

一、固定预算

固定预算又称静态预算,是根据未来固定不变的业务水平,不考虑预算期内生产活动可能发生的变动而编制的一种预算。这种预算适用于非营利组织和业务水平较为稳定的企业。企业制订销售计划、成本计划和利润计划等,都可以使用固定预算方法制订预算。如果单位的实际执行情况与预期业务活动水平相距甚远,则固定预算就难以为控制服务。

【实务 8-1】　某种产品的固定预算如表 8-1 所示。

表 8-1　固定预算

产量 600 件　　　　　　　　　　　　　2×17 年　　　　　　　　　　　　　单位:元

成本项目	总成本	单位成本
直接材料	3 000	5
直接人工	1 200	2
制造费用	1 800	3
合　计	6 000	10

如果该种产品实际完成 800 件,实际总成本为 7 600 元,其中,直接材料 3 840 元,直接人工 1 680 元,制造费用 2 080 元,单位成本 9.5 元。实际费用如果与固定预算相比,则出现了超支的现象;如果与按产量调整后的固定预算相比,又出现了节约的情况。两种方法比较的结果可列示如表 8-2 所示。

表 8-2　实际费用与固定预算比较表

单位:元

成本项目	固定预算	实际费用	差　异	按产量调整的固定预算	实际费用	差　异
直接材料	3 000	3 840	+840	4 000	3 840	-160
直接人工	1 200	1 680	+480	1 600	1 680	+80
制造费用	1 800	2 080	+280	2 400	2 080	-320
合　计	6 000	7 600	+1 600	8 000	7 600	-400

解析:这两种比较方法都不很合理,前者产量增加了,费用没有按产量调整,差异没有什么意义;后者全部都按实际产量调整,然而,实际上其中一部分费用是固定不变的,如制造费用中的固定制造费用,因此,也不妥当。

随着产量的变动重新编制固定预算的做法,虽然便于比较考核,但由于产量变动比较频繁,这样工作量往往很大。

二、弹性预算

弹性预算也称变动预算,是固定预算的对称。用弹性预算的方法来编制成本预算时,其关键在于把所有的成本划分为变动成本与固定成本两大部分。变动成本主要根据单位业务量来控制,固定成本则按总额控制。成本的弹性预算方式如下:

$$成本的弹性预算 = 固定成本预算数 + \sum(单位变动成本预算数 \times 预计业务量)$$

【实务 8-2】 某企业 20×17 年×月预计生产甲产品 1 000 件,实际生产 1 100 件。该月固定预算成本和实际成本的比较如表 8-3 所示。

表 8-3　固定预算成本与实际成本的比较　　　　　　　　　　　单位:元

项　目	固定预算	实　际	差　异
生产量(件)	1 000	1 100	+100
直接材料	10 000	10 800	+800
直接人工	2 000	2 250	+250
制造费用	6 000	6 350	+350
合　计	18 000	19 400	+1 400

该月弹性预算成本与实际成本的资料如表 8-4 所示。

表 8-4　弹性预算成本与实际成本的比较　　　　　　　　　　　单位:元

项　目	单位成本	弹性预算 1 000 件 总成本	弹性预算 1 100 件 总成本	弹性预算 1 200 件 总成本	实　际 1 100 件 总成本	差异
直接材料	10.00	10 000	11 000	12 000	10 800	-200
直接人工	2.00	2 000	2 200	2 400	2 250	+50
变动制造费用	2.40	2 400	2 640	2 880	2 540	-100
小　计	14.40	14 400	15 840	17 280	15 590	-250
固定制造费用	3.60	3 600	3 600	3 600	3 810	+210
合　计	18.00	18 000	19 440	20 880	19 400	-40

解析:从上列中可以看出,将实际成本与成本的固定预算进行比较,实际超支 1 400 元。由于生产量的增加,因而难以评价企业的实际成绩。如果将实际成本与成本的弹性预算进行比较,结论就完全相反。就个别成本项目来看,有节约的,也有超支的,但总成本是节约的,可见,弹性预算比固定预算更能清楚地表明企业实际工作成绩的好坏。

成本的弹性预算编制出来以后,就可以编制利润的弹性预算。利润的弹性预算反映了企业在预算期内的各种业务量水平上应该获得的利润指标。

【实务 8-3】 企业甲产品预计每件销售价格为 23 元,固定销售费用为 860 元,当月生产的产品已销售,其他资料同前例,弹性预算利润与实际利润的比较如表 8-5 所示。

表 8-5　弹性预算利润与实际利润的比较　　　　　单位:元

项　目	弹性预算			实　际	差　异
销售量(件)	1 000	1 100	1 200	1 100	
销售收入	23 000	25 300	27 600	25 100	−200
变动成本	14 400	15 840	17 280	15 590	−250
边际贡献	8 600	9 460	10 320	9 100	+50
固定制造成本	3 600	3 600	3 600	3 810	+210
固定销售成本	860	860	860	900	+40
税前利润	4 140	5 000	5 860	4 800	−200

解析:从上例中可以看出,甲产品的利润总额实际比计划减少了 200 元,究其原因是因为销售收入实际比计划减少了 200 元,而变动成本实际比计划节约了 250 元,所以边际贡献实际比计划增加了 50 元;但是,可以看出,甲产品的固定成本控制是不力的,固定成本总额实际比计划超支了 250 元(=210+40)。因此,所增加的边际贡献不足以弥补固定成本的超支额,利润自然也就减少了 200 元。

弹性预算的优点在于,一方面能够适应不同经营活动情况的变化,扩大预算的范围,更好地发挥预算的控制作用,避免在实际情况发生变化时,对预算做频繁的修改;另一方面能够使预算对实际执行情况的评价与考核建立在更加客观比较的基础之上。

三、零基预算

零基预算又称零底预算,是指在编制预算时,对于所有的预算支出均以零为基底,不考虑其以往情况如何,从根本上研究、分析每项预算是否有支出的必要及支出数额的大小。

零基预算不同于传统的预算编制方法。传统的做法是在上期预算执行结果的基础上,结合预算期的情况,加以适当的调整而编制预算。这种预算方法比较简便,但是它以过去的水平为基础,实际上就是承认过去是合理的,无需改进,因循沿袭下去,所以容易造成预算的不足,或者安于现状造成预算浪费。

零基预算则针对传统预算的缺点进行改革,它要求对各个业务项目需要多少人力和财力逐个进行估算,并说明其经济效果,在此基础上,按项目的轻重缓急性质分配预算经费。这种预算不以历史为基础,修修补补,而是以零为出发点,一切推倒重来,零基预算法即因此而得名。

零基预算法的基本步骤如下:

(1) 根据本企业计划期的目标和任务,要求列出在计划期内需要发生哪些费用项目,并说明费用开支的目的性,以及需要开支的具体数额。

(2) 将每项费用项目权衡利害得失,并区分轻重缓急,然后按先后顺序排列,并把它分成等级。一般以必不可少的业务及其发生的费用为第一层次,优先保证;然后依据业务内容和费用大小,依次列为第二层次、第三层次等,作为领导人决策的依据。

管理会计(第二版)

（3）按照上一步骤所定的层次和顺序,结合可动用的资金来源,分配资金,落实预算。

【实务8-4】 某企业为深入开展增产节约运动,降低费用开支水平,拟对历年来超支严重的业务招待费、劳动保护费、办公费广告费、保险费等间接费用项目按照零基预算方法编制预算。

首先,企业经多次讨论、研究,确定出所需发生的费用项目及支出数额如表8-6所示。

表8-6 预计费用项目及开支表　　　　　　　　　　　单位:元

费用项目	开支金额
1. 业务招待费	60 000
2. 劳动保护费	8 000
3. 办公费	23 000
4. 保险费	12 000
5. 广告费	80 000
合　　计	183 000

以上各费用项目中,劳动保护费、办公费、保险费属于约束性固定成本,不能再压缩了,必须得到全额保证。

其次,对各项费用中属于酌量性固定成本的广告费、业务招待费参照历史资料,进行成本—效益分析,得到以下数据,如表8-7所示。

表8-7 成本—效益分析表　　　　　　　　　　　单位:元

成本项目	成本金额	收益金额
业务招待费	1	4
广告费	1	6

然后,权衡上述各项费用开支,按轻重缓急排出层次和顺序。因为劳动保护费、办公费、保险费在预售期必不可少,需要全额得到保证,属于约束性固定成本,故列为第一层次。因为业务招待费和广告费可根据预算期间企业的财力情况酌情增减,属于可避免项目。其中,广告费的成本—效益较大,应列为第二层次;业务招待费的成本—效益较小,应列为第三层次。

解析:假定该企业预算年度对上述各项费用可动用的资金数额为160 000元,根据以上排列的层次和顺序,分配落实的预算资金如下:

第一层次的预算金额＝8 000＋23 000＋12 000＝43 000(元)

剩余的可供分配的资金数额＝160 000－43 000＝117 000(元)

按成本—效益比重将可分配的资金数额在业务招待费和广告费之间进行如下分配:

业务招待费可分配的资金＝$117\,000 \times \frac{4}{4+6} = 46\,800$(元)

广告费可分配的资金＝$117\,000 \times \frac{6}{4+6} = 70\,200$(元)

· 186 ·

零基预算与传统预算方法相比,其优点是:① 不仅能压缩经费开支,而且能切实做到把有限的经费用在最需要的地方;② 不受过去老框框的制约,能够充分发挥各级管理人员的积极性和创造性,促进各级预算部门精打细算,量力而行,合理使用资金,提高经济效益。其缺点是由于一切支出均以零为起点进行分析、研究,因而编制预算的工作量较大,其所花费的时间和代价较不太精确的预算要多,有时甚至得不偿失。有的企业每隔若干年进行一次零基预算,以后几年略做适当调整,这样既简化了预算编制的工作量,又能适当控制费用。

四、滚动预算

滚动预算又称连续预算或永续预算。它是在预算的执行过程中自动延伸,使预算期永远保持在一年。每过一个季度(或月份),立即在期末增列一个季度(或月份)的预算。例如,当原年度预算中有一个季度的预算已经执行了,只剩下三个季度的预算数时,就立即将从这时算起的第四个预算补上,使预算期永远保持在一年的限度内。这种预算能使企业管理人员有较长远的打算,经常考虑和规划未来一年之内的生产经营活动,从而保证企业的经营管理工作连续而有秩序地进行。

滚动预算的编制一般采用长、短安排的方式进行,也就是在基期编制预算时,先按年度分季,并将其中的第一季度按月划分,建立各月的明细预算数,至于其他三个季度的预算可以粗一点,只列各季总数。到第一季度即将结束时,再将第二季度的预算按月细分,予以具体化。同时,立即增补下一年度第一季度的预算,可以概括地只列示季度总数,依此类推。其基本程序如图 8-2 所示。

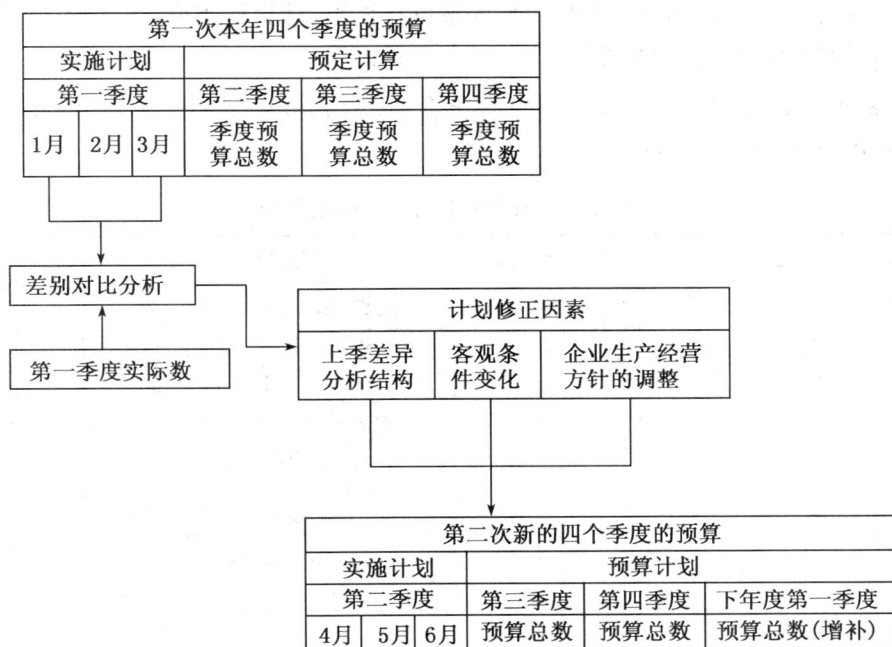

图 8-2　滚动预算的编制方法

管理会计(第二版)

滚动预算方法的理论依据是,第一,根据企业会计中持续经营的时间观,企业的生产经营活动是延续不断的,因此,企业的预算也应该全面地反映这一延续不断的过程,使预算方法与生产经营过程相适应。第二,企业的生产经营活动是复杂的,随着时间的变迁,它将产生各种难以预料的变化;再说人们对未来客观事物的认识也是由粗到细,由简单到具体的过程,而滚动预算能帮助我们克服预算的盲目性,避免预算与实际有较大的出入。

滚动预算的优点表现在:① 保持了预算的完整性和连续性,从动态预算中把握企业的未来;② 能使各级管理人员始终保持对未来 12 个月甚至更长远的生产经营活动做周详的考虑和全盘规划,保证企业的各项工作有条不紊地进行;③ 便于外界(银行信贷部门、税务机关、投资者等)对企业经营状况的一贯了解;④ 由于预算不断调整与修订,使预算与实际情况更相适应,有利于充分发挥预算的指导和控制作用。但是其缺点为预算的编制工作比较频繁,工作量较大。

五、概率预算

如前所述,在编制预算的过程中,涉及的变量很多,如业务量、价格、成本等,在生产和销售正常的情况下,这些变量的预计可能是一个定值。例如,弹性预算虽然考虑了预算期内不同的业务量水平,但在各种不同的业务量水平下的有关价格、变动成本、固定成本等都是确定的。因此,弹性预算仍然属于确定性预算。

但是在市场的供需、产销变动比较大的情况下,这些变量的数字就难以确定了。这就需要根据客观条件,对有关变量做一些近似的估计,估计它们可能变动的范围,分析它们在该范围内出现的可能性(即概率),然后对各变量进行调整,计算期望值,编制预算。这种运用概率所编制的预算叫作概率预算。

【实务 8-5】 某企业 2×17 年度预计的有关数字如表 8-8 所示。根据表 8-8 的资料计算利润期望值(见表 8-9)。

表 8-8 某企业利润预算的有关资料

销售量		销售单价(元/件)	单位变动成本		固定成本(元)
数量(件)	概率		金额(元)	概率	
8 000	0.2	10	3.80	0.3	20 000
			4.00	0.5	
			4.20	0.2	
10 000	0.5	10	3.80	0.3	20 000
			4.00	0.5	
			4.20	0.2	
12 000	0.3	10	3.80	0.3	20 000
			4.00	0.5	
			4.20	0.2	

表 8-9　利润期望值计算表

销售量(件)	单价(元/件)	变动成本(元)	固定成本(元)	利润(元)	联合概率	利润期望值(元)
8 000 (P=0.2)	10	3.8(P=0.3)	20 000	29 600	0.06	1 776
		4.0(P=0.5)		28 000	0.10	2 800
		4.2(P=0.2)		26 400	0.04	1 056
10 000 (P=0.5)	10	3.8(P=0.3)	20 000	42 000	0.15	6 300
		4.0(P=0.5)		40 000	0.25	10 000
		4.2(P=0.2)		38 000	0.10	3 800
12 000 (P=0.3)	10	3.8(P=0.3)	20 000	54 400	0.09	4 896
		4.0(P=0.5)		52 000	0.15	7 800
		4.2(P=0.2)		49 600	0.06	2 976
					1	41 404

解析:表 8-9 中,当产品的单位售价为 10 元,销售量为 8 000 件,单位变动成本为 4 元,固定成本为 20 000 时,可实现的利润为:

可实现的利润=(8 000×10)-(8 000×4+20 000)=28 000(元)

这种情况的可能性(联合概率)为 0.10,所以利润的期望值为 2 800 元(=28 000×0.10)。以此类推,汇总计算,得到总利润期望值为 41 404 元。

也可列式计算销售量、单位变动成本的期望值,然后再计算利润的期望值。

销售量的期望值=8 000×0.2+10 000×0.5+12 000×0.3=10 200(件)

单位变动成本的期望值=3.8×0.3+4×0.5+4.2×0.2=3.98(元)

利润的期望值=10 200×10-(10 200×3.98+20 000)=41 404(元)

销售收入=10 200×10=102 000(元)

变动成本=10 200×3.98=40 596(元)

将上述计算结果编制成损益表,如表 8-10 所示。

表 8-10　损益表　　　　　　　　　　　　　　　　　　　　　　单位:元

项　目	预期值
销售收入	102 000
变动成本	40 596
贡献毛益	61 404
固定成本	20 000
预期利润	41 404

任务三 全面预算在企业中的实际应用

全面预算实际上是编制一整套预计财务报表和有关附表。它主要是用来规划计划期间的经济活动及其成果的。以下结合在企业应用中的实务对生产经营全面预算的编制程序作具体说明。

一、销售预算

销售预算是安排预算期销售规模的预算。它是编制全面预算的关键和起点,其他预算均以销售预算为基础。通常销售预算是在销售预测的基础上,根据企业年度目标利润确定的销售量和销售额来编制,如生产、材料采购、存货和费用等方面的预算。销售预算主要列示全年和分季度的预计销售数量和销售收入。在销售预算的正表下,通常还附有预计的现金收入的计算,为编制现金预算提供必要的资料。

在实际工作中,产品销售往往不是现购现销的,即产生了很大数额的应收账款,所以,销售预算中通常还包括预计现金收入的计算,其目的是为编制现金预算提供必要的资料。

【实务 8-6】 某企业生产和销售一种产品,2×17 年度预计的销售数量、单位产品的销售价格、销售收入和分季的销售预算数如表 8-11 所示。

表 8-11 2×17 年度的销售预算　　　　　　　单位:元

项　　目	第一季度	第二季度	第三季度	第四季度	合　　计
预计销售量(件)	600	700	900	800	3 000
单位售价	70	70	70	70	70
销售收入	42 000	49 000	63 000	56 000	210 000

假定各季销售收入的 70% 可于当季收回现金,29% 将于下一季度收回现金,其余 1% 假定为无法收回的坏账。根据以上资料,编制预计现金流入量如表 8-12 所示。

表 8-12 预计现金流入量表　　　　　　　单位:元

项　　目	第一季度	第二季度	第三季度	第四季度	合　　计
期初应收账款	19 200				19 200
第一季度销售收入	29 400	12 180			41 580
第二季度销售收入		34 300	14 210		48 510
第三季度销售收入			44 100	18 270	62 370
第四季度销售收入				39 200	39 200
现金收入合计	48 600	46 480	58 310	57 470	210 860

二、生产预算

生产预算是安排预算期生产规模的预算。它是按"以销定产"的原则,在销售预算的基础上编制的。由于计划期间除必须备有足够的产品以供销售外,还必须考虑到计划期期初和期末存货的预计水平,以避免存货太多或存货太少。为此,在生产预算中的预计产品生产量和销售量之间的关系,可按下式计算:

$$预计生产量=(预计销售量+预计期末存货)-预计期初存货 \qquad (8-1)$$

【实务 8-7】　沿用【实务 8-6】的资料,假设该企业季末预计的产成品存货占次季销售量的 10%,年末预计的产成品盘存数为 100 件,各季预计的期初存货即为上季末预计的期末存货。据此,该企业 2×17 年度用数量表现的生产预算如表 8-13 所示。

表 8-13　2×17 年度的生产预算　　　　　　　　　　　　　单位:元

项　目	第一季度	第二季度	第三季度	第四季度	合　计
预计销售量(件)	600	700	900	800	3 000
加:预计期末存货	70	90	80	100	100
合　计	670	790	980	900	3 100
减:预计期初存货	60	70	90	80	60
预计生产量(件)	610	720	890	820	3 040

三、直接材料预算

在生产预算的基础上,企业可以编制直接材料预算,但同时还要考虑期初、期末原材料存货水平。直接材料生产上的需要量同预计采购量之间的关系可按下列公式计算:

$$预计采购量=(生产上预计需用量+预计期末存货)-预计期初存货 \qquad (8-2)$$

为便于编制现金预算,在直接材料预算中,通常还包括材料方面预期的现金支出的计算,包括上期采购的材料将于本期支付的现金和本期采购的材料中应由本期支付的现金。

【实务 8-8】　沿用【实务 8-7】的资料,该产品单位的材料用量为 3 千克,每千克单价为 2 元;季末预计的材料存货占次季生产需用量的 10%,年末预计的材料存货为 256 千克。年初预计材料存货为 237 千克,各季预计的期初存货即为上季季末预计的期末存货。各季度的购料金额假定于购料当期支付 50%,其余的 50% 于下一季度支付。据此,该企业 2×17 年度的直接材料预算如表 8-14 所示。

表 8-14　2×17 年直接材料预算　　　　　　　　　　　　　单位:千克

项　目	第一季度	第二季度	第三季度	第四季度	合　计
预计生产量(见表 8-13)	610	720	890	820	3 040
单位产品材料用量	3	3	3	3	3
产品需用量	1 830	2 160	2 670	2 460	9 120
加:预计期末材料存货	216	267	246	256	256
合　计	2 046	2 427	2 916	2 716	9 376
减:预计期初材料存货	237	216	267	246	237
预计材料采购量	1 809	2 211	2 649	2 470	9 139
单价(元)	2	2	2	2	2
预计购料成本(元)	3 618	4 422	5 298	4 940	18 278

续　表

项　目		第一季度	第二季度	第三季度	第四季度	合　计
预计现金支出	期初应付账款	2 300				2 300
	第一季度购料数	1 809	1 809			3 618
	第二季度购料数		2 211	2 211		4 422
	第三季度购料数			2 649	2 649	5 298
	第四季度购料数				2 470	2 470
现金支出合计		4 106	4 020	4 860	5 119	18 108

四、直接人工预算

直接人工预算也是以生产预算为基础编制的。其主要内容有预计生产量、单位产品工时、人工总工时、每小时人工成本和人工总成本。它列示了全年和分季度预计需用的直接人工工时和直接人工成本。将各期的预计产量乘以单位产品所需直接人工小时,即得各期的直接人工小时预算,再乘以每小时直接人工成本便是直接人工成本预算。在这里,假定期初、期末在产品的数量没有变动,各期需用的直接人工的工种也只有一种。如果生产中直接人工工种不止一种,就先按工种分别计算,然后进行汇总。直接人工预算也能为编制现金预算提供资料。

【实务8-9】　沿用【实务8-8】的资料,假定该企业生产单位产品需用直接人工工时为4小时,每小时的工资率为3.5元。该企业2×17年度的直接人工预算如表8-15所示。

表8-15　2×17直接人工预算　　　　　　　　　　　　　　　　　　单位:元

项　目	第一季度	第二季度	第三季度	第四季度	合　计
预计生产量(件)(见表8-13)	610	720	890	820	3 040
单位产品直接人工(小时)	4	4	4	4	4
直接人工小时合计	2 440	2 880	3 560	3 280	12 160
每小时的工资率	3.5	3.5	3.5	3.5	3.5
各期的直接人工成本合计	8 540	10 080	12 460	11 480	42 560

五、制造费用预算

制造费用预算是指除了直接材料和直接人工预算以外的其他一切生产成本的预算。制造费用按其成本性态可以分为变动制造费用和固定制造费用两部分。变动制造费用以生产预算为基础来编制,即根据预计生产量和预计的变动制造费用分配率来计算;固定制造费用是期间成本直接列入损益作为当期利润的一个扣减项目,与本期的生产量无关,一般可以按照零基预算的编制方法编制。

制造费用预算的编制通常包括费用方面预计的现金支出的计算,以便为编制现金预算提供必要的资料。由于固定资产折旧等非付现成本是无需用现金支出的项目,所以,计算制造费用方面预计的现金支出,应将非付现成本加以扣除。

【实务8-10】　沿用【实务8-9】的资料,该企业按直接人工小时计算变动性制造费用预计分配率,直接人工每小时应分配变动性制造费用2.5元。每季的固定性制造费用为5 000元,其中非付现成本为1 250元。设该企业2×13年度的制造费用预算如表8-16所示。

其中:

$$变动性制造费用分配率=\frac{30\,400}{12\,160}=2.5$$

表8-16　2×13年度制造费用预算　　　　　　　　　　　　　　单位:元

项　目	第一季度	第二季度	第三季度	第四季度	合　计
直接人工小时预算	2 440	2 880	3 560	3 280	12 160
变动费用率(元/小时)	2.5	2.5	2.5	2.5	2.5
变动性制造费用	6 100	7 200	8 900	8 200	30 400
固定性制造费用	5 000	5 000	5 000	5 000	20 000
小　计	11 100	12 200	13 900	13 200	50 400
减:非付现成本	1 250	1 250	1 250	1 250	5 000
制造费用现金支出	9 850	10 950	12 650	11 950	45 400

六、期末存货预算

编制期末存货预算是为了综合反映计划期内生产单位产品预计的成本水平,同时也为正确计量预计损益表中的产品销售成本和预计资产负债表中的期末材料存货和期末产品成品存货项目提供数据。采用变动成本法计算产品成本时,单位产品成本只包括直接材料、直接人工和制造费用的变动部分,至于固定费用部分则当作"期间成本"列入损益表,从当期的产品销售收入中扣除。

【实务8-11】　根据上述实务中的有关资料,编制该企业2×17年度期末存货预算如表8-17所示。

表8-17　2×17年度期末存货预算

项　目	期末存货(件)	单位成本	合　计
直接材料	256千克(见表8-14)	2	512
产成品	100件(见表8-13)	30(按变动成本计算)	3 000

七、销售与管理费用预算

销售与管理费用预算包括预算期内将发生的制造费用以外的各项费用。通常应由负责销售及管理的成本控制人员分别编制。如果费用明细项目不多则可合并在一张预算表上,但是必须将变动费用与固定费用分开列示。

【实务 8－12】 根据上述实务中的有关资料,该企业 2×17 年度的销售与管理费用的预算总额为 63 600 元,其中,变动费用为 36 000 元,包括销售佣金 27 000 元,运杂费 9 000 元;固定费用为 32 800 元,包括广告费 10 000 元,管理人员薪金 13 800 元,折旧费 5 200 元,保险费 3 800 元。变动费用在各季的发票以销售量为标准,固定费用则在各季平均分配,折旧除外的各种费用均以现金于当季付讫。编制该企业 2×17 年度销售及管理费用预算如表8－18 所示。

表 8－18　2×17 年度销售及管理费用预算　　　　　　　　单位:元

项　目		分配率	第一季度	第二季度	第三季度	第四季度	合计
预期销售量(件)			600	700	900	800	3 000
变动费用	销售佣金	9	5 400	6 300	8 100	7 200	27 000
	运杂费	3	1 800	2 100	2 700	2 400	9 000
	小计	12	7 200	8 400	10 800	9 600	36 000
固定费用	广告费	0.25	2 500	2 500	2 500	2 500	10 000
	管理人员薪金	0.25	3 450	3 450	3 450	3 450	13 800
	折旧费	0.25	1 300	1 300	1 300	1 300	5 200
	保险费	0.25	950	950	950	950	3 800
	小　计	1	8 200	8 200	8 200	8 200	32 800
销售及管理费用总计			15 400	16 600	19 000	17 800	68 800
减:折旧			1 300	1 300	1 300	1 300	5 200
现金支出合计			14 100	15 300	17 700	16 500	63 600

八、现金预算

现金预算的编制是以各项日常业务预算和特种决策预算为基础来反映各预算期的收入款项和支出款项。其目的在于资金不足时如何筹措资金,资金多余时怎样运用资金,并且提供现金收支的控制限额,以便发挥现金管理的作用。

一般来说,现金预算应包括以下四个组成部分。

(一) 现金收入

现金收入部分包括期初的现金余额和预算期的现金收入。产品销售收入是取得现金收入的最主要的来源。

(二) 现金支出

现金支出部分包括预算期预计的各项现金支出,除上述材料、工资和费用方面预计的支出外,还包括上缴所得税、支付股利和资本支出预算中属于计划期内的现金支出等项。

(三) 现金多余或不足

现金的多余或不足部分列示现金收入合计与现金支出合计之间的差额,若差额为正,说明收大于支,现金有多余,可用于补偿过去向银行取得的借款,或用于购买短期证券;如差额为负,说明支大于收,现金不足,要向银行取得新的借款。

(四) 资金的筹集和运用

资金的筹集与运用,提供预算期内预计向银行借款或偿还借款及相关利息的详细资料。

【实务 8-13】　根据上述实务中的有关资料,假定该企业每季最低现金余额为 10 000 元,该企业同银行商定,如现金余额不足此数就应借款;如果现金余额超过此数就应还款。借入和偿还额均以 500 元为单位,借款利息按年利率为 10% 计算,于季初借款,于季末还款。该企业计划年度准备缴纳所得税 3 000 元,支付股利 15 000 元,购置一台设备 22 000 元,现编制 2×17 年度的现金预算如表 8-19 所示。

表 8-19　2×17 年度现金预算　　　　　　　　单位:元

项　　目	第一季度	第二季度	第三季度	第四季度	合　计
期初现金余额	10 000	19 001	10 131	13 421	10 000
加:现金收入(见表 8-11)	48 600	46 480	58 310	57 470	210 860
可动用现金合计	58 600	65 481	68 441	70 891	220 860
减:本期现金支出					
直接材料(见表 8-14)	4 109	4 020	4 860	5 119	18 108
直接人工(见表 8-15)	8 540	10 080	12 460	11 480	42 560
制造费用(见表 8-16)	9 850	10 950	12 650	11 950	45 400
销售管理费用(见表 8-18)	14 100	15 300	17 700	16 500	63 600
购买设备		22 000			22 000
支付所得税	3 000				3 000
支付股利				15 000	15 000
现金支出合计	39 599	62 350	47 670	60 049	209 668
现金多余或不足	19 001	3 131	20 771	10 842	11 192
资金的筹集与运用					
向银行借款		7 000			7 000
偿还银行借款			(7 000)		(7 000)
利息			(350)		(350)
融通资金合计		7 000	(7 350)		(350)
期末现金余额	19 001	10 131	13 421	10 842	10 842

解析:由表 8-19 可知,第二季季初向银行借款,是由于购买设备引起现金减少,造成现金余额不足,借入 7 000 元以使第二季期末能达到最低的现金余额 10 000 元。第三季度偿还银行借款 7 000 元,同时应支付借款利息 350 元(=7 000×10%×6÷12)。

九、预计损益表

预计损益表是根据上述预算表的有关资料进行编制的,以综合反映计划期内预计的销售收入、销售成本和预计可实现的利润或可能发生的亏损。

管理会计(第二版)

【实务 8-14】 根据以上有关资料,汇总编制该企业 2×17 年度的预计损益表,如表 8-20 所示。

表 8-20 2×17 年度预计损益表　　　　　　　　　　　单位:元

项　目	第一季度	第二季度	第三季度	第四季度	合　计
销售收入	42 000	49 000	63 000	56 000	210 000
减:变动成本					
制造成本	18 000	21 000	27 000	24 000	90 000
销售与管理费用	7 200	8 400	10 800	9 600	36 000
贡献毛益	16 800	19 600	25 200	23 400	85 000
减:固定成本					
固定制造费用	5 000	5 000	5 000	5 000	20 000
固定销售与管理	8 200	8 200	8 200	8 200	32 800
营业净收益	3 600	6 400	12 000	9 200	31 200
减:利息费用			350		350
税前利润	3 600	6 400	11 650	10 200	31 850
减:所得税(20%)	720	1 280	2 330	2 040	6 370
税后净利	2 880	5 120	9 320	8 160	25 480

十、预计资产负债表

预计资产负债表反映计划期期末概括的财务状况。它是以前期期末的资产负债表为基础,根据上述预算表的有关资料加以汇总和调整而编制的。

【实务 8-15】 为编制 2×17 年度的预计资产负债表,先列示该企业 2×16 年年末的资产负债表如 8-21 所示。

表 8-21 资产负债表　　　　　　　　　　　单位:元
2×16 年 12 月 31 日

资　产	金　额	负债及股东权益	金　额
流动资产:		流动负债:	
现金	10 000	应付账款	2 300
应收账款	19 200	应交税费	3 000
存货	1 274	流动负债合计	5 300
流动资产合计	30 474	股东权益:	
固定资产:		普通股	70 000
土地	50 000	留存收益	45 174
房屋及设备	100 000		
累计折旧	(60 000)		
固定资产合计	90 000		
资产合计	120 474	负债及股东权益合计	120 474

以表 8-21 为基础,预计 2×17 年度分配股利 15 000 元。经过一定的计算,可编制该企业 2×17 年度的预计资产负债表,如表 8-22 所示。

表 8-22　2×17 年度预计资产负债表

单位:元

资　产	金　额	负债及股东权益	金　额
流动资产:		流动负债:	
现金	10 842	应付账款	2 470
应收账款	18 340	应交税费	6 370
存货	3 512	流动负债合计	8 840
流动资产合计	32 694		
固定资产:		股东权益:	
土地	50 000	普通股	70 000
房屋及设备	122 000	留存收益	55 654
累计折旧	(70 200)		
固定资产合计	101 800		
资产合计	134 494	负债及股东权益合计	134 494

表 8-22 中的有关资料分项说明如下:

期末应收账款＝19 200＋210 000－210 860＝18 340(元)

留存收益＝45 174＋25 480－15 000＝55 654(元)

任务四　全面预算的控制与考评

一、全面预算执行控制

企业预算编制完成后,便开始进入执行阶段,企业各部门在生产经营及相关各项活动中,需要充分地按预算办事,围绕实现预算开展经济活动。同时,在预算的执行过程中,企业应该明确各项业务的授权审批权限及审批流程,强调预算的硬性约束,对于无预算或者超过预算的项目进行严格控制。

(一) 对预算执行控制的要求

企业预算一经批准下达,各预算执行单位必须认真组织实施,将预算指标层层分解,从横向和纵向落实到内部各部门、各环节和各岗位,并建立预算执行责任制度,对照已确定的责任指标,定期或不定期地对相关部门及人员责任指标完成情况进行检查,实施考评。

(1) 企业应当以年度预算作为预售期内组织、协调各项生产活动的基本依据,可将年度预算细分为季度、月度等时间进度预算,通过实施分期预算控制,实现年度预算指标。

(2) 企业对重大预算项目和内容,应当密切跟踪其实施进度和完成情况,实行严格监控。

(3) 企业应当加强对货币资金收支业务的预算控制,及时组织预算资金的收入,严格控制预算资金的支付,调节资金收支平衡,严格控制支付风险。

(4) 企业办理采购与付款、工程项目、对外投资、固定资产、存货、筹资等业务,应当严格执行预算标准,对超出企业预算的资金支付,实行严格审批制度。

(5) 企业应当健全凭证记录,完善预算管理制度,严格执行生产经营计划和成本费用的定额标准,并对执行过程进行监控。

（二）预算控制的基本要素

预算控制的基本要素主要包括:

(1) 订立的标准或比较基础;

(2) 实际与标准或比较基础的比较,即衡量绩效;

(3) 采取纠正行动,即进行差异分析。

这三项基本要素看似简单,但在实际运用中问题很多,比如,何时应该进行绩效衡量,绩效评估的指标如何确定,由谁来负责绩效评估,评估结果向谁汇报等等。最重要的是,标准如何制订、标准是否合理等,这些都是控制程序必须重点解决的。

二、预算调整控制

企业批准下达的正式预算应当保持稳定,不得随意调整。由于市场环境、国家政策或不可抗力等客观因素,导致预算执行发生重大差异确需调整预算的,应当报经原预算审批机构批准。调整预算由预算执行单位逐级向原预算审批机构提出书面报告,阐述预算执行的具体情况、客观因素变化情况及其对预算执行造成的影响程度,提出预算的调整幅度。企业预算管理部门应当对预算执行单位提交的预算调整报告进行审核分析,集中编制企业年度预算调整方案,提交原预算审批机构审议批准。对预算的调整绝不能随意进行,必须严格审批程序,一般有以下几个步骤:

(1) 预算执行情况的分析。预算执行单位在具体执行预算时如发现预算偏差较大,必须进行具体的分析,如属于主观原因不得进行调整,如为客观原因则应向企业预算管理部门申请进行预算调整。

(2) 预算调整的申请。预算调控应由预算执行单位向预算管理部门提出书面申请,申请报告内容应详细说明调整理由、调整的建议方案、调整前后预算指标的比较,以及与原有预算指标对比、调整后预算指标可能对企业预算总目标的影响等。涉及财务预算调整的,应同时向财务部门申请。

(3) 预算调整的审查。预算管理部门接到预算执行单位申请后即进入调整审查程序,预算管理部门根据预算调整事项性质的不同,依据权限批准预算调整事项,并下发预算单位执行。

三、全面预算的考评

全面预算考评机制是对企业内部各级责任部门或责任中心预算执行结果进行考核和评价的机制,是管理者对执行者实行的一种有效的激励和约束形式。预算考评的两个基本含义:第一,对整个预算管理系统的考评,这也是对企业经营业绩的评价,是完善并优化整个预算管理系统的有效措施;第二,它是对预算执行者的考核及其业绩的评价,是实现预算约束与激励作用的必要措施。预算考评是预算控制过程的一部分,由于预算执行中及完成后都要适时进行考评,因此它是一种动态的综合考评,在整个预算管理循环过程中是一个承上启下的环节。

预算考评是预算事中控制和事后控制的主要手段,是一种动态的考评过程。在预算执行过程中,各级管理者对预算执行结果的随时考评及考评信息的反馈,有利于最高管理者对整个预算执行过程进行适时控制、整体控制,也有利于最高管理者对企业的整体效益进行评价。

在预算考评的内容方面,不同的责任中心应有不同的侧重点。比如,成本中心以评价责任成本预算执行结果为主;利润中心以评价责任预算执行结果为主;投资中心则以评价资本所创造的效益为主。为了全面反映各责任中心的责任预算执行结果,除了评价主要责任预算以外,还应分析、评价其他一些相关责任预算的执行。

在预算考评的过程中,预算是考核的标准,奖惩制度是评价的依据。企业应当建立严格的预算执行考核奖惩制度,坚持公开、公正、透明的原则,对所有预算执行单位和个人进行考核,对于完成责任预算的责任中心应给予奖励,完不成的则应予以处罚,切实做到有奖有惩,奖惩分明,使考评结果与责任人的利益挂钩,达到人人有指标,项项指标连收入,以此激发、引导执行完成预算的积极性,促进企业全面预算管理目标的实现。

【技能实训】

胜达公司是一家生产销售多功能扩音器的小型企业,公司生产多种型号的便携式扩音器。公司针对市场竞争日趋激烈的现状,决定开展全面预算管理,对 2×18 年有关经营活动的开支编制预算。

(1) 胜达公司预计 2×18 年 3~7 月份的销售收入分别为 40 000 元、50 000 元、60 000元、70 000 元和 80 000 元。每月销售收入中,当月收到现金 60%,下月收到现金 40%。

(2) 各月直接材料采购成本按一个月销售收入的 60% 计算。所购材料的款项于当月支付现金 50%,下月支付现金 50%。

(3) 该企业 4~6 月份的制造费用分别为 4 000 元、4 500 元和 4 200 元。每月制造费用中包括固定资产折旧费 1 000 元。

(4) 该企业 4 月份购置固定资产,需要现金 15 000 元。

(5) 该企业在现金不足时,向银行借款(借款为 1 000 元的倍数);在现金多余时,归还银行借款(还款也为 1 000 元的倍数)。借款在期初,还款在期末,借款的年利率为 10%(当月借款,当月不计利息)。

(6) 该企业期末现金余额最低为 6 000 元。其他资料如表 8-23 所示。

表 8 - 23　现金预算　　　　　　　　　　　　　　　　单位:元

月　份	4	5	6
(1) 期初现金余额	7 000		
(2) 经营现金收入			
(3) 直接材料采购支出			
(4) 直接工资支出	2 000	3 500	2 800
(5) 制造费用支出			
(6) 其他付现费用	800	900	750
(7) 预付所得税			8 000
(8) 购置固定资产			
(9) 现金余缺			
(10) 向银行借款			
(11) 归还银行借款			
(12) 支付借款利息			
(13) 期末现金余额			

　　要求:根据以上有关资料,请你运用所学的预算编制方法,帮助该企业编制 2×18 年度现金预算。

项目九　责任会计与企业绩效评价系统

【知识目标】

1. 了解责任会计的基本内容；
2. 明确责任中心的划分依据及各类责任中心的特点；
3. 掌握企业绩效评价的主要方法；
4. 了解企业激励机制的重要意义及主要的激励模式。

【能力目标】

1. 能够将企业内部的各个部门划分为适当的责任中心，并进行相应的业绩评价；
2. 能够利用沃尔评分法等绩效评价体系对企业的财务、经济、综合等各方面进行绩效评价。

【导入案例】

荣大造纸公司的绩效考核

荣大造纸公司共有纸箱部门、常用纸器部门、特用纸器部门和纸材部门这四个生产部门。多年来，各部门一直以部门利润及投资收益作为绩效考核的基准。

一天，纸箱部门经理林本说："如果这批纸箱单价低于 480 元，那么我得将上个月告诉推销人员投标须按全部成本的指示撤销。这几周以来，我一再尝试改善公司的营运，如果我现在改变初衷接受单价低于 480 元的生意，那我岂不是将辛苦执行的计划毁于一旦？这种连部门制造费用都无法收回的生意，部门怎么可能会有利润呢？"

年初，特用纸器部门开发了一种特殊纸设计的纸箱，希望能与纸箱部门合作。依照公司规定，各部门经理可以全权决定供货商，即使由公司内其他部门提供服务，价格亦将比照市场价格。因此，特用纸器部门要求纸箱部门及东方造纸公司、爱瑞造纸公司等两家外面的厂商共同报价。特用纸器部门得到的报价为纸箱部门每单位 480 元，东方造纸公司每单位 430 元，爱瑞造纸公司每单位 432 元。

特用纸器部门经理李廉与行销副总裁研讨应该接受何种报价，他告诉行销副总裁说："我们处于一个激烈竞争的市场，实在无力负担较竞争者更高的成本，如果购进材料比竞争者高出 10%，又如何期望我们获取合理利润及投资收益呢？"

　　行销副总裁知道过去数月以来,林本一直苦恼于纸箱部门无法全能开工,而在此情况下,林本一再要求价格除付现成本外,尚需加成 20% 以收回分摊制造费用及利润,此种做法令人感到不可思议。

　　行销副总裁在考虑各部门成本结构时,记起会计部门负责人的一套说法,他说对一个部门而言为变动成本的成本项目,对公司整体而言可能大部分是固定成本。行销副总裁也了解,如果没有高层领导下令,李廉必然接受东方造纸公司 430 元的报价。到底荣大公司所面临的矛盾的核心何在?为什么林本站在纸箱部门角度所做出的最有利的决策,对公司却不一定是最有利的决策呢?

任务一　责任会计与企业组织结构

　　在实行分权管理的条件下,如何协调各分权单位之间的关系,使各分权单位之间以及企业与分权单位之间在工作和目标上达成一致,防止各个分部为了片面地追求局部利益,致使企业整体利益受到损害等行为的发生,是企业所需解决的重要课题。

　　在分权企业中,尤其是在考核业绩和确定个人报偿方面,会计制度扮演着重要的角色,它的主要功能在于利用会计信息对各分权单位进行业绩的计量、评价和考核。具体表现为:根据授予基层单位的权利和责任以及对其业绩的计量、评价方式,将企业划分成各种不同形式的责任中心,并建立起以各个责任中心为主体,以责、权、利相统一的机制为基础,通过信息的积累、加工和反馈而形成的企业内部严密的控制系统,即责任会计制度。

一、企业组织结构中的分权管理

　　随着企业规模的扩大和业务结构的复杂,分权管理的出现势在必行。如何掌握统分程度,利用集权和分权的相互协调来使企业赢得经营效率,是现代公司管理的一个关键问题。

　　现代企业中,产品种类繁多,分支机构分布广泛,组织机构复杂。为了管理其纷繁复杂的事务,设立了多个管理层级的公司首先要在集权式和分权式这两种决策方法中做出选择。

【知识链接 9-1】

什么是集权式决策方法和分权式决策方法

　　集权式决策方法(Centralized Decision Making)是指决策由企业最高层做出,低层管理人员仅负责执行决策。

　　分权式决策方法(Decentralized Decision Making)是指允许低层管理人员在其责任范围内制订并执行关键决策。

　　对于大型企业中烦琐复杂的活动,进行管理的方法之一就是加强集中控制。为此,企业组织机构间应具有垂直分层的关系,通过上级的指令来实现控制,由下级具体执行;同一层次不同部门间的活动,由上级部门通过计划来协调。会计系统和定期报告向财务总监提供所有用于制订计划并查明任何偏离企业中央政策的信息。

如果企业的基本业务活动保持稳定，集中控制的模式将不会受到实质性的挑战。随着企业进一步扩张，企业高级管理层不可能对企业内外的各种活动都能悉数了解，加重的决策负担容易造成决策质量下降，这样，企业内部就有一定数量的决策需要分散做出。事实上，对于任何个人或决策集团来说，要掌握全部有关的信息和经验，支配所有的时间，拥有全部的计算能力，以决定企业内所有的经营计划，这是不可能的。于是，便产生了分权管理。

良好的管理制度应该是集权与分权两者之间的有机协调，或者说是具有集权控制的分权。利用分权可以使员工的创造力、责任心得到发展，决策更接近实际也更加灵活。简而言之，它能够使组织达到适应所有新情况所必需的质量水平。集权与分权这两个相互冲突的因素对公司运作具有各自独特的影响，利用集权与分权的相互协调，可以使企业赢得经营效率（见图9-1）。

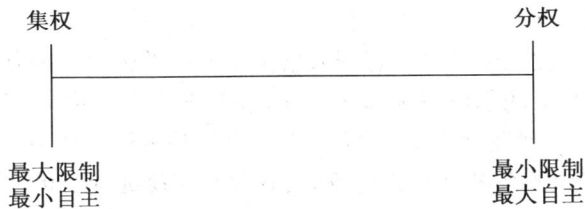

图9-1　集权与分权

二、责任会计的相关内容

（一）责任会计的概念和意义

责任会计是企业将复杂的经营活动和组织结构分而治之的一种管理制度。它是指以企业内部的各个责任中心为核算主体，以其可控的资金运动为对象，对其进行考评与控制的一种企业内部会计制度。

责任会计制度的运用，对于现代企业具有相当重要的意义。由于现代企业组织机构复杂化、经营业务涉及行业多元化、商品品种多样化、地域多国化等原因，不得不实行分权管理，即将决策权随同相应的责任下放给各层级的管理人员，实行分权管理。但在实行分权管理的情况下，如何协调各个分权单位之间的关系，使企业与分权单位之间在工作目标上达成一致；如何对分权单位的经营业绩进行控制与评价，就显得尤为重要。责任会计就是为了适应这种要求而建立起来的一种内部控制制度。具体来说，责任会计便是将企业全面预算中所确定的指标分解到各个责任中心，形成责任预算，以此作为责任中心的工作目标或任务，来考核评价各责任中心的工作业绩。经过这一程序后，企业的全面预算指标通过各个责任中心得到了具体的落实与执行。所以，责任会计制度是现代企业控制执行全面预算的工具或手段。

责任会计制度可以说是实行分权管理的大中型企业维持正常运转所必不可少的机制。因为分权的代价是有可能使企业的总目标、各责任中心的目标及决策者个人的目标之间缺乏协调和一致。责任会计制度有助于使企业各责任中心的目标与企业的总目标保持协调一致；有助于各级责任中心发挥其主动性与创造性，以完成其责任预算；还有助于正确评价各责任中心的工作业绩，从而做到奖罚分明，以保护和更好地调动各责任中心的积极性。

(二) 责任会计的基本要素

责任会计是现代分权管理模式的产物,是通过在企业内部建立若干个责任中心,并对其分工负责的经济业务进行规划与控制,从而实现对企业内部各责任单位的业绩考核与评价。责任会计的要点就在于利用会计信息对各分权单位的业绩进行计量、控制与考核。其基本要素主要包括划分职责、确立业绩考核标准、评价业绩、决定报酬等四个方面。

1. 划分责任中心,明确权责范围

实行责任会计,首先应根据企业内部管理的需要,将企业所属的各部门、各单位划分为若干分工明确的责任中心,并依据各责任中心经营活动的特点,明确规定这些中心负责人的责权范围及量化的价值指标,并授予他们相应的经营管理决策权,不仅使其能在权限范围内独立自主地履行职责,还要对其责任的完成情况进行考核和评价。

2. 编制责任预算,确立业绩考核标准

企业的全面预算是按照生产经营过程来落实企业的总体目标和任务。而责任预算则是按照责任中心来落实企业的总体目标和任务,即将企业的总体目标层层分解,具体落实到每一个责任中心,作为其开展经营活动、评价工作成果的基本标准和主要依据。

3. 要求每个责任中心定期提交业绩报告,并对其业绩进行分析评价

在预算的实施过程中,每个责任中心应建立一套责任预算执行情况的跟踪系统,定期编制业绩报告或责任报告,以便上级责任中心将其实际数与预算数进行对比,控制和调节其经营活动,以保证企业总体目标的实现。将业绩报告数据与预算数据进行比较,对各个责任中心的工作成果进行全面分析和评价,发现有利差异与不利差异,分析产生差异的原因,对不利差异提出矫正措施,对有利差异进行推广宣传。

4. 建立奖罚制度,决定个人报酬

按照实际工作成果的好坏进行奖惩,做到功过分明、奖惩有据,最大限度地调动各个责任中心的积极性,促使其相互协调并卓有成效地开展各项经营活动。

(三) 传统责任会计与现代责任会计的比较

控制系统的选择是以企业所处的经营环境来定的。在相对稳定的经营环境下产生与发展的责任会计被称为传统责任会计(Traditional Responsibility Accounting),而现代责任会计(Contemporary Responsibility Accounting)则是产生于多变的经营环境下。下图9-2和图9-3分别展示了这两种方法的四个责任要素。

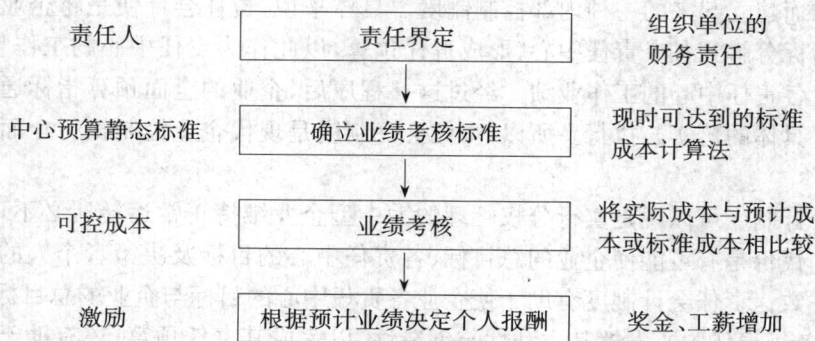

图 9-2 传统责任会计要素

团队、作业　　　　　　　　责任界定　　　　　　　多维价值链

↓

最优作业／措施　　　　确立业绩考核标准　　　　动态的顾客价值

↓

准时交货、成本节约、　　　　业绩考核　　　　成本趋势、单位成本、
生产率、作业效率　　　　　　　　　　　　　　　生产周期、质量

↓

价值链、个人以　　根据多维业绩决定个人报酬　　奖金、工薪增加，晋升
团体为基础

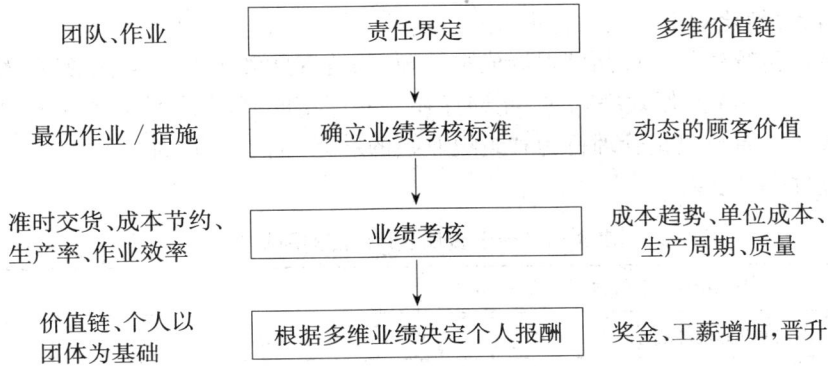

图 9 - 3　现代责任会计要素

通过逐项比较，我们可以了解到两种环境下责任会计的不同之处。

1. 划分职责

传统责任会计以企业单位和个人为控制点，先建立一个责任中心。典型的责任中心为企业中的一个单位，如一个部门或生产线，或一个工作团队。无论该单位的性质如何，责任都分配给责任人，而且责任是以财务指标来界定的，如成本、利润等。

而在现代责任会计制度下，控制点已由单位或个人转为作业或团队。在多变的环境下，企业的基本原则就是持续改善，不断地寻找消除浪费的途径；持续改善要求企业不断地变化、不断地学习，而变化是通过作业来实现的。

许多作业是超越企业机构部门的功能边界的。现代责任会计制度便于从整体上强调企业的价值链，同时也强调有效的作业管理需要功能交叉的技能；而团队正是适应这一要求的产物。团队可以通过培养友谊和归属感来提高工作质量，因而越来越多的企业开始采用团队作为基本工作单位。

2. 确立业绩考核标准

预算编制和标准成本计算是传统框架下确定基准作业的基础，这种方法所确定的标准在相当长的时期内稳定不变，而且它们反映的多是现时可达到的目标。而在动态经营环境下，标准本质上是动态的，需要不断地改变以反映不断出现的新情况、新目标。考核标准呈阶段性动态变化，一旦实现了第一阶段预期水平，下一阶段标准也随之提高，以促进作业管理水平的进一步改善。

3. 评价业绩

传统责任会计制度中，比较实际结果与预期结果即可衡量业绩。个人原则上只对他所控制的那些项目负责，而强调的重点则是成本业绩。而在现代责任会计制度中，时间、质量和效率都是业绩的重要方面；业绩评价指标既有财务方面的，也有运营方面和其他方面的，而所有这些都与作业过程有关。

4. 决定报酬

两种制度下，个人的奖惩都是由政策及较高层经理的判断所决定。传统的激励机制是为鼓励个人所负责的成本达到或超过预算标准而设计的。而现代激励机制对个人的奖惩较传统环境下更为复杂。个人要同时对团体及其本人的业绩负责。由于强调团队的作用，因

而对团体进行奖惩比对个人更为合理。

总体来说,传统责任会计制度强调成本管理、保持现状和组织结构的稳定,考核标准的制订通常要考虑现存的低效率水平,允许存在一些停工时间、某种浪费和某种技能的缺乏等,而且所计算的差异只是管理行为和组织业绩的结果,而不是原因。表 9-1 归纳了传统责任会计制度的局限性。

表 9-1 传统责任会计制度的局限性

局 限 性	1. 过于依赖标准和差异
	2. 标准过于僵化
	3. 标准支持保持现状和组织稳定
	4. 标准容许一定程度的低效率
	5. 差异是滞后性数据,揭示的是结果而不是原因
	6. 关注内部情况而忽视了外部因素
	7. 过于强调直接人工
	8. 忽视非增值成本
	9. 传统的差异和业绩报告提供了不当激励
	(1) 激励过剩生产和过多存货
	(2) 违背零缺陷及全面质量管理
	(3) 可能有损机器的可利用年限(尤其对于"瓶颈"机器来说)
	10. 过于注重财务性指标

任务二 责任中心的类型及特点

随着公司规模的扩大,公司管理层会考虑划分出若干责任区域,即责任中心,并指派下属经理进行管理。责任中心是指企业中具有一定权力并承担相应的工作责任的各级组织和各个管理层次。

设立责任中心是实施责任会计的前提和关键。责任中心是由一名对其行为负责的管理者领导的组织单元。责任中心可能是单个人、一个班组、一个车间、一个部门,也可能是分公司、事业部,甚至是整个企业。为了有效地进行企业内部控制,有必要将整个企业内部组织合理划分为若干责任中心,设计相应的考核指标。

一、责任中心的类型

(一)责任中心划分的基本依据

划分责任中心的目的是为了明确各级管理人员的职责范围,调动其主动性和创造性,使其在职责范围内努力工作,并根据其工作业绩好坏予以奖惩,分清功过。

如何设立责任中心,设立多少责任中心,取决于企业内部组织结构、职能分工、业务控制和业绩考核等具体情况。设立责任中心并非限于成本、费用、收入、利润、资产、投资、筹资的规模,而是依据业务发生与否及是否能分清责任。因此,划分责任中心的标准不在于大小,凡是管理上可以划分、责任能够分开、业绩可以单独考核的单位,都可划分为责任中心,如分公司、生产分厂、事业部、管理部门、生产车间及班组等。

分权管理通常是按照企业分部的设立来实施的。企业可以根据其提供商品或劳务的不同来设立分部,也可以根据地域的不同来设立分部。在财务控制上,更多的是根据分部经理的职权不同来划分责任中心,作为分权管理的基本单位。

（二）责任中心的基本类型

一般情况下,责任中心按照其责任控制范围和责任对象的业务特点,分为成本中心、收入中心、利润中心和投资中心四种类型。

成本中心(Cost Center)是指其经理人员仅对成本负责的责任中心。

收入中心(Revenue Center)是指其经理人员仅对收入负责的责任中心。

利润中心(Profit Center)是指其经理人员要对成本和收入同时负责的责任中心。

投资中心(Investment Center)是指其经理人员不仅要对成本和收入负责,同时还要对投资负责的责任中心。

表9-2列示了这四类责任中心及其考核业绩所依据的会计信息。

表9-2　责任中心的类型及其考核业绩所依据的会计信息

类　型	考核业绩所依据的会计信息			
	成本	收入	资本投资	其他
成本中心	✓	✕	✕	✕
收入中心	仅限直接成本	✓	✕	✕
利润中心	✓	✓	✕	✕
投资中心	✓	✓	✓	✓

工厂里的一个生产部门,如装配车间或完工车间,就是一个成本中心的例子。车间主任负责成本的控制,但并不参与价格的制订或市场营销的决策。因此,其业绩评价要依据成本控制情况的好坏。

销售部门的经理负责制订价格和编制销售计划。因此,销售部门可作为一个收入中心来管理,该部门的直接成本(主要为销售费用)和销售收入则属于其经理人员的责任范围。

在一些公司,分厂厂长不仅管理生产还负责销售。由于他们同时负责成本和收入,所以公司可将分厂划分为利润中心,而营业利润就成为衡量该中心业绩的重要指标。

事业部或分部通常被划分为投资中心。除了控制成本、制定价格外,事业部或分部的经理还有权做出投资决策,如工厂的开工或停工,某种产品的保留或停产。因此,营业利润和投资报酬率是衡量投资中心业绩的重要指标。

应该引起注意的是,虽然各责任中心的经理仅负责本中心的各项活动,但由他做出的决策可能会影响到其他的责任中心。所以,公司最高决策层要注意这方面的协调工作,以保证企业整体实力的综合发展。

二、成本中心及其业绩评价

(一) 成本中心的含义

一个责任中心如果不形成或者不考核其收入,而着重考核其所发生的成本或费用,则这类责任中心称为成本中心。

成本中心的规模大小不一,各个较小的成本中心可以共同组成一个较大的成本中心,各个较大的成本中心又可以共同构成一个更大的成本中心,在企业内部形成一个逐级控制并且层层负责的成本中心体系。例如,企业基层的各个作业组、工段、班组可分别形成成本中心,而这些成本中心又可组成一个较大的成本中心如车间或部门,车间或部门这些较大的成本中心又可形成更大的成本中心如分厂、分公司。规模大小不一和层次不同的成本中心,其可控制的成本内容不同,因而其责任与考核内容也不一样。

(二) 成本中心的特点

1. 成本中心只对其可控成本负责

成本中心所发生的各项成本,有些是该中心可以控制的,即可控成本,而有些是该中心无法控制的,即不可控成本。对成本中心成本的考核与评价只能以其是否可控为标准,即只考核与评价成本中心的可控成本,而不考核其不可控成本。成本的可控与不可控是以一个特定的责任中心和一个特定的时期作为出发点的,这与成本中心所处管理层次的高低、管理权限的大小及经营期间的长短有直接关系。某些成本对于较高层次的成本中心来说是可控的,而对低一层的成本中心则是不可控的。对整个企业来说,几乎所有的成本都是可控成本。而对于企业下属各层次、各部门乃至个人来说,则既有各自的可控成本,又有各自的不可控成本。

可控成本是指同时符合以下三个条件的成本:

(1) 成本中心能够通过一定的方式了解将要发生的成本,即成本的可预计性;

(2) 成本中心能够对成本进行计量,即成本的可计量性;

(3) 成本中心能够通过自己的行为来调节控制成本,即成本的可影响性。

2. 成本中心所负责的成本不是一般意义上的产品成本,而是责任成本

产品成本遵循的原则是"谁受益,谁承担",责任成本遵循的原则是"谁负责,谁承担"。成本中心的责任成本是按责任中心进行归集,产品成本则是按产品进行归集。两者有本质的区别,成本中心所考核和负责的是责任成本。

(三) 成本中心的分类

如果再做进一步划分,成本中心又可以划分为两种类型,即标准成本中心和费用中心。

1. 标准成本中心

标准成本中心一般是从制造业活动中产生的,是指其生产的产品稳定而明确,并且其单位产品的投入量可以计量的责任中心。通常标准成本中心的典型代表是制造业工厂、车间、工段、班组等。在生产制造活动中,每个产品都可以有明确的原材料、直接人工和制造费用的数量标准和价格标准。实际上,任何一种重复性活动都可以建立标准成本中心,只要这种活动能够计量产出的实际数量,并且能够简明投入与产出之间可望达到的函数关系。因此,

各种行业都可以建立标准成本中心。如银行根据经手支票的多少,医院根据接受检查或放射治疗的人数,快餐业根据售出盒饭的多少,都可以建立标准成本中心。

中心经理的责任是在本中心的能力范围之内,达到外部决策所要求的效率水平(即标准成本),他对中心业务量不负责任。当然,作为考核标准的标准成本应是建立在确定质量和时间的要求之上的。对于中心来说,要根据投入和产出的关系来评估其效率;而对于其经营效果的评估,则要看该中心是否在指定的质量和时间水平上达到了所要求的产量。

2. 费用中心

费用中心也称为酌量性费用中心,是指其产出物不能用财务指标来衡量,或者其投入与产出之间没有密切关系的单位。这些单位包括行政管理部门,如财务、会计、法律、人力资源等部门;研究开发部门,如设备改造、新产品研发等部门;某些销售辅助部门,如广告、宣传、仓储等部门。对于这些很难判断其投入与产出效率的部门,唯一可以准确计量的是实际费用,因此也被称为无限制的费用中心。

(四) 成本中心的考核指标

标准成本中心与费用中心的评价方法是不同的。

一般来说,标准成本中心的考核指标是既定产品质量和数量条件下的标准成本。标准成本中心不需要做出价格、产量、产品结构等决策,这些决策由上级管理部门做出,或授权给销货单位做出。标准成本中心的设备和技术决策,通常由职能管理部门做出,而不是由成本中心的管理人员自己决定。因此,标准成本中心不对生产能力的利用程度负责,而只对既定产量的投入量承担责任。

值得强调的是,如果标准成本中心的产品没有达到规定的质量或没有按计划生产,则会对其他单位产生不利影响。因此,标准成本中心必须按规定的质量、时间标准和计划产量来进行生产。这个要求是硬性的,很少有伸缩余地。完不成上述要求,成本中心要受到批评甚至惩罚。过高的产量,提前产出造成积压,超产以后销售不出去,同样会给企业带来损失,也应视为未按计划进行生产。

确定费用中心的考核指标是一件困难的工作。由于缺少度量其产出的标准,以及投入和产出之间的关系不密切,运用传统的财务技术来评估这些中心的业绩非常困难。费用中心的业绩涉及预算、工作质量和服务水平。工作质量和服务水平的量化很困难,并且与费用支出关系密切。这正是费用中心与标准成本中心的主要差别。

一般用费用预算来评价费用中心的成本控制业绩。由于很难依据一个费用中心的工作质量和服务水平来确定预算数额,解决办法是考察同行业类似职能的支出水平。例如,有的公司根据销售收入的一定百分比来制订研究开发费用预算。尽管很难解释为什么研究开发费用与销售额具有某种因果关系,但是百分比法还是使人们能够在同行业之间进行比较。另外一个解决办法是零基预算法,即详尽分析指出的必要性及其取得的效果,确定预算标准。还有许多企业依据历史经验来编制费用预算,这种方法虽然简单,但缺点也十分明显。管理人员为了在将来获得较多的预算,倾向于把能花的钱全部花掉,越是勤俭度日的管理人员越容易面临严峻的预算压力。预算的有利差异只能说明比过去少花了钱,既不能表明达到了应有的节约程度,也不能说明成本控制取得了应有的效果。因此,依据历史实际费用数额来编制预算并不是个好办法。从根本上说,费用中心预算水平的高低有赖于了解情况的专业人员的判断。上级主管人员应信任费用中心的经理,并与他们密切配合,通过协商确定适当的预算水平。在考核预期完成情况时,要利用有经验的专业人员对该费用中心的工作质量和服务水平做出有根据的判断,才能对费用中心的控制业绩作出客观评价。

(五) 成本中心的业绩评价

对成本中心的考核与评价以责任成本为限,其方法是成本中心提供业绩报告,并以其业绩报告为依据,将之与责任预算数据进行比较,找出差异的发生数额及发生原因,其目的是对重大的差异采取纠正措施,对因预算不符合实际而引起的差异则应修正预算,并进行相应的奖罚。

【实务 9-1】 光大公司的组织系统如图 9-4 所示。

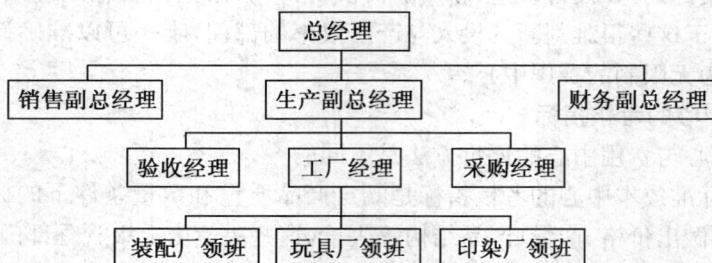

图 9-4 光大公司的组织系统

该公司共分四级管理层,装配厂、玩具厂、印染厂这三个工厂为第四级管理层,构成最基本的成本中心,这三个成本中心应将其业绩定期报告给第三级管理层——工厂经理审阅;而工厂经理、采购经理、验收经理构成第三级的成本中心,他们应将其业绩定期报告给第二级管理层——生产副总经理审阅;而生产副总经理、销售副总经理、财务副总经理构成第二级的成本中心,他们应将其业绩定期报告给最高管理层——总经理审阅。

表 9-3 至表 9-6 分别列示了该公司 2×16 年 10 月每一管理层级(即各级成本中心)的责任成本预算、实际成本以及实际成本与预算成本的差异金额(实务中只列出了玩具厂这一成本中心的明细数据,其他成本中心则以合计数据体现)。

表 9-3 第一级:总经理 单位:元

可控制成本项目	本月预算额	本月实际发生额	预算差异额
总经理办公费用	12 000	14 000	2 000
生产副总经理	114 000	119 400	5 400
销售副总经理	85 000	90 000	5 000
财务副总经理	120 000	112 000	-8 000

表 9－4　第二级:生产副总经理　　　　　　　　　　　单位:元

可控制成本项目	本月预算额	本月实际发生额	预算差异额
副总经理办公费用	28 000	27 900	−100
工厂成本	74 800	76 700	1 900
采购成本	4 000	4 800	800
验收成本	7 200	10 000	2 800
合　计	114 000	119 400	5 400

表 9－5　第三级:工厂经理　　　　　　　　　　　　单位:元

可控制成本项目	本月预算额	本月实际发生额	预算差异额
工厂经理办公费用	12 000	11 500	−500
玩具厂成本	6 800	8 400	1 600
印染厂成本	9 000	7 800	−1 200
装配厂成本	47 000	49 000	2 000
合　计	74 800	76 700	1 900

表 9－6　第四级:玩具厂领班　　　　　　　　　　　单位:元

可控制成本项目	本月预算额	本月实际发生额	预算差异额
维护及修理成本	2 000	2 100	100
直接物料成本	1 800	2 600	800
领班工资	1 000	900	−100
工人工资	2 000	2 800	800
合　计	6 800	8 400	1 600

根据各成本中心所提供的业绩报告,各级管理层可相应地对其做出业绩评价,当差额较大时,相关管理人员必须对差异原因进行分析并提出纠正措施,以保证预算的完成。当差异分析显示预算指标有误时,应提请上级管理层做出相应责任预算的修正。

三、收入中心及其业绩评价

(一) 收入中心的含义及其确认条件

收入中心是指负有销售收入和销售费用责任的销售部门、销售公司或销售单位,以及相应的管理责任人。收入中心是对收入负责的责任中心,其特点是所承担的经济责任只有收入,不对成本负责,因此,对收入中心只考核其收入实现情况。此类责任中心一般是创造收入的部门。收入中心的控制目标是特定财务期间内的销售收入、销售回款和销售费用指标,并据此评估达成的效果。

某一销售部门能够认定为收入中心,应满足以下条件:

（1）该单位的管理责任人对本单位的整体产品销售活动负责；

（2）管理责任人具有决策权，其决策能够影响决定本单位销售收入和销售费用的主要因素，包括销售量、销售折扣、销售回款、销售员佣金等；

（3）管理责任人以销售收入和销售费用为决策准则。

（二）确定收入中心的目的

确定收入中心的目的是为了组织营销活动。典型的收入中心通常是从生产部门取得产成品并负责销售和分配的部门，如公司所属的销售分公司或销售部。若收入中心有制定价格的权力，则该中心的管理者就要对获取的毛收益负责；若收入中心无制定价格的权力，则该中心的管理者只需对实际销售量和销售结构负责。为使收入中心不仅仅是追求销售收入达到最大，更重要的是追求边际贡献达到最大，因而在考核收入中心业绩的指标中，应包括某种产品的边际成本、边际贡献等概念。随着分配、营销和销售活动中作业成本法的逐渐采用，销售单位能够把它们的销售成本和对每个消费者提供服务的成本考虑进去，这样企业就能够用作业成本制度把履行营销和销售活动的收入中心变成利润中心，从而可以对销售部门的利润贡献加以评估。因而，将许多分散的经营单位仅仅作为收入中心的情况越来越少了。

（三）对收入中心的控制

对收入中心的控制主要包括以下三个方面。

1. 控制企业销售目标的实现

（1）核查各收入中心的分目标与企业整体的销售目标是否协调一致，保证依据企业整体目标利润所确定的销售目标的落实。

（2）检查各收入中心是否为实现其销售分目标制订了确实可行的推销措施，包括推销策略、推销手段、推销方法、推销技术、推销力量，以及了解掌握市场行情等。

2. 控制销售收入的资金回收

销售过程是企业的成品资金向货币资金转化的过程，对销售款回收的控制要求主要有：

（1）各收入中心对货款的回收必须建有完善的控制制度，包括对销售人员是否都订有明确的收款责任制度，对已过付款期限的客户是否订有催款制度。

（2）将销货款的回收列入各收入中心的考核范围，将收入中心各推销人员的个人利益与销货款的回收情况有效地结合起来考核。

（3）收入中心与财务部门应建立有效的联系制度，以及时了解掌握销货款的回收情况。

3. 控制坏账的发生

对坏账的控制要求主要有以下两个方面：

（1）每项销售业务都要签订销售合同，并在合同中对有关付款的条款作明确的陈述。

（2）在发生销售业务时，特别是与一些不熟悉的客户初次发生重要交易时，必须对客户的信用情况、财务状况、付款能力和经营情况等进行详细的了解，以预测销货款的安全性和及时回收的可能性。

（四）收入中心的考核指标

同收入中心的控制一样，对收入中心的考核也包括三个方面的指标，即销售收入目标完成百分比、销货款回收平均天数和坏账发生率。

（1）销售收入目标完成百分比是将实际实现的销售收入与目标销售收入进行比较,以考核销售收入的目标完成情况。其计算公式如下:

$$销售收入目标完成百分比 = \frac{实际实现销售收入}{目标销售收入} \times 100\% \qquad (9-1)$$

（2）销货款回收平均天数是考核收入中心是否及时回收销货款的指标。这一指标的计算是将每笔销售收入分别乘上各该收货款的回收天数,即自收入的确认至货款收到之间的日期,加总后除以全部销售收入。其计算公式如下:

$$销售款回收平均天数 = \frac{\sum(销售收入 \times 回收天数)}{全部销售收入} \qquad (9-2)$$

（3）坏账发生率这一指标主要考核收入中心在履行其职责过程中所发生的失误情况。坏账发生率的计算是将某年的坏账发生数与全部销售收入进行比较。其计算公式如下:

$$坏账发生率 = \frac{某年的坏账发生数}{某年全部销售收入} \times 100\% \qquad (9-3)$$

四、利润中心及其业绩评价

（一）利润中心的含义和类型

利润中心是指除了能够控制成本以外,还能控制收入和利润的责任中心。也就是说,在这种责任中心里,既应对成本负责,又要对收入和利润负责。利润中心一般适用于企业中具有独立收入来源的较高的责任单位,例如,分公司、分厂等。每一个利润中心都应该进行独立的会计核算,向上一级责任中心报送规定的收益报表资料。

利润中心分为自然的利润中心和人为的利润中心两种。

自然的利润中心虽然是企业内部的一个责任中心,一般是一个独立核算的内部责任单位,可以直接在外界市场上销售产品或提供劳务,因而它能获得收入,为企业带来利润。

但是,在一个企业内部,能够作为自然的利润中心的责任中心毕竟不会有很多,因为大多数责任中心不可能直接对外开放销售产品或提供劳务,获取会计准则所认可的收入和利润。为了拓展利润中心的适用范围,企业还可以设置人为的利润中心。人为的利润中心只对本企业内部各责任中心按照内部转移价格提供产品或劳务,而不直接对外经营业务。例如,一个企业开采铁矿,制成钢材,钢材加工,制成产品并对外销售商品。这个企业的各个生产阶段都能建立利润中心,当然这些利润中心是管理当局以内部转移价格作为"售价"人为"创造"出来的。如前所述,利润中心的产品不一定是物质产品。例如,企业电子计算机中心可以就它的运算劳务向作业单位收费,维修部门可以就它的修理服务向作业单位收费。由于将成本中心转化为利润中心来考核往往能够加强管理人员的责任心,因此,人为的利润中心越来越普遍。

（二）利润中心的特点

相对于成本中心而言,利润中心既应对其可控成本负责,又应对其可控收入和利润负责。

利润中心的可控成本包括该中心所发生的变动成本和该中心直接发生的专属固定成本,不包括由多个责任中心共同负担的或由上级责任中心分配来的共同固定成本。

利润中心的可控收入是指由该中心可控制的销售收入。如果某产品的定价权不在该中心，则其可控收入只应以完成的销售量来衡量，而不能以销售额衡量；如果要以销售额衡量则应合理地认可一个内部转移价格，以衡量其可控收入。

利润中心的可控利润可以是可控税前净利，也可以是可控边际贡献或贡献毛益。作为自然利润中心，其可控利润可以是税前利润；作为人为利润中心，其可控利润只能是边际贡献或贡献毛益。其可控的边际贡献额为该中心可控收入减去该中心可控成本之差。

（三）利润中心的考核指标

利润中心的考核指标主要是利润。但是，任何一个单独的业绩衡量指标都不能反映出某个组织单位的所有经济效果，利润指标也是如此。因此，尽管利润指标具有综合性，利润计算具有强制性和较好的规范化程度，但仍然需要一些非货币的衡量方法作为补充，包括生产率、市场地位、产品质量、职工态度、社会责任、短期目标和长期目标的平衡等。

在计量一个利润中心的利润时，我们需要解决两个问题，一是选择一个利润指标，包括如何分配成本到该中心；二是为在利润中心之间转移的商品或劳务规定价格。

利润的口径很多，在设置利润中心的考核指标时，通常有四种选择，即边际贡献、可控边际贡献、部门边际贡献和税前部门利润。

【实务 9-2】 远大公司共有三个经营分部，各自划分为独立的利润中心，2×16 年 11 月经营二部的有关数据如表 9-7 所示。

表 9-7 2×16 年 11 月远大公司经营二部的数据　　　　　　　单位：元

项　目	金　额
部门销售收入	25 000
已销商品变动成本和变动销售费用	10 000
部门可控固定间接费用	1 200
部门不可控固定间接费用	1 000
分配公司管理费用	1 300

假设该部门 2×16 年 11 月的利润简表如表 9-8 所示。

表 9-8 2×16 年 11 月远大公司经营二部的利润简表　　　　　　单位：元

项　目	金　额
收入	25 000
减：变动成本	10 000
（1）边际贡献	15 000
减：可控固定成本	1 200
（2）可控边际贡献	13 800
减：不可控固定成本	1 000
（3）部门边际贡献	12 800
减：公司管理费用	1 300
（4）税前部门利润	11 500

解析:通过对以上数据的分析可以看出,如果仅以边际贡献 15 000 元作为该部门的考核指标显然不够全面。因为部门经理至少可以控制某些固定成本,并且在固定成本和变动成本的划分上有一定的选择余地。仅以边际贡献作为评价其业绩的依据,可能导致部门经理尽可能多地支出固定成本以减少变动成本支出,尽管这样做并不能降低总成本。因此,进行业绩评价时至少应包括可控的固定成本。

将可控边际贡献 13 800 元作为该部门经理业绩评价的依据可能是最好的,它反映了部门经理在其权限和控制范围内有效使用资源的能力。部门经理可以控制收入、变动成本和部分固定成本,因而可以对可控边际贡献承担责任。这一衡量标准的主要问题是可控固定成本和不可控固定成本的区分比较困难。例如,折旧、保险等费用,如果部门经理有权处理这些有关的资产,那它们就是可控的;反之,则是不可控的。又如,雇员的工资水平通常是由企业集中决定的,如果部门经理有权决定本部门雇用多少职工,那么,工资成本是他的可控制成本;如果部门经理既不能决定工资水平,又不能决定雇员人数,则工资成本是不可控成本。

以部门边际贡献 12 800 元作为业绩评价依据,可能更适合评价该部门对企业利润和管理费用的贡献,而不适合于对部门经理的评价。如果要决定该部门的取舍,部门边际贡献是有着重要意义的信息。如果要评价部门经理的业绩,由于有一部分固定成本是过去最高管理层投资决策的结果,现在的部门经理已很难改变,因此,部门边际贡献超出了经理人员的控制范围。

以税前部门利润 11 500 元作为业绩评价依据通常是不合适的。公司总部的管理费用是部门经理无法控制的成本,由于分配公司管理费用而引起部门利润的不利变化,不能由部门经理负责。许多企业把所有的总部管理费用分配给下属部门,其目的是提醒部门经理注意各部门提供的边际贡献必须抵补总部的管理费用,否则企业作为一个整体就不会盈利。其实,通过给每个部门建立一个期望能达到的可控边际贡献标准,可以更好地达到上述目的。这样,部门经理可以集中精力增加收入并降低可控成本,而不必在分析那些他们不可控的管理费用上花费精力。

五、投资中心及其业绩评价

(一) 投资中心的概念

投资中心是既能对收入和成本承担责任,又能对投资承担责任的单位。如某些分散经营的单位或部门,其经理所拥有的自主权不仅包括制定价格、确定产品和生产方法等短期经营决策权,还包括投资规模和投资类型等投资决策权。投资中心的经理不但能控制除公司分摊管理费用外的全部成本和收入,而且能控制所占用的资产,因此,不仅要衡量其利润,还要衡量其资产。一般而言,投资中心是最复杂的责任中心,他们拥有更多的决策权,也承担更大的责任。

由于投资的目的是为了获得利润,因而,投资中心同时也是利润中心,但它又不同于利润中心,其主要区别有二:一是权利不同,利润中心没有投资决策权,它只能在项目投资形成生产能力后进行具体的经营活动;而投资中心则不仅在产品生产和销售上享有决策权,而且对投放于经营项目上的机器设备、工艺技术、应收账款、存货以及开拓市场等活动上的资金量享有决策权。二是考核办法不同，考核利润中心业绩时，只就其可控收入减去可控成本后的边际利润进行考核，不考虑投资多少或不进行投入产出的比较；而在考核投资中心业绩时，不仅要考核其收入利润，还必须考核其投资效果。

（二）投资中心的特点

投资中心具有以下特点：

（1）投资中心不但要对全部成本、收入和利润负责，而且要对投资效果负责；

（2）投资中心是企业最高层次的责任中心，一般是一个独立的法人；

（3）对投资中心的评价主要是评价其投资效果，其指标可以是投资贡献率、剩余收益等。

（三）投资中心的考核指标

1. 投资贡献率

投资贡献率是最常见的考核投资中心业绩的指标，是责任中心不受资本结构影响的总资产收益率，反映了投资中心资产的利用效率。其计算公式为

$$投资贡献率 = \frac{部门边际贡献}{部门拥有的资产总额} \qquad (9-4)$$

用投资贡献率来评价投资中心业绩有许多优点。它是根据现有会计资料计算的，比较客观，可用于投资中心之间以及不同行业之间的比较。用它来评价每个投资中心的业绩，可以促使其提高本投资中心的投资贡献率，从而有助于提高整个企业的投资贡献率。

投资贡献率指标的不足之处是，部门经理会放弃高于企业资金成本而低于目前部门投资贡献率的机会，或者减少现有的投资贡献率较低但高于企业资金成本的某些资产，使部门的业绩获得较好评价，但却伤害了企业整体的利益。

【实务9-3】 光华公司某投资中心的资产总额为 80 000 元，部门边际贡献为 16 000 元。试计算其投资贡献率。

假设该公司资金成本为 15%，针对以下两种情况，作为该中心的部门经理，如果仅以本部门的投资贡献率作为决策指标，应决策如下：

（1）现有一个投资贡献率为 18% 的投资机会，投资额为 20 000 元，每年可提供边际贡献 3 600 元，判断是否采纳该项投资。

（2）该投资中心现有一项资产价值 30 000 元，每年可提供边际贡献 5 400 元，投资贡献率 18%，判断是否放弃该项资产。

解析：该投资中心的投资贡献率 $= \frac{16\,000}{80\,000} = 20\%$

（1）这种情况下，如果采纳该项投资，则

$$投资贡献率 = \frac{16\,000 + 3\,600}{80\,000 + 20\,000} = 19.6\%$$

尽管对于整个企业来说，由于该项投资贡献率 18% 高于企业的资金成本 15%，应当利用这个投资机会，但是它却使该投资中心的投资贡献率由 20% 下降到 19.6%，所以，该部门经理如果仅以本部门的投资贡献率作为决策指标，则不会采纳该项投资。

（2）这种情况下，如果放弃该项资产，则

$$投资贡献率＝\frac{16\,000－5\,400}{80\,000－30\,000}＝21.2\%$$

该项投资贡献率18%高于企业的资金成本15%,但是却低于部门目前的投资报酬率20%,如果放弃该项资产,可以使该投资中心的投资贡献率从20%上升到21.2%,所以,该部门经理如果仅以本部门的投资贡献率作为决策指标,则可能会放弃该项资产,以获得更高的部门投资贡献率。

由以上分析可知,当使用投资贡献率作为业绩评价标准时,投资中心可以通过加大公式分子或减少公式分母来提高这个比率。如此评价,可能会失去扩大企业整体剩余收益的项目。因此,从引导投资中心采取与企业总体利益一致的决策角度来看,投资贡献率并不是一个很好的考核指标。

2. 剩余收益

为了克服由于使用比率来衡量投资中心业绩带来的次优化问题,许多企业采用绝对数指标来实现利润与投资之间的联系,这就是剩余收益指标。其计算公式为

$$剩余收益＝部门边际贡献－部门资产应计报酬 \qquad (9-5)$$

或

$$剩余收益＝部门边际贡献－部门资产×资金成本率 \qquad (9-6)$$

【实务9-4】　根据【实务9-3】的资料计算如下:

该投资中心的剩余收益＝16 000－80 000×15%＝4 000(元)

采纳增资方案后的剩余收益＝(16 000＋3 600)－(80 000＋20 000)×15%＝4 600(元)

采纳减资方案后的剩余收益＝(16 000－5 400)－(80 000－30 000)×15%＝3 100(元)

因此,该投资中心会采纳增资方案而放弃减资方案,这正是与企业总目标相一致的。

剩余收益指标的优点是:① 可以弥补投资贡献率指标所存在的问题,防止投资中心片面考虑本中心的利益,促使它们从企业整体利益出发,选择投资贡献率高于企业资金成本的投资方案。② 允许使用不同的风险调整资金成本。从现代财务理论来看,不同的投资有不同的风险,应按风险程度调整其资金成本。因此,不同行业投资中心的资金成本不同,甚至同一投资中心的不同资产也属于不同的风险类型。例如,现金、短期应收款和长期资本投资的风险有很大区别,要求有不同的资金成本。在使用剩余收益指标时,可以对不同投资中心或不同资产规定不同的资金成本率,使剩余收益指标更加灵活。

剩余收益指标的不足之处是,该指标是绝对数指标,不便于不同部门之间的比较。规模大的部门容易获得较大的剩余收益,而他们的投资贡献率不一定很高。在这里,我们再次体会到引导决策与评价业绩之间的矛盾。因此,许多企业在使用这一方法时,事先建立与每个部门资产结构相适应的剩余收益预算,然后通过实际与预算的对比来评价部门业绩。

【实务9-5】　甲公司下设A、B两个投资中心,公司管理层决定本年度追加投资。甲公司加权平均资金成本率为10%,甲公司要么向A投资中心追加投资10万元,要么向B投资中心追加投资20万元,追加投资后两个责任中心的边际贡献分别为1.8万元和7.4万元。有关资料和计算如表9-9所示。

表 9 – 9　投资中心相关指标计算表　　　　　　　　单位:万元

项　目		部门总资产	部门边际贡献	投资贡献率(%)	剩余收益
追加投资前	A	20	1	5	−1
	B	30	4.5	15	1.5
	Σ	50	5.5	11	0.5
A 投资中心追加投资 10 万元	A	30	1.8	6	−1.2
	B	30	4.5	15	1.5
	Σ	60	6.3	10.5	0.3
B 投资中心追加投资 20 万元	A	20	1	5	−1
	B	50	7.4	14.8	2.4
	Σ	70	8.4	12	1.4

解析:根据表 9 - 9 的计算结果进行投资中心的投资决策,若以投资贡献率作为考核指标,追加投资后投资中心 A 的利润率由 5% 提高到 6%,投资中心 B 的利润率由 15% 下降到 14.8%,故向投资中心 A 投资较好;若以剩余收益指标作为考核依据,投资中心 A 的剩余收益由原来的 −1 万元变成 −1.2 万元,而投资中心 B 的剩余收益由原来的 1.5 万元增加到 2.4 万元,应当向 B 投资中心投资。如果从整个公司利益出发进行考虑,可以发现 A 投资中心追加投资时整个公司的投资贡献率由 11% 下降到 10.5%,剩余收益由 0.5 万元下降到 0.3 万元;B 投资中心追加投资时整个公司的投资贡献率由 11% 上升到 12%,剩余收益由 0.5 万元上升到 1.4 万元,因此,甲公司应向 B 投资中心进行投资。

通过以上计算分析可知,以剩余收益指标作为投资中心的评价指标可以保持各投资中心获利目标与公司总获利目标保持一致,弥补了投资贡献率的缺陷。

六、内部转移价格

内部转移价格是指企业内部各责任中心之间转移中间产品或相互提供劳务而发生内部结算和进行内部责任结算所使用的计价标准。

内部转移价格对于提供产品或劳务的生产部门来说表示收入,对于使用这些产品或劳务的生产部门来说则表示成本。因此,内部转移价格会影响到两个相关责任中心的获利水平,从而使得各责任中心非常关心内部转移价格的制订,并容易引起争议;内部转移价格能否合理制订会影响到公司总目标的实现,因此,审慎、合理的内部转移价格发挥着重要的作用。

(一) 内部转移价格的作用

(1) 合理的内部转移价格具有激励作用。它激励内部责任单位充分发挥其自身的创造性,进行有效经营。

(2) 使管理当局对各责任中心的评价与考核建立在客观、公正和可比的基础上。

(3) 使管理当局能根据各责任中心提供的相关信息进行部门决策(如扩充、缩小或停止某责任中心的某一业务等),以保证各个责任中心与整个企业的经营目标的一致性。

（二）内部转移价格的种类及适用条件

内部转移价格的种类主要包括市场价格、协商价格、成本价格和双重价格四种类型。

1. 市场价格

市场价格是把产品或劳务的市场价格作为基价的内部转移价格。

采用市场价格，一般假定各责任中心处于独立自主的状态，可自由决定从外部或内部进行购销，同时所交易的产品有客观的、完全竞争性的市场存在。

（1）以市场价格作为内部转移价格时应注意的问题。第一，在中间产品有外部市场，可向外部出售或从外部购进时，可以按市场价格为内部转移价格，但并不等于一定要直接将市场价格用于内部结算，而应在此基础上，对外部价格做一些必要的调整。这是因为外部售价一般包括销售费、广告费、运输费，以及各类税金等，而这些内容在内部转移价格中是不应包括的。如不将上述内容从市场价格中予以扣除，则由这两项内容带来的好处都会为供应方获得。否则，在业绩评价时，因内部供应而节约的销售、商业信用等方面的费用完全表现为"销售方"的经营成果，"购买方"得不到任何好处，不利于调动各责任单位的积极性，不利于展示利润分配的公平性。

第二，以市场价格为依据制订内部转移价格时，一般假设中间产品有完全竞争的市场，或中间产品提供部门没有任何闲置的生产能力。

第三，在采用市场价格作为内部转移价格时，应尽可能使企业的中间产品在各责任中心之间进行内部转移，首先应保证满足内部责任单位对特定产品的需要，除非有充分理由说明对外交易比对内交易更为有利。

（2）按照市场价格制订内部转移价格的原则。为使内部交易公平、合理、科学地进行，在按照市场价格制订内部转移价格时，具体应遵循以下三条原则：

第一，供应方愿意对内销售，且售价不高于市价时，使用方有购买的义务，不得拒绝购进；

第二，当供应方的售价高于市场价格时，使用方有转向市场购入的自由；

第三，当供应方宁愿向外界市场销售时，则应该有不对内销售的权利。

但是，第二和第三条原则的应用必须以不影响企业的整体利益为前提。

（3）市场价格的适用条件。以市场价格为基础制订的内部转移价格适用于利润中心或投资中心采用，当产品有外部市场，"购""销"双方都有权自由对外销售产品和采购产品时，以市场价格作为转移价格仍不失为一种有效的方法。

2. 协商价格

协商价格也称为议价，是指在中间产品存在非完全竞争的外部市场时，在正常市场价格的基础上，由企业内部相应的责任中心通过定期共同协商所确定的为供、求双方能够共同接受的价格。协商价格通常比市场价格要低，因为在内部转移产品时，无推销及管理费，无坏账损失。

中间产品存在非完全竞争性市场且存在以下情况之一时，使用协商价格在相应责任中心之间转移产品时适用。

（1）内部转移产品数量大，且通过内部转移可以比外销减少销售费用或管理费用。

（2）销售方或称生产方具有闲置的生产能力，其产品的变动成本低于市场价格，且销售方具有讨价还价的筹码。

(3)购买部门所需的物品无法由外部直接供应,因此必须由公司内部其他部门生产。

3.成本价格

成本价格就是以产品或劳务的成本为基础而制订的内部转移价格。

(1)成本价格的种类及特点。由于人们对成本概念的理解不同,成本价格也包括多种类型,其中用途较为广泛的成本价格有以下三种:

① 标准成本。即以产品(半成品)或劳务标准成本作为内部转移价格。它适应于成本中心产品(半成品)的转移。其优点是将管理和核算工作结合起来,可以避免供应方成本高低对使用方的影响,做到责任分明,有利于调动供、需双方降低成本的积极性。

② 标准成本加成。即按产品(半成品)或劳务的标准成本加计一定的合理利润作为计价的基础。当产品或劳务的转移价格涉及利润中心、投资中心时,可将标准成本加上一定利润作为转移价格。其优点是能分清相关责任中心的责任,有利于成本控制。但确定加成利润率时,应由管理当局妥善制订,避免主观随意性。

③ 标准变动成本。它是以产品(半成品)或劳务的标准变动成本作为内部转移价格,能够明确提示成本与产量的性态关系,便于考核各责任中心的业绩,也利于经营决策。其不足之处是产品(半成品)或劳务中不包含固定成本,不能反映劳动生产率变化对固定成本的影响,不利于调动各责任中心提高产量的积极性。

(2)成本价格的适用条件。成本价格适用于下列情况:

① 外界并无竞争性市场价格存在。如某些局部完工产品或在此生产阶段不对外出售的产品。

② 决定市价有困难,从而使部门经理发生较多争执。

③ 产品包含秘方,而不适合对外销售,只适合对内部供应。

4.双重价格

双重价格就是针对供、需双方分别采用不同的内部转移价格而制订的价格。如产品(半成品)的供应方可按协商的市场价格计价,使用方则可按供应方产品(半成品)的单位变动成本计价,两种价格产生的差额由会计部门调整计入管理费用。

(1)双重价格的类型。双重价格主要有以下两种形式:

① 双重市场价格,就是当某种产品或劳务在市场上出现几种不同价格时,供应方采用最高市价,使用方采用最低市价。

② 双重转移价格,就是供应方按市场价格或议价作为基础,而使用方按供应方的单位变动成本作为计价的基础。

(2)双重价格的适用条件。对于各部门间或各责任中心之间利益冲突较多,从而使用单一的内部转移价格不能达成激励与公正评价目的的,这样的企业可以在其内部使用双重的转移价格标准。

任务三　企业绩效评价系统分析与评价

绩效评价就是按照企业目标设计相应的评价指标体系,根据特定的评价标准,采用特定的评价方法,对企业一定经营期间的价值实现程度做出客观、公正、准确的综合判断。

一、企业绩效评价的分类

从不同角度来看,企业绩效评价可以分为不同的种类,常见的分类标准有评价内容、评价层次、评价指标、评价主体及评价时点等。其具体分类情况如表 9－10 所示。

表 9－10　企业绩效评价分类

分类标准	类　型	说　明
评价内容	单项评价	是指对某一具体的经济现象,如生产效率的高低、企业利润的升降等所进行的评价,这种评价一般选择能反映其特征的指标进行描述
	综合评价	这是相对于单项评价而言的,是指对某些复杂现象或综合现象的评价,如对企业的经营业绩评价、对地区的产业结构评价等。这些现象往往是复杂的各个子系统状况的综合反映,综合评价就是将各子系统的状况加以合成,用以描述整个系统的基本特征,使人们获得整体的认识
评价层次	整体评价	对企业进行评价
	部门评价	对企业中的各个部门进行评价,包括对业务部门和管理部门的评价
	个人评价	对个体进行评价,具体包括对经营者、部门经理、员工等的评价
评价指标	财务评价	是指以财务指标为主进行的评价,评价的内容包括企业的财务效益状况、偿债能力状况、营运能力状况、发展能力状况等
	非财务评价	主要是指以非财务指标为主进行的评价,评价的内容包括客户、内部业务流程、创新、人力资源、质量等方面
评价主体	外部评价	由企业外部的有关评价主体做出的评价,外部评价主体包括政府有关部门、投资者、债权人、社会公众、消费者等
	内部评价	由企业内部的有关评价主体做出的评价,内部评价主体包括经营者、部门经理、基层部门主管、员工等
评价时点	定期评价	按年、季度、月份进行的评价,是较为系统全面的评价
	不定期评价	主要是就某些专门事项进行的评价,如经营者任期经营业绩评价

二、企业绩效评价系统的构成

作为企业管理系统的一个相对独立的子系统,企业绩效评价系统的要素包括评价主体、评价目标、评价客体、评价指标、评价标准、评价方法和评价报告。

评价主体是指对客体实施评价的主体。对企业进行绩效评价的主体往往是企业的利益相关者,包括投资人、债权人、经营管理者、政府部门以及其他相关利益主体。不同评价主体其评价的目的和侧重点会有所不同。

评价客体是指所评价的对象。它是与评价主体相对应的,可以是整个企业、部门、经营管理者和普通员工等。不同的客体具有不同的特性,这些特性在具体设计时直接影响着指标体系的建立。

评价指标是指对评价客体的哪些方面进行评价,评价指标的选择要依据客体的特性和系统目标按照系统设计的原则进行。评价指标有财务方面的,如销售利润率、每股盈余等;也有非财务方面的,如产品质量、创新能力、售后服务水平等。进行指标选择时,应尽量避免重复或相互涵盖,并应根据评价指标的作用划分关键业绩指标与日常指标,以更好地服务于主体的评价目标。

评价标准是指对客体进行分析评判的标准。评价标准是相对的、发展的、变化的。目前常见的业绩评价标准有经验标准、历史水平标准、行业标准、预算标准和竞争对手标准等。为了全面发挥企业绩效评价系统的功能,在实际工作中应综合运用各种不同的标准。

以上各要素间的相互关系及其内部逻辑联系如图 9-5 所示。

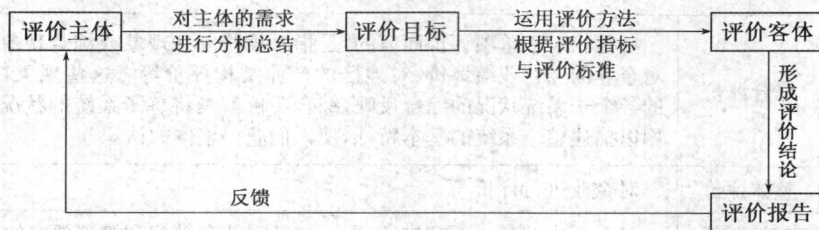

图 9-5　企业绩效评价系统的构成

三、企业财务绩效评价系统——沃尔评分法

企业一定时期的绩效结果通常都能在财务报表中得以反映,因而借助财务指标可以评价企业的财务绩效。沃尔评分法就是以企业财务指标为依据进行财务绩效评价和分析的系统方法。

(一) 沃尔评分法的原理

采用一定的方法和步骤对企业进行综合财务分析时,经常会遇到这样的困难,在计算出各项财务比率后,无法判断其是偏高还是偏低。例如,流动比率如果计算出的数值是 1.6,单凭此数值无法判断这个公司的短期偿债能力到底如何,只有拿这个数值和本公司的历史水平相比较,才能看出公司自身在一段时间内的变化。并且单凭此数值难以评价公司在本行业、在整个市场中的地位和优劣。同时,各个指标分别评价某一方面的状况,不能对全局做出一个总体的、综合的评价。

为了改变这种状况,亚历山大·沃尔教授于 20 世纪初提出了沃尔评分法,他选用流动比率、产权比率、固定资产比率、存货周转率、应收账款周转率、固定资产周转率、净资产周转率这七个财务比率指标,并分别给予一定的权重,总和为 100 分。然后通过与标准比率进行比较,确定各项指标的得分及总体指标的累计分数,从而得出财务状况的总评分,以此对企业的财务状况和信用水平做出评价。

(二) 沃尔评分法的步骤

沃尔评分法最初主要用于企业信用水平的评价,后来经过研究改进,也运用于企业财务绩效的比较和评价。在运用沃尔评分法评价企业财务绩效的过程中,一般应经过下列步骤:

1. 选取财务指标

反映企业财务绩效的财务比率指标众多,如何选取财务比率成为运用沃尔评分法有效评价企业财务绩效的一个关键环节。为此,应当综合考虑财务指标的代表性、相关性、可比性等因素,合理选取财务指标。

(1) 财务指标的代表性主要表现为全面性和综合性。企业的财务指标通常按照企业的各种财务能力分为反映偿债能力、营运能力、盈利能力和发展能力这四类财务指标。运用沃尔评分法,需要从这四类财务指标中分别选取若干具有综合性和全面性的财务指标,以便有效地评价企业的财务绩效。例如,盈利能力财务指标包括销售毛利率、销售净利率、资产净利率、权益净利率、每股收益等,其中,销售毛利率仅从营销环节反映企业的销售绩效,每股收益仅从普通股股东角度反映企业的盈利能力,均显得不够综合和全面;而销售净利率、资产净利率和权益净利率分别从企业经营活动、全部资源和所有者权益的角度反映企业的盈利能力,比较综合和全面,更具有代表性。

(2) 财务指标的相关性。在同类财务指标中,有多项具体的财务指标,需要根据各项财务指标的相关性加以选取。例如,偿债能力财务指标有流动比率、速动比率、现金比率、负债比率、权益比率和利息保障倍数等,其中速动比率仅反映流动负债与速动资产的关系,不如流动比率更为相关。

(3) 财务指标的可比性。可比性是财务指标的一个重要质量要求。运用沃尔评分法,由于要与行业标准进行比较评价,需要选取与行业标准指标口径一致的财务指标,保持可比性才能保证比较评价的可信度。

2. 设定各项财务指标的权重或评分数值

沃尔评分法是从偿债能力、营运能力、盈利能力和发展能力这四类财务指标中,选取最具有代表性、相关性和可比性的若干财务指标,用于综合评价企业的财务绩效。对于上述四种财务能力以及每类中选取的财务指标,需要根据其重要性,分别赋予权重或评分数值,指标越重要,其权重就越大;反之,权重就越小。各项财务指标的权重之和应为 100 或 100%。在个别财务指标出现异常的情况下,还可以规定其最高评分值和最低评分值,以免其对财务绩效评价结果产生不合理影响。不同的分析者对此会有截然不同的态度,一般来说,应根据企业的经营状况、管理要求、发展趋势及分析目的等具体情况来定。

3. 设定各项财务指标的标准数值

企业应根据行业特点等实际情况,为各项财务指标设定标准数值。财务指标的标准数值是企业在现时条件下的理想数值或目标数值。设定标准数值应结合比较评价的目的及努力方向,可以考虑以下几种选择:

(1) 根据企业战略规划目标设定,评价企业战略规划目标的实现程度;

(2) 根据企业历史最高水平设定,评价企业与其最高水平的差异程度;

(3) 根据行业平均水平设定,评价企业与行业平均水平的差异程度;

(4) 根据行业先进水平设定,评价企业与行业先进水平的差异程度。

4. 计算各项财务指标的实际数值

企业应根据一定时期的实际财务报表等资料,计算所选各项财务指标的实际数值。

5. 计算各项财务指标实际数值与标准数值的相对比率

一般而言,各项财务指标的相对比率或关系比率,等于指标实际数值除以标准数值。具体而言,应根据各种财务指标的特殊性以及综合评分的同质性分别计算。

(1) 实际数值大于标准数值属于理想的财务指标。

$$相对比率 = \frac{实际数值}{标准数值} \qquad (9-7)$$

例如,权益净利率的实际数值为 24%,标准值为 20%,则其相对比率为 $1.2\left(=\frac{24\%}{20\%}\right)$。

(2) 实际数值小于标准数值属于理想的财务指标。

$$相对比率 = \frac{标准数值 - (实际数值 - 标准数值)}{标准数值} \qquad (9-8)$$

例如,应收账款周转天数的实际数值为 180 天,标准数值为 150 天,则其相对比率为 $0.8\left[=\frac{150-(180-150)}{150}\right]$。

(3) 实际数值大于或小于标准数值,均属于不理想的财务指标。

$$相对比率 = \frac{标准数值 - |实际数值 - 标准数值|}{标准数值} \qquad (9-9)$$

例如,负债比率的实际数值为 55%,标准数值为 50%,则其相对比率为 $0.9\left(=\frac{50\% - |55\% - 50\%|}{50\%}\right)$。

再如,负债比率的实际数值为 45%,标准数值为 50%,则其相对比率为 $0.9\left(=\frac{50\% - |45\% - 50\%|}{50\%}\right)$。

6. 求出各项财务指标的评分数与合计数

各项财务指标的评分数是其相对比率与评分数值(即权重)的乘积,其合计数即可作为评价企业财务绩效的依据。一般而言,按照沃尔评分法,某企业的评分合计数若为 100 或接近于 100,表示该企业的财务绩效基本符合标准要求;若与 100 有较大差距,则表示该企业的财务绩效偏离标准要求较多。

(三) 沃尔评分法的运用

沃尔评分法在实际运用中,可以根据企业财务会计报表的实际数据,经过分析判断选取财务指标,合理确定指标权重和标准数值,可以借助表格计算评分,并做出合理的比较和评价。

1. 沃尔评分法的运用举例

【实务 9-6】 宏远公司采用沃尔评分法对其 2×16 年的财务绩效进行评价。根据 2×16 年度会计报表相关数据,经过分析判断,选取的财务指标包括:偿债能力指标有流动比率、现金比率、负债比率;营运能力指标有存货周转率、应收账款周转率、资产周转率;盈利能力指标有销售净利率、资产净利率、权益净利率;发展能力指标有营业增长率、利润增长率、净资产增长率。四类财务能力指标的权重比例设定为 20∶20∶40∶20,标准数值按照行业平均水平确定。

有关资料及计算如表 9-11 所示。

表 9-11　宏远公司 2×16 年度财务绩效沃尔评分表

财务指标	指标权重①	标准数值②	实际数值③	相对比率 ④=③÷②	综合评分 ⑤=①×④
偿债能力：	20	—	—	—	—
流动比率	5	2.5	2.3	0.92	4.60
现金比率	5	4.4	5.5	1.25	6.25
负债比率	10	0.5	0.4	0.80	8.00
营运能力：	20	—	—	—	—
存货周转率	5	10	10	1.00	5.00
应收账款周转率	10	10	12	1.20	12.00
资产周转率	5	1.25	1	0.80	4.00
盈利能力：	40	—	—	—	—
销售净利率	10	0.2	0.18	0.90	9.00
资产净利率	20	0.15	0.12	0.80	16.00
权益净利率	10	0.25	0.3	1.20	12.00
发展能力：	20	—	—	—	—
营业增长率	5	0.15	0.18	1.20	6.00
利润增长率	10	0.1	0.09	0.90	9.00
净资产增长率	5	0.2	0.19	0.95	4.75
合　　计	100	—	—	—	96.60

　　解析:按照沃尔评分法,宏远公司 2×16 年度的综合评分合计数为 96.60 分,与标准值 100 分相比低 3.40 分,表明该企业 2×16 年度的财务绩效尚未达到行业的平均水平。

　　进一步分析各项财务指标对综合评分的影响,对企业财务状况总结为以下三点:

　　(1) 存货周转率与行业平均水平持平;

　　(2) 现金比率、应收账款周转率、权益净利率、营业增长率这四项指标超过行业平均水平;

　　(3) 流动比率、负债比率、资产周转率、销售净利率、资产净利率、利润增长率、净资产增长率这七项指标低于行业平均水平。

　　企业可以根据财务绩效的评价结果编制评价报告,包括评价过程、评价结果及重要事项说明等内容。评价报告附件应当包括评价指标及结果计分表、评价基础数据及调整情况等。

　　2. 运用沃尔评分法应注意的问题

　　任何评价方法都不可能十分准确,沃尔评分法也不例外,使用沃尔评分法应注意以下几个问题:

　　(1) 财务指标的选取、指标权重的赋值和标准数值的确定应科学合理,并保持一致;

　　(2) 在以行业水平为比较标准时,所选财务指标的计算口径应与所处行业保持一致,以保证指标的行业可比性;

（3）如有财务指标出现异常变动，可以分别设定上限和下限，以限制其不合理影响；

（4）财务指标是根据财务会计报表计算的，受到财务会计政策变更的影响，如有会计政策变更，应对财务指标进行相应的调整计算，以保证指标在不同时期和行业的可比性。

四、企业经济绩效评价系统——经济增加值法

企业一定时期的绩效还可以通过对财务会计报表等资料加以调整来进行评价。经济增加值法就是经过调整计算，用于企业经营绩效评价的方法。

（一）经济增加值的概念和意义

经济增加值（economic value added，简称 EVA）又称为经济附加值，是经过调整的企业税后净营业利润扣除企业全部资本成本后的余额。经济增加值法是以企业税后营业利润及所需投入资本的总成本为依据评价企业经营绩效的方法，也是以经济增加值理念为基础的管理系统、决策机制及激励制度。

经济增加值对于企业经营绩效评价具有重要的意义。

（1）经济增加值较为充分地体现了企业创造价值的先进管理理念，有利于促进企业致力于为自身和社会创造价值财富。

（2）经济增加值可以避免会计利润存在的局限，有利于消除或降低企业盈余管理的动机和机会。

（3）经济增加值比较全面地考虑了企业的资本成本，有利于促进资源合理配置和提高资本使用效率。

（二）经济增加值的计算

经济增加值不同于会计利润，但可以经过调整会计利润和测算资本成本取得。其计算公式为

$$EVA = NOPAT - C \times K_w \qquad (9-10)$$

其中，$NOPAT$（Net Operating Profit After Tax）为经调整的企业税后净营业利润；C 为企业全部投入资本的总额；K_w 为企业加权平均资本成本率。

一般而言，计算某企业一定时期经济增加值的过程如下：

（1）按照经济增加值的要求取得企业一定时期资产负债表和利润表及报表附注等相关资料，进行初步分析。

（2）调整计算企业税后净营业利润。经济增加值要求计算的企业税后净营业利润，不同于会计利润表中的税后净利润，而是对税后净利润进行一系列的调整计算后得到的。

调整事项包括会计处理中的递延、资本化、费用化、资产减值或跌价准备等因素。在实际中，并非所有的企业计算税后净营业利润都如此复杂。一般而言，企业只能根据具体情况进行分析调整，计算出相对准确的税后净营业利润数据。例如，在企业税后净利润的基础上，主要考虑利息费用、无形资产摊销、递延所得税贷方余额、研发支出的资本化等项目调整。其计算公式如下：

$$\begin{array}{l} \text{税后净} \\ \text{营业利润} \end{array} = \begin{array}{l}\text{税后}\\\text{净利润}\end{array} + \begin{array}{l}\text{利息}\\\text{费用}\end{array} + \begin{array}{l}\text{无形资产}\\\text{摊销}\end{array} + \begin{array}{l}\text{递延所得税贷方}\\\text{余额的增加}\end{array} + \begin{array}{l}\text{研发支出的}\\\text{资本化金额}\end{array} - \begin{array}{l}\text{研发支出的}\\\text{资本化金额摊销}\end{array}$$

$$(9-11)$$

由此可见,税后净营业利润的计算包括债务资本的成本(即利息费用),它实际上是一种经调整的息前税后营业利润。

(3)分析测算企业全部资本的成本。按照经济增加值的要求,计算企业全部投入资本的成本,需要确定全部资本的价值,并测算全部投入资本的加权平均资本成本率。

关于企业全部投入资本的总额,并非资产负债表中负债和所有者权益之和,而是除了包括资产负债表中需要付息的短期借款和长期负债(含长期借款和应付债券)以及所有者权益之外,还应考虑递延所得税负债、递延所得税资产、研发支出资本化等因素的影响。因为这些因素影响了会计利润的计算,进而影响了所有者权益的金额。在考虑有关影响利润的主要因素下,企业全部投入资本总额为:

$$企业投入资本总额=所有者权益+长期借款+应付债券+短期借款+递延所得税负债-递延所得税资产+研发支出的资本化金额$$

(9-12)

关于全部投入资本的加权平均资本成本率的测算,其中所有者权益、长期借款和应付债券资本成本率的测算可依据企业计算个别资本成本率的方法计算。此外,短期借款的成本率应按月数或天数加权平均调整为年度平均成本率;递延所得税负债与递延所得税资产、研发支出资本化因其与利润和所有者权益相关,故可按类似于留存收益成本率的方法计算。

(三)经济增加值的运用

在企业实务当中,运用经济增加值评价企业的经营绩效,可以根据企业有关财务会计报表的实际数据,经过分析判断加以调整,合理计算符合经济增加值要求的税后净营业利润和企业全部投入资本总额,进而计算企业全部投入资本的成本和经济增加值,用于比较评价企业的经营绩效。

1. 经济增加值的运用举例

经济增加值的概念虽然比较明确,但计算过程比较复杂,尤其是对于如何调整计算企业的税后净营业利润尚未达成共识。总的来说,经济增加值用于企业绩效评价仍处于探索之中。下面以实例来说明经济增加值的计算。

【实务9-7】 龙柏公司尝试运用经济增加值法评价其2×16年度的经营绩效。根据2×16年度的会计报表实际数据,经分析判断,本期税后净利润为4 500万元,利息费用为600万元,无形资产摊销200万元,增加研发支出资本化金额60万元,摊销资本化研发支出25万元;期末所有者权益5 200万元,长期负债3 500万元,短期借款1 000万元;企业加权平均资本成本率经测算为11%。

解析:该企业经济增加值的计算如下:

税后净营业利润=4 500+600+200+60-25=5 335(万元)

投入资本总额=5 200+3 500+1 000+60=9 760(万元)

经济增加值=5 335-9 760×11%=4 261.4(万元)

该企业2×16年度创造的经济增加值为4 261.4万元,可以与本企业历史同期相比较,也可与同行业规模相当的其他企业相比较,分析评价企业的经营绩效。

2. 经济增加值的局限及改进

经济增加值的概念明确、理念先进,但目前仍处于尝试探索阶段,调整计算过程比较复杂,尚未达成共识,形成标准规范,仍存有局限,还有待于改进。

(1)经济增加值是在利润的基础上计算的。基本属于财务指标,未能充分反映产品、员工、客户以及创新等方面的非财务信息。为此,需要引入非财务信息,以综合评价企业绩效。

(2)经济增加值实际上是一种经营业绩指标,主要用于企业一定时期的经营绩效,未能融合外部市场因素对企业绩效的影响。为此,应将经营评价与市场评价有机地结合起来,以更为准确地评价企业的经营绩效。

(3)经济附加值用于评价企业绩效,还存在重结果、轻过程的局限,需要结合经营管理的全程做出合理有效的改进。

五、企业综合绩效评价系统——平衡记分卡系统

企业一定时期的综合绩效不仅表现为财务和经济指标,还应该包括与公司目标、发展战略紧密结合的其他指标,是企业整个规划管理过程的结果。平衡记分卡是目前使用较多的企业绩效综合规划管理及考核评价系统。

(一)平衡记分卡系统的原理

平衡记分卡(the Balanced Score Card,简称 BSC)是由哈佛商学院的罗伯特·卡普兰(Robert Kaplan)和美国复兴全球战略集团创始人兼总裁戴维·诺顿(David Norton)于 20 世纪 90 年代初所提出的一种绩效评价体系。

平衡记分卡是根据企业组织的战略要求而精心设计的指标体系。它将企业战略目标逐层分解转化为各种具体的相互平衡的绩效考核指标体系,并对这些指标的实现状况进行不同时段的考核,从而为企业战略目标的完成建立起可靠的执行基础。它打破了传统的单一使用财务指标衡量业绩的方法,在财务指标的基础上加入了未来驱动因素,即客户因素、内部经营管理过程和员工的学习成长,在集团战略规划与执行管理方面发挥非常重要的作用。

平衡记分卡系统反映了财务、非财务衡量方法之间的平衡,长期目标与短期目标之间的平衡,外部和内部的平衡,结果和过程的平衡,管理业绩和经营业绩的平衡等多个方面,所以能反映企业的综合经营状况,使企业绩效评价趋于平衡和完善,有利于企业长期发展。

(二)平衡记分卡系统的基本内容

平衡记分卡系统的基本内容由财务、顾客、内部流程、学习与成长这四个部分组成,如图 9-6 所示。

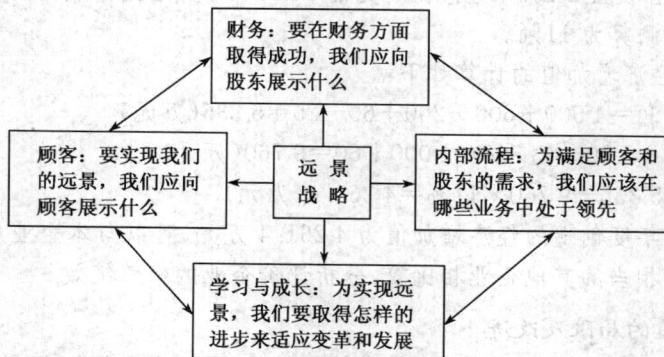

图 9-6 平衡记分卡系统的基本内容

1. 财务

它由反映企业价值的盈利能力和风险水平类指标构成。盈利能力指标如销售净利率、资产净利率、权益净利率等；风险水平类指标如资产周转率、流动比率等。

2. 顾客

它由客户满意度、老客户挽留率、新客户获得率、客户获利水平、市场占有率等核心业绩指标构成。

3. 内部流程

它是指企业从输入各种原材料和客户提出需求开始，到企业创造出对顾客有价值的产品或劳务为止的一系列活动，包括订单处理、产品开发、产品生产、销售服务等流程。因为企业长期的财务成功是建立在企业提供新产品和服务来满足现在和未来客户需要的基础之上，而企业内部流程将对此产生直接的影响，因此，应该关注内部流程。

4. 学习和成长

企业要长期稳健地发展，必须具备一定的学习和成长能力。这方面衡量的具体指标主要包括员工的能力、信息系统的能力、授权与相互配合以及激励效果等。可见，平衡记分卡系统还融入了全员参与和团队管理的理念。

（三）平衡记分卡系统的优缺点

1. 平衡记分卡系统的优点

平衡记分卡系统的优点体现在理论和实务两个方面。

（1）理论上的优点。平衡记分卡系统将企业视为一个由多种利益主体组成的利益集合体，认为企业应该对与企业相关的各利益主体的经济利益负责，企业在经营过程中应该关注和实现这些利益主体的目标。该理论克服了将企业仅视为是股东所有的理论缺陷，使企业在经营过程中能自觉平衡各种利益集团的利益，特别是平衡股东与顾客、供应商、社区、经营者和员工等利益主体的经济利益。能够加强企业与内外利益主体之间的沟通，通过沟通消除各种利益主体之间的矛盾，增加一致性，来实现股东财富的最大化。

（2）实务上的优点。

① 有利于将企业目标、使命、战略具体化。平衡记分卡系统可以将企业目标、使命和战略具体化为财务和非财务的指标，使企业经营活动各方面都有了明确的目标，从而有利于企业目标、使命和战略的实现。平衡记分卡系统简单明了，容易为不同层次的员工理解，从而有助于促进企业的目标、使命和战略与各个内部责任单位目标的一致性。

② 强调满足客户的需要，重视企业的核心竞争力。客户是企业最重要的资源之一，如何维持和增加客户资源的价值，对于增强企业的核心竞争力有着至关重要的作用。平衡记分卡系统将客户对企业服务的满意程度作为一个重要的业绩指标来考核，并将它与内部流程、创新和学习能力联系在一起，这就可以促进企业内部各个部门对客户资源价值的重视，提高企业的核心竞争力。

③ 重视绩效考核与过程控制的统一。非财务绩效评价指标是一些在实际工作中容易被人理解和控制的指标，平衡记分卡系统能够综合运用财务指标和非财务指标对各个部门的综合绩效进行考核，并且有效地将绩效考核与过程控制结合在一起，使绩效评价从事后控制向事中控制转变。

④ 平衡记分卡系统的绩效评价指标具有多样性和综合性,指标之间具有相互制衡的作用,因此,可以克服财务绩效评价过多地重视短期利益的弊端,使企业能更好地平衡短期利益和长期利益。

2. 平衡记分卡系统的缺点

平衡记分卡系统虽然有许多优点,但是,仍然存在一些缺点和不足,主要体现在以下几个方面:

(1) 平衡记分卡系统中的若干指标,特别是非财务指标是无法客观计量的,比如,客户满意程度、客户关系、客户忠诚度等。因此,确定绩效的衡量指标往往比想象的更难。

(2) 平衡记分卡系统中的各个因素相互关联,难以揭示不同指标的重要程度,在绩效评价时可能会造成奖惩不公的结果。

(3) 平衡记分卡系统的执行具有一定的难度。一份典型的平衡记分卡需要 5~6 个月去执行,另外还需要几个月去调整结构,使其规则化,因而总的开发时间经常需要 1 年或者更长的时间。当组织战略或结构变更时,平衡记分卡系统也应当随之重新调整,而保持平衡记分卡系统的随时更新与有效又需要耗费大量的时间和资源。

(四) 平衡记分卡系统的运用

【实务 9-8】 龙腾公司近年来开始采取做大做强的发展战略,以销售和资产规模为核心目标,经营管理和绩效考核围绕营业收入展开。近年来,企业的销售收入和资产规模快速提升,同时,企业的资产质量却持续下降,负债比率居高不下,财务结构严重失衡,营销费用大幅增加,面临经营亏损,陷入困难重重的状况。

与此相联系,企业的绩效考核重规模、轻质量,重结果、轻过程,进入尴尬的境地。企业针对这种局面,经过全面反思,充分分析研究,采取多方举措以求改变现状,其中一项就是建立平衡记分卡系统。

企业聘请华科管理咨询公司协助设计平衡记分卡系统。在设计过程中,咨询公司与企业协作,深入调查研究企业的具体情况,初步形成以下方案要点:

(1) 企业需要调整发展战略,扭转"已做大而未做强"的发展局面,注重内涵发展,综合考虑全球金融危机和经济增长下行的宏观经济环境,重新审视和规划企业发展战略目标。

(2) 根据发展战略规划,企业将核心目标设定为提升资产报酬率,稳定营业收入增长,同时注重财务结构和资产质量的改善,引入全员管理、全程管理的理念。

(3) 企业实行数量与质量相结合、规模与效益相结合的考核思路,扭转粗放经营,注重提升质量和绩效。

(4) 企业在关注财务指标之外,分析客户、运营和员工等各种因素,设定若干具体目标,并进行层层分解,形成一系列具体的绩效考核指标。譬如,将提升资产质量目标分解为资产结构、资产周转率等指标;将财务结构分解为负债比率、债务结构、权益结构等具体指标,分别落实负责。

任务四　激励机制的建立

根据委托代理理论和企业管理实践,与绩效考核及评价相联系,企业有必要建立一定的激励机制,通过运用一定的激励方式,对企业经营者及全体员工进行激励,促使其守职尽责,以实现企业总体目标和战略。这里主要介绍企业对经营者或高管人员的激励机制。

一、激励机制的作用和建立原则

企业激励的方式多种多样,通常分为物质激励和精神激励,两者亦可结合使用。

在保障人们基本劳动生活需求的前提下,额外的激励方式主要有增加底薪、发放年度奖金、带薪假期、企业年金、补充养老金、股票期权等。

(一) 激励机制的作用

(1) 建立有效的激励机制有助于保持企业经营者的稳定性,为企业持续发展及稳定管理团队创造更大的价值。

(2) 充分利用激励机制有利于提升企业对经理人市场的吸引力,促进吸引符合企业所需的优秀人才。

(3) 将激励机制与企业绩效和利益相结合,可以促进经营者目标与企业目标相一致,结成利益共同体,实现双赢。

(二) 激励机制的建立原则

(1) 激励机制要与经营者绩效相挂钩。这是建立经营者激励机制最重要的原则,以绩效为依据才能真正发挥激励机制应有的作用,脱离绩效的激励机制将会产生不可想象的后果。

(2) 长期激励与短期激励相结合。经营者的决策及其结果往往需要经过较长的时间才能充分显示出来。为了考核经营者的绩效,并合理地加以激励,避免其追求短期目标,导致企业长期根本利益的损害,需要建立短期激励与长期激励相结合的激励机制。

(3) 具有内部公平和外部竞争力。建立激励机制必须考虑企业经营者与企业普通员工之间激励及全部报酬的合理差距,保证激励在企业内部的公平性。同时,激励机制应该具有外部经理人市场的竞争力,保证经营者的稳定并吸引优秀人才。

(4) 对于经营者实行激励,实际上是股东作为委托人与经营者作为代理人的一种利益安排,需要考虑股东成本因素,把经营者报酬限制在股东都能够接受的范围之内,促使股东利益与经营者利益和目标的一致性。

二、激励机制的主要模式

(一) 短期激励模式

1. 短期激励模式的具体方式

企业的短期激励有多种具体方式,目前主要有年终奖金制和年度薪酬制。

(1) 年终奖金制。

年终奖金制是企业在年度终了时按照既定的标准和条件发放的奖金。年终奖通常有单项贡献奖和综合提成奖。

① 单项贡献奖。单项贡献奖是根据某项突出贡献而发放的奖金,譬如,对成功开发新产品、成功申请重大专利等发放奖金。这种奖金方式的目标和依据明确,适用范围广,实际中为很多企业所采用。

② 综合提成奖。综合提成奖是根据绩效考核情况,按照年度奖金额度兑现的奖金。通常是在年初确定全年奖金目标总额,年末根据该年的绩效考核结果,决定奖金的发放金额,奖金的具体金额可以在年度奖金目标总额的范围内浮动。这种奖金方式设定的目标和依据比较明确,应用灵活,实际中为很多中小企业所采用。

(2) 年度薪酬制。

年度薪酬制简称年薪制,是以年度为考核周期,将经营者的薪酬与企业绩效相挂钩的一种薪酬模式。年薪制是国际上通用的企业经营者薪酬模式,目前也为我国不少大中型企业所采用。

① 年薪的构成。在实际中,年薪的具体构成比较复杂,没有一个统一的结构。一般而言,年薪主要有基本薪酬和绩效薪酬两部分。

基本薪酬应根据企业的营业规模、资产规模、利税水平、当地物价水平和员工平均工资水平等因素确定,通常设定上限。基本薪酬通常按月预付,年终根据绩效考核结果一并结算。

绩效薪酬应根据企业年度业绩实现情况和绩效考核结果确定,按年兑现,与基本薪酬一并结算。绩效薪酬通常实行分档浮动,具有不确定性,因此又称风险薪酬。

② 年薪制的设计。在治理结构健全的企业中,董事会设立薪酬委员会,负责设计高管人员的薪酬方案,并由股东大会审定。年薪制方案的主要内容有企业的战略目标和年度目标、年薪制的制订依据和适用对象、年薪的构成内容、年薪的档次和上限、年度绩效的考核办法、年薪的发放和结算方式等。

2. 短期激励模式的局限及改进

目前,年终奖金制和年度薪酬制等短期激励模式尚处于探索阶段,存在以下局限,需要不断加以改进。

(1) 从激励的对象来看,年度薪酬制的激励对象与绩效存在不对称,不利于团队协作,可能造成利益冲突。在企业增长缓慢时,员工拿不到高的物质报酬,对员工的激励力度下降;在企业困难时,员工很难做到"共渡难关",而可能会选择离职或消极工作。

(2) 从激励的结构来看,目前许多企业普通岗位的浮动工资超出了基本收入,这是不正常的现象,尤其是在浮动工资只和企业整体效益挂钩而与个人绩效无关时,其激励效果更差。

(3) 从激励的期间来看,短期激励可能助长短期行为,不利于企业的长期发展。为此,应将短期激励与长期激励相结合。

目前,有些企业将经营者获得的绩效薪酬通过一定方式转换为股份,即形成长期的股权激励。

(二) 长期激励模式

越来越多的公司在实行短期激励的同时引入长期激励模式,实行短期激励与长期激励相结合,以弥补短期激励的不足。目前,在实际中企业运用较多的是股票期权激励。股票期权激励在国外企业是一种比较成熟的长期激励模式,目前也为我国部分公司尤其是上市公司所采用。股票期权是在规定期限内按照约定价格购买公司股份的权利。公司依据特定条件,赋予经营者或高管人员以股票期权,使股票期权成为一种激励模式。

公司实行股票期权激励方式,由董事会下设的薪酬委员会负责拟定股票期权激励计划,经董事会审议通过,报证监会备案且无异议,经股东大会批准后,由董事会负责实施。其中,股票期权激励计划的构成要素应包括激励对象,授予期权的数量、种类及来源,期权的获授条件,行权价格、行权条件、行权安排,期权的有效期、授权日、可行权日、禁售期等主要内容。

1. 股票期权激励的目的

企业选择股票期权作为一种长期激励的方式,其主要目的有以下几个:

(1) 弥补短期激励的局限,实行短期激励与长期激励相结合,健全激励和约束机制,促进形成协调均衡的激励体系。

(2) 扭转经营者的短期行为倾向,促使经营者与公司股东的目标保持长期一致,为公司的长期发展增加动力。

(3) 保留优秀管理人才和业务骨干,激发其积极性和创造性,促进公司发展战略的实施和经营目标的实现。

(4) 增强公司吸引优秀管理人才和业务骨干的竞争力,为公司的长期发展打下坚实的基础。

(5) 深化个人与公司和股东共同持续发展的理念和文化,激励长期价值的创造,促进公司的长期稳定发展。

2. 股票期权激励模式的问题及完善

股票期权作为一种长期激励模式,有其科学性和必然性。但是,股票期权激励模式的实施仍存在一些问题,需要不断地加以改进和完善。

(1) 股票期权激励的实施条件存在的问题。在宏观方面,我国证券市场还不够成熟,资本市场效率有待提高,经理人市场尚未建成,相关法规需要建设;在公司方面,不少公司治理结构尚不完善,缺失长期发展规划和健全的绩效考核评价体系等,在一定程度上制约着股票期权激励的有效实施。

(2) 股票期权激励的实施效果存在的问题。公司实行股票期权的激励方式,为激励对象提供了购买股票的一种选择而非义务,由此产生新的不对称难题,可能形成经营者与股东、经营者与广大员工利益冲突的新难题;可能增加经营者道德风险和逆向选择问题;对激励对象绩效考核过于关注利润指标,可能诱发经营者的长期盈余管理动机;激励对象的范围、行权价格和行权期限的确定也存在政策性和技术性难题。

(3) 股票期权激励模式的完善。在宏观方面,需要制订和完善相关法律规范,采取政策措施健全市场机制;在公司方面,需要完善公司治理结构,制订长期发展战略规划,构建公司团队文化,健全绩效考核评价体系,实行长期绩效考核制度,为完善股票期权激励创造条件。

总体而言,我国部分公司实施的股票期权激励计划,尚处于初步探索阶段,其实施效果还有待于实践的检验。

【技能实训】

甲公司是一家专门从事网络信息技术开发的股份有限公司。近年来,该公司引进了一批优秀的管理、技术人才。为了实现公司战略规划和跨越式发展,2×16 年 12 月,甲公司决定实施股权激励计划。其主要内容为:

1. 激励对象

高级管理人员 5 人和技术骨干 15 人,共计 20 人。

2. 激励方式

方式一:虚拟股票计划

(1) 虚拟股票设置目的。着重考虑高级管理人员的历史贡献和现实业绩表现,只要在本计划所规定的岗位做出了贡献并实现了设定的业绩,就有资格获得虚拟股票。

(2) 虚拟股票的授予。虚拟股票依据所激励岗位的重要性和本人的业绩表现,从 2×17 年 1 月 1 日开始,于每年年底公司业绩评定之后授予,作为名义上的股份记在高级管理人员名下,以使其获得分红收益。虚拟股票的授予总额为当年净利润的 10%。

方式二:股票期权计划

(1) 股票期权设置目的。着重于公司的未来战略发展,实现技术骨干的人力资本价值最大化。

(2) 股票期权的授予。依据每位技术骨干的人力资本量化比例,确定获授的股票期权数。2×17 年 1 月 1 日,甲公司向其 15 名技术骨干授予合计 10 万份股票期权;这些技术骨干必须从 2×17 年 1 月 1 日起在甲公司连续服务 3 年,服务期满时才能以每股 10 元的价格购买 10 万股甲公司股票。

该股票期权在授予日(2×17 年 1 月 1 日)的公允价值为每份 30 元。2×17 年没有技术骨干离开甲公司,估计 2×18 年至 2×19 年离开的技术骨干为 3 人,所对应的股票期权为 2 万份。

要求:根据上述资料,试分析甲公司这两种激励方式,指出各自的特点及优势,并比较两种方式的主要区别。

项目十　管理会计发展新领域

【知识目标】

1. 理解质量成本的概念及构成项目,掌握质量成本决策和控制方法,了解质量成本的核算及其分析的内容和方法;

2. 理解人力资源的概念、基本假设和基本模式,掌握人力资源成本会计和人力资源价值会计的内容,了解人力资源报告的内容;

3. 理解战略管理会计的概念、特点及内容,掌握战略管理会计的方法。

【能力目标】

1. 利用质量成本核算方法核算企业的质量成本,并能采用现代观控制企业质量成本;

2. 能够对人力资源成本进行核算,运用计量模型计算企业人力资源个人和群体价值;

3. 运用战略管理会计方法解决企业的管理会计问题。

【导入案例】

管理会计新领域关键词

"如果说过去 10 年是财务会计的天下,那么未来 10 年将是管理会计的蓝海。"中央财经大学会计学院副院长刘俊勇断言,"账房先生"时代已经过去,管理会计将是未来蓝海。的确,近年来,管理会计的价值已得到了越来越多的企业管理者的认可。而随着转型时期的全面到来,管理会计迅速崛起,在中国企业界持续升温。

关键词之一:全面预算管理

当今世界,企业面临的经营环境日益复杂多变。如何在事前和事中及时掌控下属部门和子公司的各项信息,而不仅仅是事后分析控制? 在企业资金有限的情况下,如何安排和平衡各项经营管理与投资对资金的需求? 如何预测公司未来一年的各项经营管理目标,并落实到每一个部门甚至每一个岗位? 这些都离不开全面预算管理的帮助。

关键词之二:云会计

2012 年 8 月,随着我国领先的管理会计信息系统提供商,北京元年软件推出国内首款基于云计算的费用报销平台,业界即刻掀起了对云计算在管理会计领域应用的高度关注。尽管云的概念在国内有一段时间,但"云"真正在财务领域应用基本上还处于空白。事实上,云计算在会计领域有着不容忽略的应用价值，元年软件发布的云报销就是值得关注的热点应用。

关键词之三：商业智能（business intelligence，简称 BI）

2012 年，被 IT 界誉为"大数据之年"，这一年，"大数据"是信息技术领域最令人瞩目的词汇。美国《时代》杂志揭秘奥巴马成功竞选背后，竟然是大数据分析的功劳。然而，必须指出的是，大数据并非是 IT 界的专利。新兴的信息技术革命正方兴未艾。企业管理者如果还沉浸于企业管理的那些陈词滥调，对大数据不屑一顾，那就大错特错了。事实上，大数据的影响力已经穿越 IT 直达企业管理。财务数据是企业最基本、积累量最为丰富的一种数据。BI 可以通过对财务信息的搜集、管理和分析，使企业决策者获得隐藏在数据背后的风险和机遇，适时调整经营管理策略。从管理会计的角度来分析，成本分析、预算管理、商业机会的发现等都可以通过 BI 获得，从而实现风险预警、趋势预测等重要的管理会计功能。

（资料来源：http://www.sino-ma.org）

任务一　质量成本会计

质量是产品、过程或服务满足规定或潜在需求的特征和特性总和。它包括性能和效果。在当前全球化激烈的竞争环境中，许多跨国公司之所以能占有比较大的优势，主要原因就在于他们能不断提高产品的质量和服务。从 20 世纪 50 年代初期开始，美国通用电气公司的质量管理专家 A. V. 菲根堡姆（A. V. Feigenbuam）认为，应当把质量预防费用和检验费用与产品不合要求所构成的厂内损失与厂外损失一起考虑，提出了质量成本观念。早在 20 世纪 80 年代，国际标准化组织就提出了质量管理的国际标准——ISO 9000 标准系列。A. V. 菲根堡姆的观点也被包括在国际标准化组织（ISO）所公布的 ISO 9004《质量管理和质量体系要素指南》中。

我国国家技术监督局在 1991 年 12 月 29 日发布了《质量成本管理导则（GB/T 13339—91）》，国防科学技术工业委员会也在 2005 年 12 月 12 日发布了《质量管理体系的财务资源和财务测量（GJB 5423—2005）》，替代了 1988 年颁布的《质量成本管理指南》。这些准则体系的发布体现了质量成本管理对于我国企业管理的重要性，也进一步规范了我国企业对于质量成本的管理。可见，产品和服务质量已经成为企业重要的竞争因素，是所有组织共同关心的话题。为了使提高产品质量所付出的代价更加科学合理，就要求以货币形式对其进行科学、合理的确认、计量、记录、分析、报告、决策和控制，质量成本会计应运而生。所谓质量成本会计，是指一种运用会计学、管理学和质量经济学基本原理和方法对企业产品质量形成过程和结果进行核算、分析、报告、决策和控制的专业会计。它主要包括 6 个方面，即质量成本计量、质量成本核算、质量成本报告、质量成本分析、质量成本决策和质量成本控制。

一、质量成本的内容与计量

（一）质量成本的概念

质量成本是为了使产品能够满足顾客期望而必须付出的代价。它既包括在积极提高质量方面所付出的成本,也包括由于出现不合格产品而造成的损失。

(二) 质量成本的分类

按其性质分类,它主要包括预防成本、鉴定成本、内部损失成本和外部损失成本。特殊情况下,外部损失成本还需增加外部质量保证费。

1. 预防成本

预防成本是指为了在产品的生产或者提供服务的过程中,防止出现不合格品或故障所支付的费用。它主要包括质量需求分析与合同评审费、质量控制费、质量培训费、质量改进措施费、质量管理活动费、质量奖励费、质量管理人员工资及福利费。

(1) 质量需求分析与合同评审费是指收集和分析顾客对产品质量的要求和意见,对本部门、本企业的产品质量审核和质量体系进行评审所支付的费用及新产品评审前进行质量评审所支付的费用。

(2) 质量控制费是指在产品的设计、采购、生产和完工过程中为了保证产品质量合格所发生的费用。

(3) 质量培训费是指为达到质量要求或改进产品质量的目的,提高职工的质量意识和质量管理的业务水平进行培训所支付的费用。

(4) 质量改进措施费是指为保证或改进产品质量支付的费用。

(5) 质量管理活动费是指为推行质量管理,制订质量政策、计划、目标,编制质量手册及有关文件等一系列活动所支付的费用,以及质量管理部门的办公费。

(6) 质量奖励费是指对在质量管理工作和保证、改进产品质量方面有贡献的员工所支付的奖励费。

(7) 质量管理人员工资及福利费是指从事质量管理人员的工资总额及职工福利费用。

2. 鉴定成本

鉴定成本是指为了确定产品和服务是否达到预定的要求或是否能满足顾客需要而发生的费用。该项成本的发生主要是为了防止将不合格的产品交付给顾客。它主要包括试验检验费、质检部门办公费、检验设备维修折旧费、质量检验人员工资及福利费。

(1) 试验检验费是指对外购原材料、零部件、元器件和外协件,以及生产过程中的在制品、半成品、产成品,按质量要求进行试验、检验所支付的费用。

(2) 质检部门办公费是指质量检验部门为开展日常检验而支付的工资总额及职工福利费。

(3) 检验设备维修折旧费是指检测设备的维护、校准、修理和折旧的费用。

(4) 质量检验人员工资及福利费是指从事质量试验和检验人员的工资总额及职工福利费。

3. 内部损失成本

内部损失成本是指由于产品和服务不符合规格或者顾客要求而发生的成本,但因为这种不合格的产品在交付给客户之前便为鉴定作业所查出,因此又把这项成本称为内部缺陷成本。它主要包括进货损失费、废品损失费、返工返修费、停工损失费、降级损失费和产品质量事故处理费。

(1) 进货损失费是指在外购过程中采购品、外协件不符合规定质量要求而造成的损失。

（2）废品损失费是指因产成品、半成品、在制品达不到质量要求且无法修复或在经济上不值得修复造成报废而损失的费用。

（3）返工返修费是指为修复不合格品并使之达到质量要求所支付的费用。

（4）停工损失费是指因质量问题造成停工所损失的费用。

（5）降级损失费是指因产品质量达不到规定的质量等级而降级所损失的费用。

（6）产品质量事故处理费是指因处理内部产品质量事故所支付的费用。

4．外部损失成本

外部损失成本是指由于产品或服务在交付或提供给客户之后，因其无法满足顾客的需要而赔偿损失所支付的费用。它主要包括索赔费、退货损失费、降价损失费和保修费以及外部质量保证费。

（1）索赔费是指因产品质量未达标准，对用户提出的申诉进行赔偿、处理所支付费用。

（2）退货损失费是指因产品质量未达到标准造成用户退货、换货所损失的费用。

（3）降价损失费是指因产品质量未达到标准而折价销售所损失的费用。

（4）保修费是指根据保修规定，为用户提供修理服务所支付的费用和保修服务人员的工资总额。

（5）外部质量保证费是指为了保证产品的质量而签订的相关协议和进行质量认证所发生的相关费用，主要包括质量保证措施费、产品质量证实试验和评定费、质量认证费。① 质量保证措施费是指根据合同和协议中质量保证要求，为顾客提供特殊和附加质量保证措施、程序和数据所发生的费用。② 产品质量证实试验和评定费是指对产品质量进行证实试验和评定所发生的费用。③ 质量认证费是指采用质量管理体系认证、产品质量认证所发生的费用。

（三）质量成本的计量

质量成本从计量上可以分为显性质量成本和隐性质量成本。显性质量成本是根据国家现行成本核算制度规定列入成本开支范围内的质量费用，以及由专用基金开支的质量费用，主要由预防成本、鉴定成本、内部损失成本等构成。隐性质量成本则是指由于不良质量形成的机会成本，如因不良质量而导致销售市场份额的减少、顾客不满意程度的增加等，以及由此而导致的企业信誉受损所付出的代价。隐性质量成本的影响是极为广泛并具有长期性的，通常无法用数据来表现，而应当通过专家进行综合评估，以考察其长远的负面影响。

二、质量成本核算

质量成本核算是依据质量成本开支范围的规定，按照一定的程序和方法，将发生的质量费用和质量损失进行归集、汇总，计算出一定时期的实际质量成本，并编制质量成本报表的一系列工作。质量成本的会计核算是将质量成本纳入会计核算的现行体系，对生产经营过程中发生的质量成本通过会计核算程序进行归集、分配与计算的一种方法。其具体做法是，在原有的会计科目中增设"质量成本"一级科目，核算内容包括归集日常质量成本，从生产成本结转废品损失，调整隐性质量成本，并分配质量成本。下设"预防成本""鉴定成本""内部损失成本""外部损失成本"和"质量成本调整"五个二级科目，其中，"质量成本调整"账户是前4个二级账户的备抵附加账户。各二级科目下还可按其具体内容设置明细科目。

可以看出,质量成本会计核算的优点是能对各种质量成本的实际发生数进行准确而有效的控制,数据准确、资料完整、核算严密。其缺点是核算工作量比较大,程序比较复杂。这种方法适用于质量成本管理体系比较健全,核算人员素质较高,并有较好的核算基础的企业。

质量成本会计核算科目体系见表 10-1。

表 10-1　质量成本会计核算科目体系

一级科目	二级科目	三级科目	会计账簿来源
质量成本	预防成本	质量需求分析与合同评审费 质量控制费 　——设计质量控制费 　——采购质量控制费 　——生产质量控制费 　——成品质量控制费 质量培训费 质量改进措施费 质量管理活动费 质量奖励费 质量管理人员工资及福利费	管理费用 制造费用 在途物资、材料采购、管理费用 基本生产成本、辅助生产成本和制造费用 基本生产成本、辅助生产成本和制造费用 管理费用 制造费用、管理费用 制造费用、管理费用 制造费用、管理费用 制造费用、管理费用
	鉴定成本	试验检验费 质检部门办公费 检验设备维修折旧费 质量检验人员工资及福利费	制造费用、管理费用 管理费用 制造费用、管理费用 制造费用、管理费用
	内部损失成本	进货损失费 废品损失费 返工返修费 停工损失费 降级损失费 产品质量事故处理费	在途物资、材料采购、原材料 基本生产成本、辅助生产成本 基本生产成本、辅助生产成本 基本生产成本、辅助生产成本 基本生产成本 制造费用、管理费用
	外部损失成本	索赔费 退货损失费 降价损失费 保修费 外部质量保证费 　——质量保证措施费 　——产品质量证实试验和评定费 　——质量认证费	营业外支出 销售费用 营业成本 营业成本 管理费用、销售费用、制造费用、生产成本、材料采购、在途物资 制造费用、管理费用、材料采购 管理费用
	质量成本调整		二级科目备抵附加账户

三、质量成本分析

质量成本分析是指运用质量成本核算的资料和指标,结合有关质量信息,对质量成本的执行情况、形成原因和效果进行分析,针对具体产品、产品批次或组织整体建立质量成本指标并进行计算,进而分析和评价产品质量的经济性和质量管理体系的有效性。其基本内容包括质量成本计划完成情况的分析、质量成本结构分析、质量成本比率分析、质量成本趋势分析等。质量成本定量分析的基本方法有比较分析、比率分析、排列图分析、趋势分析、灵敏度分析和投资回报分析等。

(一) 比较分析

比较分析法是将两个或两个以上相关的可比数据进行对比,从数量上确定差异的方法。质量成本指标实际数与计划数比、与上期数比,借以反映其发展变化趋势,也可与同行企业或国外同一产品有关指标对比,以衡量本行业内的质量成本水平。

1. 质量成本计划与实际的比较

$$差异额 = 本期质量成本实际总额 - 本期质量成本计划总额 \qquad (10-1)$$

该指标是负数表示超额完成计划;为正数表示未完成计划。

$$质量成本计划完成率 = \frac{本期质量成本实际总额}{本期质量成本计划总额} \qquad (10-2)$$

该指标小于1,说明质量成本本期已完成计划;若该指标大于1,说明质量成本本期未完成计划,且完成率愈大,说明离计划质量成本愈远。

2. 质量成本本期与上期的比较

$$质量成本变动率 = \frac{本期质量成本实际总额 - 上期质量成本实际总额}{上期质量成本实际总额} \qquad (10-3)$$

若该指标小于1,说明本期的质量成本比上期有所降低;若该指标大于1,则说明本期的质量成本比上期有所上升,变化率越大,比上期增加的支出也就越大。

(二) 比率分析

质量成本的比率分析是指质量成本与其他经济指标的比例分析。一般来说,计算出质量成本的比率指标后,要用来与本企业过去的同类指标比较或者与同行业先进水平相比较,以便找出质量问题所在。通常用的比率有以下几个:

1. 质量成本相关比率

质量成本相关比率是质量成本与另一相互联系、相互依存但性质不同指标数据的比值。

$$质量成本率 = \frac{质量成本总额}{产品生产总成本} \times 100\% \qquad (10-4)$$

质量成本率是质量成本合计数与本期产品生产总成本之比率,反映了质量成本在整个生产成本中的比重和水平。

$$营业收入质量成本率 = \frac{质量成本总额}{营业收入} \times 100\% \qquad (10-5)$$

营业收入质量成本率是质量成本总额与本期营业收入的比率,表明企业每取得100元的营业收入应当投入的质量成本。该指标反映的是质量成本对营业收入的影响程度,数值越小说明质量管理效果愈好。

$$总产值质量成本率=\frac{质量成本总额}{总产值}\times100\% \qquad (10-6)$$

总产值质量成本率是总质量成本与总产值的比率,表明企业每取得100元总产值,其中包括质量成本的数额。该指标反映的是质量成本占用水平的高低,该指标数值越小越好。

$$主营业务收入外部损失成本率=\frac{外部损失成本}{主营业务收入总额}\times100\% \qquad (10-7)$$

主营业务收入外部损失成本率是外部损失成本与主营业务收入总额的比率,反映了每百元主营业务收入的外部损失成本,即由于质量不佳造成的外部损失占主营业务收入的比重。它是体现社会效益的重要指标之一,也是同行业可比性指标之一。

$$损益损失成本率=\frac{内部损失成本+外部损失成本}{主营业务利润} \qquad (10-8)$$

损益损失成本率是内、外部损失成本与主营业务利润的比率,反映了每百元主营业务利润中内部损失成本和外部损失成本所占的比重。由于内外损失给企业经济效益造成的损失是最能引起各级领导重视的指标,因而是考核质量经济性的重要指标。

2. 质量成本构成比率

质量成本构成分析主要是分析质量成本各项目之间的比例关系及其变化趋势。质量成本的构成可用以下公式表示:

$$预防成本率=\frac{预防成本}{质量成本}\times100\% \qquad (10-9)$$

$$鉴定成本率=\frac{鉴定成本}{质量成本}\times100\% \qquad (10-10)$$

$$内部损失成本率=\frac{内部损失成本}{质量成本}\times100\% \qquad (10-11)$$

$$外部损失成本率=\frac{外部损失成本}{质量成本}\times100\% \qquad (10-12)$$

质量成本四大项目的结构,可以直接反映企业质量管理的成效和存在的问题,通过分析,能找出一定时期企业质量成本控制的重点与降低途径。生产管理先进的企业,其质量成本结构中,预防成本、鉴定成本、内外部损失分别占质量总成本的20%、35%、45%左右。

(三) 排列图分析

质量成本排列图分析是对质量成本数据按明细项目、产品类型、缺陷类型、责任部门、加工设备、操作者等进行划分,通过绘制排列图找出影响产品质量及经济效益的关键因素。实际应用中,它主要用于对内部损失成本和外部损失成本的追踪式排列图分析,联系工艺技术和管理问题,与产品质量的趋势分析和因果分析相互结合。

(四) 趋势分析

质量成本趋势分析是企业在积累一定数据资料的基础上,通过绘制趋势图对在较长一段时期内的总质量成本、质量成本各项目、质量成本构成指标的变化进行连续的观察和分析的一种方法。通过这种系统分析比较,从总体上可以直观了解质量成本管理的变化规律及效果。

(五) 灵敏度分析

质量成本灵敏度分析是将报告期与基期、本批次与上批次、一项质量改进项目实施的前

后进行比较,计算质量损失变化量与质量投入变化量之间的比值,公式如下:

$$质量成本灵敏度=\frac{内部损失成本与外部损失成本之和的变动量}{预防成本与鉴定成本之和的变动量}\times100\%\qquad(10-13)$$

质量成本灵敏度的含义是每增加一个单位的质量投入所减少的质量损失。这种方法用于评价质量管理或实施质量改进项目的有效性。在实际应用过程中,应当注意数据来源的同一性,即相同的核算对象和相同的成本计算期。

(六)投资报酬分析

质量成本投资分析是指在进行质量改进投资决策的过程中,对改进方案的投资回报进行分析,是事前的决策分析。其主要分析指标有质量投资净收益、质量投资收益率。其计算公式如下:

$$质量投资净收益=预计质量改进增加的利润-质量改进需要的投入$$

$$质量投资收益率=\frac{预计质量改进增加的利润}{质量改进需要的投入}\times100\%\qquad(10-14)$$

式中,预计质量改进增加的利润包括预计质量改进措施减少的损失和由于改进产品质量导致价格提高、销售量增加所增加的利润;质量改进需要的投入包括在质量预防和质量鉴定过程中需要增加的投入费用。当然,如果是针对长期的质量改进项目所进行的投资报酬分析,还应当考虑资金的时间价值,将相应的指标数据进行折现处理。

四、质量成本报告

.质量成本报告是质量管理部门和财务部门对上期质量成本管理活动进行调查、分析、建议的书面材料,是根据企业质量管理的需要,按照质量成本项目核算企业实际发生的质量成本,用以反映、分析和考核一定时期内质量成本预算执行情况的内部成本报表。

(一)质量成本报告的内容

质量成本报告的内容一般包括:全部质量成本总额及其构成的主要项目情况;由于质量缺陷而造成损失的项目与有关比较基数的比率;质量成本分析、结论及改进措施;质量成本管理典型事例分析;下期的质量成本预测与控制目标等。

(二)质量成本报告的形式

按质量成本报告形式划分,质量成本报告可分为表格式、图表式、叙述式和综合式四种。其中,表格式质量成本报告采用表格形式整理和分析质量成本数据,便于了解和掌握质量成本的全貌;图表式质量成本报告采用柱形图、饼形图、折线图或其他图形整理、分析质量成本数据,能使人一目了然地抓住重点;叙述式质量成本报告用文字说明质量成本现状,叙述对质量成本进行分析的结果,并提出质量成本管理的建议等;综合式质量成本报告是综合表格式、图表式、叙述式质量报告形式的优点,图文并茂,同时借助图表醒目、形象的优势,辅助文字对图表的说明又使得报告更加清晰、易懂,使得综合式质量成本报告受到青睐,但是综合式质量成本报告的工作量又比较大,适合于对年度或者较长时期质量成本报告的编写。

五、质量成本决策

质量成本决策的目的就是要在保证产品质量前提下,选择质量成本总和最低的一点,即利用最少的质量成本,生产出最佳质量的产品,这种成本又被称作为最佳质量成本。对于如何评价最佳质量成本,存在着两种不同的观点,包括可接受质量成本的传统观和全面质量控制的现代观。

(一) 可接受质量成本的传统观

传统观认为产品质量和质量成本是互逆的,预防成本和鉴定成本属于不可避免成本,通常与产品质量水平同方向变化,而损失成本(包括内部损失和外部损失)则属于可避免成本,同产品质量水平呈反方向变化。控制成本(预防成本和鉴定成本)与损失成本(内部损失成本和外部损失成本)之间存在此消彼长的关系,随着控制成本的增加,损失成本将会减少。只要达到了损失成本减少额等于相对应控制成本增加额的"点",就是质量成本总额最小的点,即可接受质量成本水平。传统观中最具有代表性的质量成本决策传统模型是美国著名质量管理专家朱兰和费根堡姆提出的两种最佳质量成本模型。

1. 朱兰的最佳质量成本模型

如图 10-1 所示,质量水平(合格率)的变化会从两个方面影响成本的升降,一方面,合格率的提高,使废次品损失减少,成本下降,即内部和外部损失成本一般随着质量的提高,呈现出由高到低的下降趋势;另一方面,提高合格率需要更严格的预防控制和检测手段,使预防、检验费用增加,成本上升,即检验成本与预防成本之和随着质量的提高呈现出由低到高的上升趋势。这两条线的交点,与质量总成本曲线的最低点处于同一垂直线上,该垂直线与质量水平的交点就是最佳质量水平,即是可接受质量水平(Acceptable Quality Level,简称 AQL),即质量成本最低时的合格率对应的质量成本为可接受质量成本。

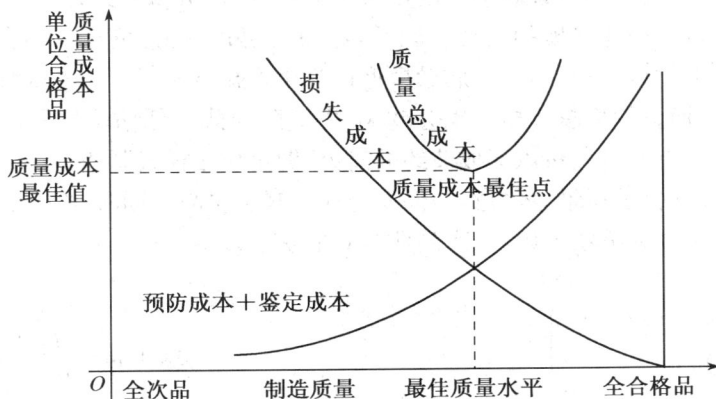

图 10-1 朱兰的最佳质量成本模型

2. 费根堡姆的最佳质量成本模型

费根堡姆结合美国通用汽车公司的情况,提出了又一个质量成本最优化模型,见图 10-2 所示。费根堡姆的模型表明,当产品不符合质量和制造质量较低时,内部和外部损失成本就会上升;反之,则下降。至于预防成本,只要产品质量提高,一般会逐渐增加。而鉴定成本不论在什么情况下都较稳定。将上述 4 项成本之和绘成质量总成本曲线,其最低点即为可接受质量成本。

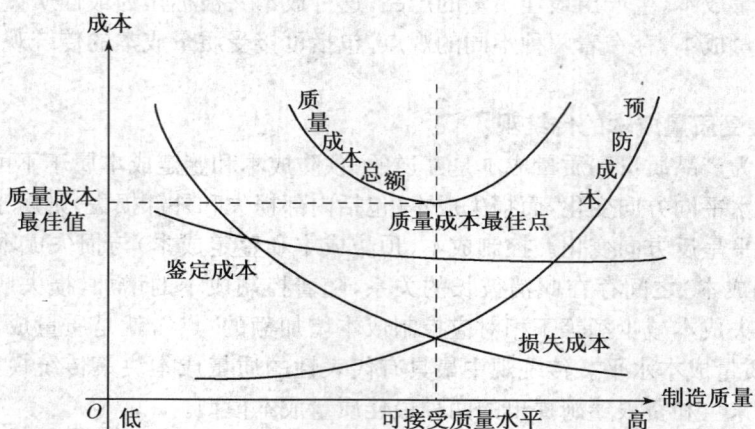

图 10-2　费根堡姆的最佳质量成本模型

（二）全面质量控制的现代观

以可接受质量水平为标志的传统观实际上是认可企业生产一定数量的不合格品,它一直盛行,直到受到 20 世纪 70 年代日本学者零缺陷模式和 20 世纪 80 年代健全质量模式(Robust Quality Model)的挑战。"企业管理之神"松下幸之助就曾提出"1％＝100％"的著名管理公式,即企业生产 1％ 的次品不算多,但从消费者的角度看,买到任何一件次品都会感到沮丧,因为在消费者看来这 1％ 的企业次品就是 100％ 的次品。事实上,那些次品越来越少的企业,比起继续采用传统观进行质量管理的企业,在市场上具有更大的竞争力,可见,传统观不能适应现代企业发展的需要。因此,零缺陷模式认为,只有将不合格品降低为 0,才具有成本效益上的合理性;而健全质量模型认为生产出与目标值有偏离的不合格品就会给企业带来损失,而且偏离越大损失也会越大,零缺陷模式又低估了质量成本。可见,在零缺陷模式下企业还有改进质量以形成节约的潜力,健全质量模式紧缩了次品的定义,改进了质量成本的观念,强化了质量竞争意识,促使企业在减少次品的同时,降低总质量成本,使产品的生产达到健全零缺陷状态(容忍次品数为 0 的状态)。

如图 10-3 所示,由综合零缺陷模式和健全质量模式的观点可以看到,全面质量控制的现代观观点是,随着健全零缺陷状态的实现,预防成本和鉴定成本等可控成本也会发生先增后减的变化,损失成本降低为 0,总质量成本也有可能继续下降,而产品质量却

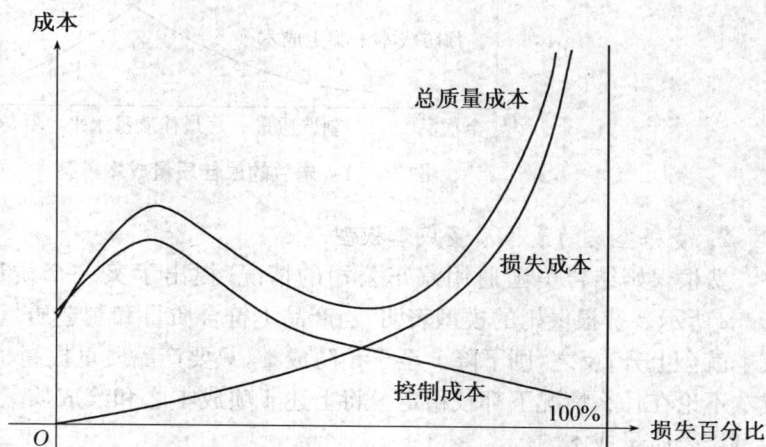

图 10-3　全面质量控制的现代观成本函数模型

能不断提高。

六、质量成本控制

从全面质量成本控制的传统观和现代观可以看到,高质量的产品和服务能让顾客的满意程度提高,扩大市场占有率,提高企业的声誉和形象,增加销售量和利润。但是产品或服务的质量又是与企业的质量成本密切相关的,如果企业为追求不必要的高质量而使产品价格因成本大幅提高而上升,可能会引起产品需求量的下降,从而使企业遭受不必要的损失。因此,对于产品质量成本的控制又显得尤为重要。

【知识链接 10－1】

民以食为天,谁来管"天"

截至 2008 年 9 月 21 日上午 8 时,全国因食用含三聚氰胺的奶粉导致住院的婴幼儿达 1 万余人,官方确认 4 例患儿死亡;10 月 9 日,国务院总理温家宝签署国务院令,公布了《乳品质量安全监督管理条例》。我国乳品业的三聚氰胺超标从表面上看是一个弄虚作假的问题,但从经济学角度看则与质量成本有着广泛深入的联系,三鹿集团为了追求自身的利润,没有健全自身的质量安全保障体系,从而导致有问题的原奶入厂,为了降低预防成本付出了高昂的损失成本。因此,在环保至上、人性张扬的今天,企业对于质量成本的控制迫在眉睫,一个对社会没有牵挂的企业,再大再强也是暂时的,最终也是恐龙式的经济动物,只会渐行渐退以至于无影无踪。

质量成本控制就是要在能够实现健全零缺陷的状态和有效的质量成本管理组织体系下,建立科学的预算控制指标和误差范围,找到最佳质量成本水平,以实现企业质量管理目标的过程。在不同的质量成本决策观下,质量成本控制的方法也不相同。

(一) 传统观下的质量成本控制

在传统观下确定最佳质量成本可采取边际分析法和合理比例法。

1. 边际分析法

边际分析法是微分边际理论在质量成本控制中的应用。如果以产品合格率代表质量水平,则存在能使质量成本最低的产品合格率,即最佳质量,此时所对应的质量成本为最佳质量成本。

设 M 为单位产品成本的内部损失成本,Q 为产品合格率,$1-Q$ 为废品率,则每件合格品所负担的损失成本为 y_1。其计算公式为

$$y_1 = M \times \frac{1-Q}{Q} \qquad (10-15)$$

设每件合格品负担的预防和鉴定成本为 y_2,它与合格品率和废品率之间的比值存在一定的比例关系。设该比例系数为 β,该系数为一常数,即随着产品合格率的变化需要追加的预防和鉴定成本的系数。则

$$y_2 = \beta \times \frac{Q}{1-Q} \qquad (10-16)$$

单位合格产品应负担的质量成本 y 的计算公式为

$$y = y_1 + y_2 = M \times \frac{1-Q}{Q} + \beta \times \frac{Q}{1-Q} \qquad (10-17)$$

计算 y 的一阶导数可知：

（1）当单位预防和鉴定成本等于单位废品损失成本时，存在最佳质量；

（2）最佳质量 Q^* 的计算公式为

$$Q^* = \frac{1}{1 + \sqrt{\dfrac{\beta}{M}}} \qquad (10-18)$$

（3）最佳质量成本 y^* 的计算公式为

$$y^* = y_1 + y_2 = M \times \frac{1-Q^*}{Q^*} + \beta \times \frac{Q^*}{1-Q^*} \qquad (10-19)$$

【实务 10-1】 郡雷公司 2×17 年生产的合格品率为 80%，年产量为 4 000 吨，预防和鉴定成本为 100 000 元，每吨产品废品损失成本为 300 元。要求：计算最佳质量和最佳质量成本。

解析：从郡雷公司的基本情况可以看到，$Q = 80\%$，$M = 300$，则有

$$y_2 = \frac{100\,000}{4\,000} = 25（元）$$

$$\beta = y_2 \times \frac{1-Q}{Q} = 25 \times \frac{1-80\%}{80\%} = 6.25$$

$$最佳质量\ Q^* = \frac{1}{1 + \sqrt{\dfrac{6.25}{300}}} = 87.39\%$$

$$最佳质量成本\ y^* = y_1 + y_2 = 300 \times \frac{1-87.39\%}{87.39\%} + 6.25 \times \frac{87.39\%}{1-87.39\%} = 86.60（元/件）$$

可见，当合格品率为 87.39% 时，质量成本最低，单位质量成本为 86.60 元/件，企业应当以此作为企业最佳质量成本的目标。

2. 合理比例法

合理比例法是根据质量成本各项目之间比例关系确定合理比例，以便于找到质量成本的适宜区域，即适宜质量成本，而不是最佳质量成本。如图 10-4 所示，考虑到达到某一点的合格率不容易保持，而使合格品保持在某一范围内比较容易做到，因此将质量成本曲线划分为改善区、适宜区、至善区三个区域。

（1）当产品的质量水平处于改善区，说明质量水平较低，损失成本较高，企业应当采取措施，追加预防和鉴定成本，以保证产品的质量水平；

（2）当产品的质量水平处于适宜区，这个区间是产品质量成本的合理比例区域，在这个区域里，产品的质量适当，经济效益比较高；

（3）当产品的质量水平处于至善区，说明产品的质量水平较高，并且超过了客户的需要，可能会出现不必要的损失成本。

如表 10-2 所示，在企业的实际应用过程中，客观存在着一个合理比例。西方国家企业与中国企业的区别在于预防成本和鉴定成本的比例。当然，对于质量成本各项目之间的比

例不能做绝对的理解,仅仅是一个经验数据,具体在实践过程中应当结合企业的实际情况来确定质量成本合理比例。

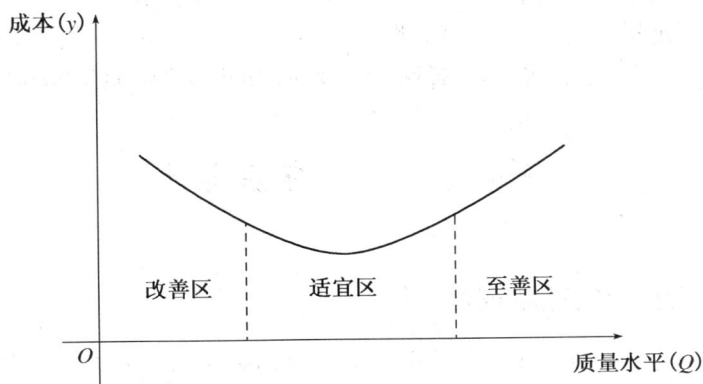

图 10-4　合理比例法

表 10-2　质量成本控制合理比例法数据汇总表

质量成本项目	西　方	中　国
预防成本	10%	15%
鉴定成本	30%	25%
损失成本	60%	60%

(二) 现代观下的质量成本控制

在健全质量模式下,只要产品生产偏离目标价值,就会存在损失成本。因此,质量成本的最佳水平存在于产品的目标价值,不需要像在传统观下需要在各种质量成本项目之间进行权衡选择。如图 10-5 所示,在一定范围内,随着控制成本的增加,产品的质量水平在提高,当达到某一质量水平(实际产品与设计要求偏差在允许范围内)时,即使减少控制成本,依然可以提高产品的质量水平;即使处在较高的质量水平,只要实际产品价值与目标价值存在误差,仍然会存在损失成本;质量成本总额的最佳水平应当是产品的目标价值所在的点。

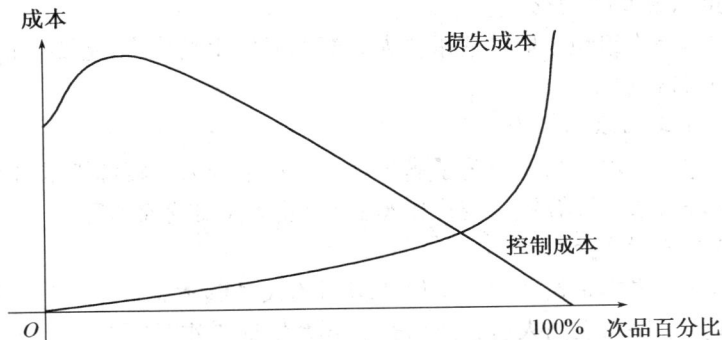

图 10-5　现代观下的质量成本控制

无论是传统观还是现代观的质量成本控制方法中,成本函数关系是一致的,控制成本与损失成本都是此消彼长的关系,区别在于质量控制计划的实施效果一般是在成本发生之后,经过一段时间降低的效果才会显现出来。因此,当产品的质量成本水平接近稳定状态时,控制成本不会无限制地增加,而是会呈现先增后减的趋势。总之,在现代质量成本控制观点的指导下,企业应不断调整控制成本,在提高产品质量的同时,降低质量成本总额。

任务二 人力资源会计

一、人力资源会计的基本理论

埃里克·G. 弗兰霍尔茨(Eric G. Flam holtz)是国际著名的人力资源会计大师,研究领域广阔,被认为是人力资源会计领域的奠基人之一,所著《人力资源会计》一书在学术界具有里程碑的意义。他认为,人力资源会计可以定义为把人的成本和价值作为组织的资源而进行的计量和报告的活动。它分为两大体系,一是用来计量组织投资于招募、选任、雇佣、训练与发展人力资源以及重置现有员工成本的人力资源成本会计;二是用来计量被视为组织资源的人力(组织)价值的人力资源价值会计。目前较权威的是美国会计学会(AAA)人力资源会计委员会 1973 年所下的定义:人力资源会计是鉴别和计量人力资源的成本和价值,并将这些会计信息传递给有关利益相关者的程序。无论是弗兰霍尔茨还是美国会计学会对于人力资源会计的定义,都强调对人力资源成本和价值的计量。可见,人力资源会计是将人力资源作为企业或其他经济组织所拥有的资产,对其成本和价值程度进行确认、计量、记录和报告,在反映企业现有人力资源质量变动状况的同时,对人力资源需求和投资等经济活动进行预测和决策的经济管理活动,主要包括人力资源成本会计和人力资源价值会计。

二、人力资源成本会计

人力资源成本会计是人力资源会计的一个重要组成部分。它是应用会计理论与方法,对人力资源成本进行确认、计量、记录和报告的会计模式。

(一)人力资源成本的构成

人力资源成本是指组织为取得或重置人力资源而发生的成本,主要包括取得成本、开发成本、使用成本和替代成本。

1. 人力资源的取得成本

人力资源的取得成本是指企业为了满足现在和将来的人力资源需求,招募、选拔和雇用员工而发生的成本,包括招聘成本、选拔成本、录用成本和安置成本等。

2. 人力资源的开发成本

人力资源的开发成本是指企业为了使新聘用的人员熟悉企业、达到具体工作岗位所要求的业务水平或为了提高在岗人员素质而开展教育培训工作时所发生的支出。人力资源开发成本从本质上而言是人力资源投资,主要包括定向成本(又称为岗前培训成本)、在职培训成本和脱产培训成本。

3. 人力资源的使用成本

人力资源的使用成本是指企业为补偿或恢复作为人力资源载体的企业员工在从事劳动的过程中其体力、脑力的消耗而直接或间接地向劳动者支付的成本。人力资源的使用成本主要包括维持成本、保障成本、奖励成本和调剂成本。

4. 人力资源的替代成本

人力资源的替代成本是企业发生人员替代的情况下所发生的人力资源成本。它既包括为取得或开发替代者而发生的成本，也包括由于企业的员工离开企业而发生的成本。替代成本由取得成本、开发成本和遣散成本构成。

（二）人力资源成本的计量

人力资源成本的计量模式旨在计量、报告因取得、开发和重置企业的人力资源而引发的成本。这种计量模式在实践中根据人力资源成本的基础不同，又划分为历史成本法、重置成本法和机会价值法。历史成本法也称原始成本法、实际成本法，是以企业取得、开发和使用人力资源时实际发生的支出来计量人力资源成本；重置成本法是通过重置现在拥有的或使用的某一项资源所必须招致的牺牲；机会成本法是以员工脱产学习培训期间不能为企业进行生产活动所带来的损失和离职前因工作业绩下降或离岗后该职位空缺给企业带来的损失为依据进行计量的方法。

如下表 10-3 所示，上述三种人力资源成本计量方法各有利弊。在现实的会计核算中，企业以历史成本法为首选方法，但是，历史成本的资料难以取得，如国有企业无偿调入职工时也没有人力资产的历史成本资料。在这种时候，可以使用重置成本法进行辅助计量。要注意，在采用重置成本法计量时，为了使核算口径保持一致，只计入重置成本中的取得成本和开发成本，替代成本不宜计入；当该员工准备离岗或者在离岗之前，就应当考虑员工的离职给企业带来的机会成本。

表 10-3　人力资源成本会计计量方法的比较

计量模式	优　点	缺　点
历史成本法	数据客观且可验证	相关性较弱、不具可比性
重置成本法	与现实情况相符	主观性太强
机会成本法	接近现实价值	偏离传统会计模式，造成会计信息失真

（三）人力资源成本的核算

人力资源成本的核算主要是为企业管理者和劳动者提供人力资产的取得与开发成本、现有人力资产重置成本等方面的信息。如图 10-6 所示，企业通过外聘或开发取得的核心人力资源，在进入预定工作岗位并达到预定工作状态前所发生的且符合资本化条件的各种耗费，均应计入人力资产的初始入账成本。它具体包括外聘核心人力资源所花费的取得成本、开发成本、使用成本和替代成本等，还包括为提高企业竞争力而增加人力资本存量所发生的开发支出。而企业人力资源管理部门开展常规人力资源招聘、录用、保持、发展、评价和调整等活动所发生的人力资源管理费用，应作为管理费用直接计入当期损益。因此，需要在传统会计科目设置的基础上，增设"人力资产"和"人力资源成本"两个一级科目，其中"人力资产"账户则属于资产类的盘存账户，用于核算企业对人力资源投资形成的核心人力资产初始入账成本的增减变动,其借方登记人力资源引进或开发过程完成且员工进入工作岗位后所形成的人力资源初始入账成本;其贷方登记各种原因致使目标人力资源转销时予以转销的人力资产成本;该账户余额在借方,表示期末"人力资产"账户的账面成本,并按团队或个人设置明细科目。"人力资源成本"科目应分别设置"取得成本""开发成本""使用成本""替代成本"二级科目,进行明细核算。其三级明细核算可以按各人力资源成本项目设置。

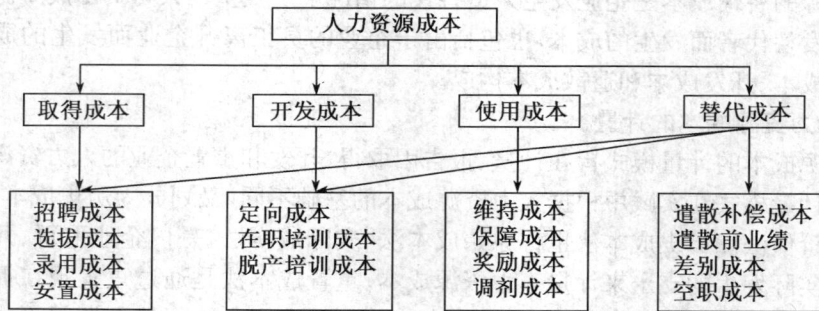

图 10 - 6　人力资源成本的核算内容

三、人力资源价值会计

以人力资产为企业带来的预期价值,即人力资产的产出价值作为基础来计量人力资源在企业中的经济价值,这就发展成了人力资源价值会计。落实到企业实际的计量过程中,就是将人力资源在未来一段时期创造的价值折现作为企业的人力资本入账价值。其计量方法一般分为货币计量方法和非货币计量方法两大类。货币计量方法包括现行市价法、工资报酬折现法、商誉法等;非货币计量方法包括评价法、技能一览表法等。

(一) 人力资源价值的货币计量方法

人力资源价值是人力资源所具备的经济价值,反映的是人力资源的创利能力和质量状况。人力资源价值的货币计量既要反映群体的经济价值,又要体现个人的经济价值,主要包括个人价值计量模式和群体价值计量模式。个人价值是指个人在企业中预期未来服务的估计现值。群体价值是指特定群体(班组、车间、办公室、研究组等)在企业中预期未来服务的估计现值。

1. 个人价值计量模式

(1) 调整未来薪酬折现法。未来薪酬折现法是巴鲁克·列夫(Baruck Lev)和阿巴·施瓦茨(Aba Schwartz)于 1971 年在《会计评论》上发表的《论人力资源的经济概念在财务报告中的应用》中提出的,以职工薪酬各年的折现来确定其价值。美国的赫曼森教授在 1964 年美国密执安州立大学发表的题为《人力资产会计》论文,提出以效率因素作为未来薪酬的调整值,以调整后的未来薪酬折现值和效率系数的乘积来计算人力资源价值。其中,效率系数是对所选以前若干年度全行业资产平均收益率与该企业在相应年度资产收益率的比值进行加权平均得到的权数。赫曼森认为,效率系数取 5 年较为合适,人力资源价值 V 的计算公式为

$$V = \frac{5\frac{RA_0}{RE_0} + 4\frac{RA_1}{RE_1} + 3\frac{RA_2}{RE_2} + 2\frac{RA_3}{RE_3} + \frac{RA_4}{RE_4}}{15} \times \sum_{t=1}^{T} \frac{R_t}{(1+i)^{t-n}} \qquad (10-20)$$

式中,RA_0 为企业当前年度的资产收益率;RE_0 为行业当前年度的资产平均收益率;$RA_t(t=1,2,3,4)$表示企业向前推第 t 年度资产收益率;$RE_t(t=1,2,3,4)$表示行业向前推第 t 年度资产平均收益率;R_t 为第 t 年的预计薪酬;T 为人力资源价值的计算年限(员工从现实年度到因离职、退休或死亡等原因离开企业为止);i 为折现率。

这种方法计算出来的是员工未来 5 年所获得的工资收入对企业的经济价值,低估了人力资源的经济价值,而且权数的确定带有一定的主观性。

(2)未来盈利贴现法。巴鲁克·列夫和阿巴·施瓦茨为弥补未来薪酬折现法的缺陷而提出了未来盈利贴现法。这种方法在计算未来职工薪酬现值时,考虑了职工提前离职、提升等情况发生的概率,是在未来薪酬折现法改进的基础上得到的一种货币性计量方法。在与敏感性分析方法结合的基础上,预测一个 y 岁职工的人力资源价值 V_n 的计算公式为

$$V_n = \sum_{t=1}^{n} P_y(t+1) \sum_{N=1}^{t} \frac{R_N}{(1+i)^{t-N}} \qquad (10-21)$$

式中,t 为该职工离开企业的年龄;$P_y(t)$为该职工在第 t 年时离开企业的概率,R_N 为该职工第 N 年的职工薪酬,i 为该职工的薪酬贴现率。

(3)随机报酬模式。随机报酬模式是弗兰霍尔茨于 1985 年在其著作《人力资源会计》中提出的"随机报偿价值模式"。该模式认为,员工为组织提供服务的过程是一个随机的过程。因此计算人力资源价值时,只能综合考虑预计服务年限、服务状态、特定服务状态下的价值及其概率来预期。该模型的计算方法为

$$V_n = \sum_{t=1}^{n} \left[\frac{\sum_{i=1}^{m-1} R_i P(R_i)}{(1+r)^t} \right] \qquad (10-22)$$

式中,V_n 表示人力资源价值;R_i 表示第 i 种状态或职务下预期服务的货币表现;$P(R_i)$ 表示职工处于 i 种状态或职务概率;i 指的是系列职务职位;m 表示工作职位状态或职务数(含离职状态,其预期服务的货币表现为 0);n 表示职工为组织服务的期望年限(人力资源价值计算年限);r 为贴现率。

随机报酬模式所考虑的因素比较全面、系统,既考虑了职工在企业内各服务状态之间流动的情况,又考虑了职工离职的可能性,是一个动态的模式,比前几种模式更能相对准确地反映人力资源价值的各有关影响因素,也更容易为人们所接受。然而其不足之处在于人力资源预期服务的货币价值本身是一个未知数,计量操作性有待分析,同时也忽略了其他资产对组织收益的影响,因此,有可能会高估人力资源的价值。

2. 群体价值计量模式

(1)非购买商誉法。这种方法是 1969 年由赫曼森(Hermanson)教授提出的。他认为,企业过去若干年的累计超过同行业平均收益的一部分或全部都可看作是人力资源的贡献,这部分超额利润应通过资本化程序确认为人力资源价值。这种方法类似于企业确认非购入商誉价值的方法,因此被称为非购买商誉模型。其计算公式为

$$V_n = \frac{NI - A \times ROI}{ROI} = \frac{NI}{ROI} - A \tag{10-23}$$

式中,V_n 表示人力资源价值;NI 表示本企业的实际净收益;A 表示企业的总资产;ROI 表示行业投资报酬率。

非购买商誉法的计算式是基于企业每年的实际收益来估算的,不需要对企业的未来收益进行估算,因此它不仅具有更大的客观性,也与企业现行会计惯例较为接近。但是,在进行模式构建时,仅将超额利润作为人力资源价值,没有将补偿价值和行业所创造的平均人力资源的剩余价值统计出来,且忽略了货币的时间价值因素。

(2)经济价值法。经济价值法是弗兰霍尔茨等人于1968年提出的一种计算组织整体价值的方法。该方法将组织未来各期的收益折现,然后按照人力资源投资占全部投资比例,将组织未来投资收益中属于人力资源投资获得的收益部分作为人力资源价值。其计算公式为

$$V_n = \sum_{t=1}^{T} \frac{R_t H_t}{(1+i)^t} \tag{10-24}$$

式中,V_n 表示人力资源价值;R_t 表示第 t 年的收益;H_t 表示第 t 年的人力资源投资率;i 为贴现率;n 为期数;T 为人力资源价值的计算年限。

经济价值法有三个优点:一是它采用未来盈余作为计量人力资源价值的基础,比较符合价值的定义;二是将全部盈余作为计量的基础,其反映的情况比非购买商誉法更全面;三是充分考虑到了货币的时间价值,并将组织的整体收益进行折现,完整涵盖了人力资源的补偿价值和剩余价值。

(二)人力资源价值的非货币计量方法

非货币计量方法的核心在于以人力资源的才干和能力来决定其在企业中的价值。影响人力资源非货币价值的因素有现有人员的文化程度、技术职称或技术职务、技术工种、职务、实际工龄、年龄及健康状况、自我发展能力、与同事的关系、与上下级的关系、与客户的关系、社会影响力等。其主要方法有技能表法、技术指标统计法、绩效评价法、潜力评价法、员工满意度测定法、类推法、三维模块描述法[①]、文字叙述法、统计分析法。如图 10-7 所示,其中三维模块描述法是将企业员工的工龄、学历和综合能力 3 个指标构成一个空间直角坐标系。在这个三维模块中,将产生具有不同变量和赋予一定计量数据便可代表个体人力资源价值的空间结构。这种方法是通过充分考虑工龄、学历等客观因素之外的主观情感因素,使其反映的非货币计量会计信息更具准确性和信息相关性。可以根据各个指标的高低范围将整个价值模块分成若干个三维空间范围,其代表了不同价值趋向的人力资源类型。S_0 空间区域的价值载体则更适合企业中研发创新部门;S_1 空间区域所代表的人力资源虽然不具有高学历,但其较长的工作年限导致其在行业中积累了一定的工作经验,这对一些需要丰富实践经验的制造企业或者服务行业是十分重要的;S_2 空间区域是普通一线生产车间比较青睐的人员,即在整体方面具有适合生产车间的"高价值"。

可见,人力资源价值的非货币计量方法在弥补货币计量方法不足的同时,可以反映货币

---

① 吕文超.人力资源会计非货币计量模式研究——三维模块描述法理论介绍.会计之友,2010(7)

计量所不能提供的信息,提供有关人的才干、环境适应能力、工作协调能力、掌握新知识技术能力等方面的信息,有利于管理当局了解职工情况,分析职工价值变动的原因,从而决定采用适当的管理方式及相应的措施。然而非货币计量模式不能精确地、定量地计量人力资源的价值,实施中还需要对员工的具体情况作调查分析,灵活性很大。企业应根据自身的实际情况,选择比较恰当的方法加以运用,在运用过程中不断地总结经验,并加以改进和完善。

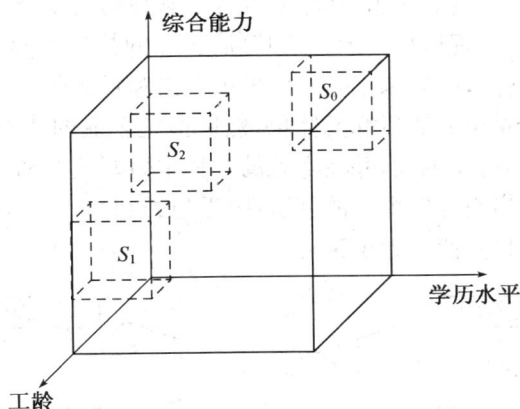

图 10－7　人力资源价值非货币计量方法——三维模块描述法

四、人力资源会计报告

人力资源会计报告就是将有关人力资源的信息以报告的形式传递给信息使用者。有关人力资源的信息包括人力资源成本信息(包括人力资源的取得成本、开发成本、使用成本、替代成本等方面的信息)和人力资源价值信息(包括计量方法和计量结果方面的信息)。人力资源会计信息披露的方式有多种,可以编制独立人力资源会计信息报告(包括会计报表和情况说明等),通过报表附注进行披露,也可以在资产负债表、利润表和现金流量表三大财务报表中披露;对不能在财务报告中反映的人力资源会计信息可采用情况说明书的方式来披露。

任务三　战略管理会计

"战略"一词来源于军事科学,含义是"将军指挥军队的艺术",在古代西方和我国都有相关论述。这种被军事科学确立的概念被推广应用到政治、社会、经济等各个领域。简而言之,战略就是重大的、全局性的、长远性的谋略和规划。现代企业所面临的是激烈的世界性经济竞争新形势,因此,"商场如战场"这句话并不为过。战场上适用的军事战略思想对现代企业在商场上制订竞争战略、提高企业经济效益,同样具有重要的指导作用。

一、战略管理——"深谋远虑"的高层次管理

(一) 战略管理的基本特点

本模块中所涉及的战略管理内容应当是企业战略管理。可以从狭义和广义两个角度来

理解企业战略管理。广义的企业战略管理是指管理者采用战略管理思想对整个企业进行管理;而狭义的企业战略管理是指管理者对企业战略分析、选择和实施进行的管理过程。一般指的是狭义的企业战略管理,具有长期性、全局性、层次性和灵活性的特点。

(二)战略管理的基本程序

如图 10-8 所示,战略管理的程序是从企业内部和外部环境分析开始,包括确定企业战略目标、战略规划制订、战略规划实施、战略监控评价和战略规划修正等步骤。其中,企业的内外部环境分析是确定企业现行战略地位的基础;企业的战略目标则需要指明企业如何以现在所处的竞争地位为起点,明确未来企业的发展方向和目标业绩;在确定企业现行战略地位和战略目标之后,可以将企业的目标具体化,然后指定企业的战略规划;将制订的战略规划作为战略实施的依据和行动纲领,并在实施的过程中做好监控和评价,如果存在不符合企业未来发展的战略,则应当充分发挥人的创造性、思想力和洞察力,通过动态的修正与调整,从而重新确立新的战略目标,使之趋于完善。

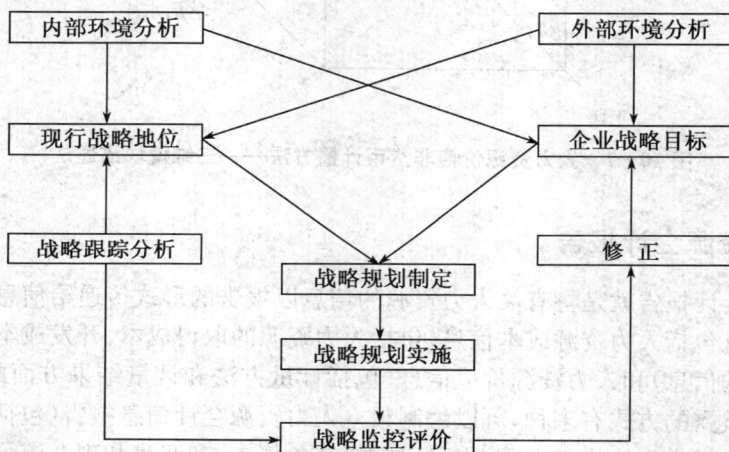

图 10-8 战略管理程序示意图

(三)战略管理的基本层次

一般拥有多个相对独立经营单位的企业,其战略管理一般分为以下三个层次:

(1)总体战略是企业最高层次的战略。它需要根据企业的总体战略目标,分析企业所处的内外部环境,选择可以竞争的经营业务和领域,合理配置企业资源,使企业各经营业务之间相互支持、相互协调。它主要包括:企业选择如何进入最具发展前景的产业;企业的宗旨与目标、经营种类和业务范围等内容。

(2)经营单位战略又称竞争战略,决定企业或经营单位如何在选定的领域内与竞争对手展开竞争。该战略应当在企业总体战略的指导下,着重于改善产品在所属产业细分市场中的竞争地位,一般采用的方法是美国哈佛大学商学院迈克尔·波特和安瑟夫教授提出的竞争战略。由于各经营单位具有较大的独立性,可以自行制订经营战略,因此,又将这些经营单位称为战略经营单位(strategic business unit,SBU)。

(3)职能单位战略用于确定各经营内部各职能部门的日常经营战略。各职能部门之间通常都掌握了一定的人力和物质资源,分工协作履行一定的专业技能。该战略应当在总体战略的指导下,合理利用职能部门资源,力求做到人尽其才、物尽其用,创造优异的工作业绩,以实现企业的总体战略目标。

战略管理的三个层次之间,每一层次应遵循"目标一致"原则,三者相互联系,经营单位战略和职能单位战略是企业总体战略的基础和保证,总体战略对经营单位战略和职能单位战略起到统驭作用。

二、战略管理会计——利用会计的方法进行战略管理

(一)战略管理会计产生的必然性

1. 现行管理会计理论和方法发展的必然要求

传统的管理会计只从短期的观点出发,依据投资报酬率和其他财务数据进行管理,既不能提供诸如企业所处的相对竞争地位的信息,也不能提供有利于企业竞争战略调整的会计资料,达不到预警目的。因此,自 20 世纪 80 年代以来,学者们开始将战略因素引入管理会计理论与方法中,将其逐步推向战略管理会计的新阶段。

2. 我国企业管理的需要

我国当前市场经济竞争规模的日益加剧使我国企业认识到传统管理会计不能适应制造和竞争环境的变化,例如,不能考虑新环境中成本形态的变化,在传统的财务会计核算中,扭曲了产品和劳务的真实成本;不能反映质量、可靠性、生产的弹性、顾客的满意程度等一系列与企业战略目标密切相关的指标;传统管理会计缺少重视外部环境的战略观念,不能提供成本、价格、业务量、市场份额、现金流量等方面相对水平和变化趋势的相关信息。而战略管理会计则可弥补以上缺陷,为企业从战略的角度重新审视企业的组织机构设置、市场营销和资源的配置。

3. 信息技术发展所提供的技术条件

信息技术使得管理会计有可能以较低的成本及时提供战略管理所需要的上述信息,解决管理会计问题。而管理会计人员可以将更多的精力用于解决战略水平上的问题。因此,信息技术也把管理会计推向了战略管理会计的新阶段。

(二)战略管理会计的定义与目标

对战略管理会计概念的界定,国内外学者认识尚不统一,然而都反映出战略管理会计的一些基本特征,即重视企业内外部环境和市场、整体优势等。战略管理会计应当是会计人员运用专门的方法为企业提供自身和外部市场以及竞争者的信息,通过分析、比较和选择,帮助企业管理层制订、实施战略计划以取得竞争优势的手段。从定义中可以看出,战略管理的目标应当是协助企业管理层确定战略目标、编制战略规划、实施战略规划和评价战略管理业绩。

(三)战略管理会计的特征

与传统管理会计相比,战略管理会计主要体现了以下三个多样化特征。

1. 以外向型为主体的多样化信息

战略管理会计提供诸如质量、需求量、市场占有份额等非财务信息,旨在克服传统会计只强调提供货币信息的局限,为适应战略管理要求,将其扩展到更广的范围和更深的层次。

借以帮助企业管理者在进行战略管理思考时,从更广阔的视野、更深层次的内涵进行由此及彼、由表及里的分析研究,做出兼具客观性和科学性的决策,为企业洞察先机、改善经营和竞争能力、保持和发展长期竞争优势创造有利条件。

2. 战略业绩评价的多样化指标

传统管理会计绩效评价指标只重"结果"而不重"过程",其业绩评价指标一般采用投资报酬率指标,忽视了相对竞争指标在业绩评价中的作用。战略业绩评价是指将评价指标与企业所实施的战略相结合,根据不同的战略采取多种满足管理者信息需求的评价指标,而且整个过程贯穿于战略管理应用的每一步。

3. 适应战略管理的多样化方法

战略管理会计不仅联系竞争对手进行相对成本动态分析、顾客营利性动态分析和产品营利性动态分析,而且采取了一些新的方法,如产品生命周期法、经验曲线、产品组合矩阵以及价值链分析方法等。

(四) 战略管理会计的内容

1. 协助制订战略目标

战略管理会计需要协助管理层从总体战略、业务单位战略、职能单位战略三个不同层次制订企业的战略目标。它主要包括三个方面:① 竞争战略目标。在激烈的市场竞争中,能否取得竞争的优势是决定企业能否在市场上立于不败之地的关键。② 战略管理决策目标。结合来自企业内部与外部的信息,通过低成本和产品差异化,促使企业确立竞争优势的目标。③ 战略业绩评价目标。建立与战略管理目标相适应的信息传递和反馈机制,为战略业绩评价提供依据。

2. 战略成本管理

一个产品或投资项目的成本包括从论证、投资、研究开发与设计、生产、销售以及停产后处理整个过程所发生的支出与费用。例如,采矿业或冶金业项目结束后的污染处理将是一笔很大的开销;高科技企业的产品研究与设计费用也是非常庞大的。作业影响动因,动因影响成本,从战略成本动因的角度来进行成本管理,可以避免企业日后经营成本的浪费问题。

3. 战略经营与投资决策

现行的管理会计经营与投资决策都局限于一定的短期模式和相应的假设,无法满足企业长期战略发展的决策需求。例如,现行的本量利分析模型假定短期内企业的产销平衡;现行的投资决策分析模式假定期初集中进行资本性投资,项目经营期不再追加投资,营运资金在期初一次性支付、在期末一次性回收等。但是,企业在进行战略经营决策时,产品的成本、收入和销售量一般是呈非线性关系的;在战略投资决策时,应以自由现金流量为基础,对于资本性投资与营运资金在项目经营期随着产销量变化而变动的部分,在战略投资决策中应当给予一定的考虑,反映企业投资的实际业绩,为企业的可持续发展提供更有价值的信息。

4. 战略业绩评价

现代企业所面临的竞争要求企业管理者注重对市场占有率变化、技术革新、顾客满意度、服务水平、产品质量、人力资源、市场战略等多方面的变化的控制、管理与应对。因此,战略管理会计趋向于运用综合的、财务和非财务指标相结合的、前瞻的战略性业绩评价,并把企业战略、具体行动和业绩考评进行组合,对不同的战略灵活地采取不同的评价指标来实现与保持企业的长期竞争优势。

5. 人力资源管理

战略管理会计在以人为本的核心前提下,通过一定的方法和技能来激励员工以获得最大的人力资源价值,并采用一定模式来确认和计量企业的人力资源成本和价值,便于进行人力资源的投资分析、员工业绩评价与人事战略规划的制订。

6. 风险管理

战略管理会计侧重于对企业全局的、长远的战略问题的研究,对于风险的管理主要是采取一定的方法分散企业在经营与投资过程中的风险。例如,投资组合、资产重组、企业并购与联营等等。

(五) 战略管理会计的方法

1. 战略性成本的计算

(1) 价值链分析。价值链(Value Chain)是企业从事的各种活动的集合体,其核心是将企业的所有资源、价值活动与企业的战略目标紧密连接起来,以价值增值为目的,形成的一个简明而清晰的结构框架。价值链分析包括企业价值链分析和产业价值链分析。企业价值链分析主要包括对产品生产合理配合分析、作业链分析和成本动因分析,其中产品生产合理配合分析用于分析"战略三角"(即企业、供应商与顾客)之间的相互协作关系;作业链分析是通过价值链体现的,目的在于消除不增加客户价值的作业,提高可增加价值作业的效率;成本动因分析主要是对导致企业成本发生的因素进行分析,分为结构性成本动因分析和操作性成本动因分析。与作业性成本动因(材料、人工等)相比,企业规模、企业政策、业务范围、规模经济、整合程度、时机选择、生产技术、厂址选择与确定、生产复杂性等结构性成本动因,对企业的影响更大、更持久;同时,员工的参与感、全面质量管理、生产能力利用、工厂布局、产品设计、客户供应商关系等操作性成本动因有助于企业战略执行和控制,降低作业成本,提高效率。因此,战略成本动因分析在战略选择实施阶段发挥着重要的作用。与企业价值链分析不同的是,产业价值链分析的角度针对的是整个行业。

(2) 作业成本管理。作业成本法着眼于成本动因,依据资源消耗的因果关系进行成本分析,即先按作业对资源的消耗情况将成本分配到作业,再按成本对象所消耗的作业情况将作业分配给成本对象。企业需要借助作业成本管理,区分增值作业和非增值作业,通过改善作业流程,努力降低或消除非增值作业,持续改进增值作业,对战略实施过程进行有效的控制,从而充分利用企业的有限资源,保证企业战略目标的实现。

(3) 全面质量管理。近年来,电脑化设计和制造系统的建立和使用带来了管理观念和管理技术的剧烈变化,为开拓并占领市场,企业应努力满足消费者对质量的追求,而质量和质量成本有着内在的必然联系,也就是说,必要的预防成本、鉴定成本的支出,可以减少质量损失成本,以维护企业及其品牌的声誉。因此,在战略已经选定的情况下,实施全面质量管理可以使企业实现缩小质量损失成本的支出,力求以尽可能低的质量成本,确保企业战略目标的执行和实现。同时要做好质量成本的分析工作,制订正确的质量成本预算。

(4) 产品生命周期法。这主要在于通过判断产品与企业所处的不同阶段,基于产品或劳务生命周期各阶段长度进行成本评估,并制订相应的战略,而产品生命周期的战略成本管理是通过价值链和作业成本管理来完成的。

(5)目标成本管理。目标成本管理是指基于竞争市场的产品价格,在保证目标利润的基础上确定的目标成本值,并通过各种途径达到目标成本的过程,其本质是一种对企业未来利润进行战略性管理的技术。与目标成本管理联系较为密切的是 Kaizen 成本法("Kaizen"是日本词汇,有"持续不断改进"之意)。要降低产品在制造阶段的成本,需要引进新的方法(如柔性制造系统等)和新的管理技术(如经营控制、全面质量管理和约束理论等),而Kaizen成本法则是要在这一阶段将目标成本引导到设计阶段和开发阶段之外。

2. 竞争对手分析

竞争对手分析的应用范围不仅仅局限于竞争对手的战略目标、经营状况、财务状况、技术经济实力以及领导者和管理者的背景,还应包含竞争对手的成本评估、竞争地位监督及业绩评价,从而为战略选择提供更全面的信息。竞争对手的成本评估是基于竞争者的设计、技术、经济规模的评估;竞争地位监督主要是在行业内部通过评价和监督竞争对手的销售收入、市场份额、销售量、单位成本和销售收益率;竞争对手的业绩评价主要基于竞争对手公开的财务报表,包括销售趋势、利润水平、资产和负债等。

3. 市场定位分析

市场定位分析包含企业环境分析,企业环境分析与市场定位分析共同构成了企业战略定位的分析方法。企业外部环境分析,一般采用的是 PEST 分析,它是指从政治(Political)、经济(Economic)、社会(Social)、技术(Technological)等方面来判断企业所处的宏观环境、竞争对手状况以及顾客的偏好等,识别企业的机遇和挑战,从而有针对性地选择战略,利用机会消除危险。企业内部环境分析,一般采用的是 SWOT 分析,它是指对企业的优势(Strengths)、劣势(Weaknesses)、机会(Opportunities)与威胁(Threats)所进行的分析,判断企业自身资源的占有和控制等情况,以此考察企业经营的优势和劣势。因此,战略定位分析能够帮助企业审视内外部环境,并选择相应的战略,利用优势化解劣势,从而保证战略目标的实现。

4. 预警分析

该方法是在分析研究企业竞争状况影响因素的基础上,建立企业竞争状况监测指标,所涉及的内容涉及本企业、竞争对手、客户及国内外经济环境的分析。通过前馈控制来对其影响因素进行监控,利用预警结果采取相应的防范措施进行风险预警,有效预测企业竞争地位的变化。因此,在战略选择阶段运用预警分析有助于经营者在战略选择中进行风险和收益的权衡,降低战略选择阶段的风险。

5. 平衡计分卡与标杆法

平衡计分卡是由美国的管理大师罗伯特·卡普兰(Robert S. Kaplan)和复兴方案国际咨询企业总裁戴维·诺顿(David P. Norton)在总结了 12 家大型企业业绩评价体系成功经验的基础上,提出的具有划时代意义的战略业绩评价工具,被《哈佛商业评论》誉为"近75年来世界上最重要的管理工具和方法"。它以企业的战略为中心,并从财务、顾客、内部流程以及学习和成长四个维度评价企业的战略业绩。也就是说,企业要获得财务上的成功,必须使顾客满意,使顾客满意只能优化内部价值创造过程,优化内部过程只能通过学习和提高员工个人能力。如果把可持续发展的企业看成一棵果树,那么"树根"就是学习与成长维度;"树干"就是内部业务流程维度;"树枝"就是平衡计分卡的顾客维度,"果实"便是平衡计分卡的财务维度。但是平衡计分卡仅仅是构建了用于战略业绩评价的指标体系,对于评价标准的确定,平衡计分卡并未涉及。而美国施乐公司创建的标杆法则可以解决评价标准的问题。标杆法是从企业或部门主体的外部寻找绩优操作作为标准,评价本主体的产品、服务或质量等,了解它们目前在行业中所处的位置及与绩优企业的差距,并持续加以改进。采用标杆法的业绩评价方法选取外部评价标准,这一外部的标准不受行业或地区限制,如英国铁路公司成功地向英国航空公司借鉴清洁车厢的经验,美国汽车工业协会成功地向英国天然气公司借鉴电话处理程序等。

(六) 战略管理会计的应用

战略管理会计是对传统管理会计的修正和发展,从应用的角度看,其职能并没有改变传统管理会计的职能,只是站在战略管理的角度进行的决策,不再局限于传统的评价标准而已。下面以项目五中的零部件自制或外购决策类型来说明战略管理会计的应用。

【实务10-2】　赫隆计算机信息公司在服务和可靠性方面有很好的信誉,因此顾客在不断增长。其所需的零部件采购成本是5 000元,其中3 000元的部分可以自制,自制单位成本是1 900元,每月的人工和制造费用是55 000元。如果公司自制零部件,拟将营销、配送和服务外包给海城公司,每月可以为公司节约成本175 000元。外包合同价是在每月平均销售1 000台电脑的基础上,每台的价格是3 000元。该公司的产业链包括设计、原材料采购、零部件形成、计算机装配、销售、最终用户六个环节。主要作业是将外部电子公司购入的零部件和少量金属加工件装配成产品,装配单位成本是250元。

要求:按传统管理会计和战略管理会计的方法做出零部件自制或外购的决策。

解析:假设每月销售1 000台,按传统管理会计计算相关成本。

零部件外购的相关成本＝3 000×1 000＋175 000＝3 175 000(元)

零部件自制的相关成本＝(1 900＋3 000)×1 000＋55 000＝4 955 000(元)

从计算结果可以看出,公司应当选择外购,可以节约1 780 000元(＝4 955 000－3 175 000)。

从战略管理会计角度对公司的价值链进行以下分析:

表10-4　赫隆计算机信息公司产业价值链分析表

方案 价值作业	外购零部件	自制零部件
设计	与价值链无关	与价值链无关
原材料采购	与价值链无关	与价值链无关
零部件外购	采购单位成本2 000元	采购单位成本2 000元
零部件既可自制又可外购	采购单位成本2 000元	自制单位成本1 900元,人工与制造费用55 000元
计算机装配	装配单位成本250元	装配单位成本250元
销售、配送和售后服务	每月成本175 000元	外包给海城公司,单位成本3 000元

由表10-4可以看到,公司的销售之所以会增长的原因在于,顾客满意该公司的服务和可靠性是该公司的优势,外包给其他服务商可能会降低公司的市场份额。但从战略管理会计的角度来看,公司可以考虑外购,虽然自制方案的成本高,经过进一步的分析,公司可以确

定成本高的相关作业,从而为采取措施降低成本提供依据。同时,该公司的竞争优势和劣势已予以充分披露,这为公司制订战略和决策提供了重要的决策信息。

【技能实训】

1. 凯康技术有限公司生产并销售打印机,供保险、银行、电信公司使用。如表 10-5 所示,尽管公司在质量管理上花费较多,但相关成本都在传统成本会计中的原材料、工资、租金、公用事业费等项目上。

表 10-5　凯康技术有限公司组装部门 2×17 年 12 月 31 日实际成本汇总表　　单位:元

成本项目	成　　本
原材料	8 124 000
组装人员工资	64 000
监管人员工资	102 000
管理人员工资	3 360 000
设备	675 000
租金	270 000
公用事业费	90 000
合　　计	12 685 000

为确定与质量有关的成本,财务部会计人员通过与组装部门有关人员进行座谈并观察其工作情况得出了以下结论:

(1) 原材料:所有花费中,其中 194 940 元用于损坏和返工零部件的维修,在这部分维修费用中,40% 用于企业内部发现的废次品的维修,其余部分用于顾客发现的废次品的维修。

(2) 组装工人工资:企业共有 120 名组装工人,平均每小时支付 14 元工资费用,每人每年质量培训费用 8 小时/年;检查外购零部件 28 800 小时/年;检查部门内组装打印机 18 000小时/年;21 名组装工人的全部时间用于对部门内部发现的不合格品的返工;24 名组装人员的全部时间用于对顾客退回的不合格品的返工。

(3) 监管人员工资:质量培训 3 小时/周;监督对企业内部发现的废次品返工 5 小时/周;监督对顾客发现的次品返工 7 小时/周。

(4) 管理人员工资:出席质量管理研讨会 15 天;分析质量检查结果 2 小时/周;查找问题原因 10 小时/周;会同销售经理解决客户发现的质量问题 1 小时/周。

(5) 设备:用于测试设备费用 8 500 元;用于纠正企业内部所发现问题的设备折旧45 000 元;用于纠正客户所发现问题的设备折旧 38 000 元。

(6) 租金:组装部门占用 10% 的场所用于检查;30% 的场所用于对不合格品的返工,其中 60% 的返工产品为企业内部发现,40% 的返工产品为客户发现。

(7) 公用事业费:按返工和检查所占场所比例进行分配。

要求:

(1) 质量成本有哪些组成内容? 凯康技术有限公司的质量成本主要集中在哪些方面?

可能存在哪些问题？编制质量成本报告应当考虑哪些方面的问题？

（2）对组装部门各项成本费用进行逐项分析，并确定它们是否属于预防成本、鉴定成本、内部损失成本或外部损失成本。按照分析结果重新分配四大类质量成本项目，并编制如表 10-6 所示的组装部门质量成本报告。

（3）最佳质量成本又称为可接受质量成本，其传统观与现代观有什么区别？零缺陷模式和健全质量模式又有什么不同？若凯康技术有限公司生产的打印机合格品率为 90%，年产量为 200 000 台，控制成本为 985 000 元，每台打印机的损失成本为 500 元。试计算凯康技术有限公司的最佳质量和最佳质量成本。

表 10-6　凯康技术有限公司组装部门质量成本报告

质量成本项目	预防	鉴定	内部损失	外部损失	质量成本合计	部门总成本
原材料						
组装人员工资						
监管人员工资						
管理人员工资						
设备						
租金						
公用事业费						
合　计						

2. 马尔机械公司是一家从事金属加工的公司，主要为周边地区的石油勘探和开采提供各种机械金属配件，石油勘探使用的钻头是其主要产品之一，西巴尔钻探公司是它的重要客户，2×10 年到 2×16 年期间，开发的钻井从 729 个增加到 1 856 个，每年约向马尔机械公司购入 8 600 个钻头。

2×17 年年初，马尔机械公司考虑对现有生产机器进行更新。公司现有 4 台人工车床，每台车床需要一个熟练工人进行操作。现有的 4 台人工车床已经使用了 3 年，原始成本共计 998 000 元。如果每周工作 5 天，每天两班倒，直接人工工资率为每小时 30 元，总共可以生产 9 400 个钻头，使用年限为 15 年，每天的车床残值为 8 700 元，已提折旧 125 000 元。当初购置这 4 台车床从银行取得了 10 年期 8% 的贷款，现仍有 280 000 元未还。在扣除拆运成本之后，市价估计为 280 000 元，车床清理损失的 43% 可作为纳税扣除项目。如果用一台自动车床来代替 4 台人工车床，需要增加一名熟练的计算机控制人员。替代的自动车床将减少占地面积，相应每年减少的间接费用为 18 000 元，节约出来的占地面积无法再安排其他的作业使用。新自动车床还将减少 35 000 元的维护费用，买价为 780 000 元，其买价的 10% 可作为纳税扣除项目，同时还需要向银行取得 10% 的抵押贷款。马尔机械公司 2×16 年的财务报表如表 10-7、表 10-8 所示。

表 10-7　马尔机械公司 2×16 年度简化利润表

项　目	金　额
营业收入	6 543 876
减:营业成本	3 762 876
销售费用	287 543
管理费用	321 421
利润总额	2 172 036
减:所得税费用	543 009
净利润	1 629 027

表 10-8　马尔机械公司 2×16 年 12 月 31 日简化资产负债表

项　目	金　额	项　目	金　额
现金	572 873	短期借款	987 213
应收账款	642 551	应付债券	500 000
存货	2 987 524	实收资本	1 000 000
固定资产	4 236 874	未分配利润	5 952 609
资产合计	8 439 822	负债及所有者权益合计	8 439 822

要求:

(1) 从传统管理会计的角度分析马尔机械公司是否需要用一台自动车床去替换 4 台人工车床? 如果保留车床做其他用途,再增加 1 台自动车床是否划算? 如果不购买自动车床,而是重新购置 4 台新的人工车床以取代旧的人工车床又会是怎样的结果?

(2) 站在战略管理会计的角度思考更新生产设备可能对公司的生产灵活性、竞争优势、价值链、成本动因、整体风险和财务报告的影响,为什么是现在而不是 3 年前做出购买自动车床的决策? 这 3 年可能有哪些因素对公司的战略投资有影响? 是否认为 3 年前所做出的购买人工车床的决策是一个错误的决策呢?

参考文献

[1] 美国管理会计师协会管理会计公告[M]. 刘霄仑,译. 北京:人民邮电出版社,2013.

[2] 余绪缨,谢灵. 管理会计——理论·实务·案例·习题[M]. 2版. 北京:首都经济贸易大学出版社,2011.

[3] 杜炜,祝建军. 管理会计[M]. 2版. 武汉:武汉大学出版社,2012.

[4] 吴大军. 管理会计[M]. 2版. 大连:东北财经大学出版社,2010.

[5] 朱传华,刘新颖. 财务管理案例分析[M]. 2版. 北京:清华大学出版社,2012.

[6] Horngren C T. 成本与管理会计[M]. 王立彦,译. 13版. 北京:中国人民大学出版社,2011.

[7] 孙茂竹,文光伟,杨万贵. 管理会计学[M]. 5版. 北京:中国人民大学出版社,2009.

[8] 王棣华. 财务管理案例精析[M]. 1版. 北京:中国市场出版社,2010.

[9] 中国注册会计师协会. 财务成本管理[M]. 北京:中国财政经济出版社,2012.

[10] 李锡元,王永海. 人力资源会计[M]. 武汉:武汉大学出版社,2007.

图书在版编目(CIP)数据

管理会计 / 杜炜,张庆平主编. — 2 版. — 南京：
南京大学出版社，2018.7(2021.1重印)
高等院校"十三五"应用型规划教材·财会专业
ISBN 978 - 7 - 305 - 20555 - 2

Ⅰ.①管… Ⅱ.①杜… ②张… Ⅲ.①管理会计—
高等职业教育—教材 Ⅳ.①F234.3

中国版本图书馆 CIP 数据核字(2018)第 157800 号

出版发行　南京大学出版社
社　　址　南京市汉口路 22 号　　　　　邮　编　210093
出 版 人　金鑫荣
书　　名　**管理会计**
主　　编　杜　炜　张庆平
责任编辑　吴　俊　武　坦　　　　编辑热线　025 - 83592315
照　　排　南京南琳图文制作有限公司
印　　刷　南京理工大学资产经营有限公司
开　　本　787×1 092　1/16　印张 17　字数 424 千
版　　次　2018 年 7 月第 2 版　2021 年 1 月第 2 次印刷
ISBN 978 - 7 - 305 - 20555 - 2
定　　价　43.00 元

网址：http://www.njupco.com
官方微博：http://weibo.com/njupco
微信服务号：njuyuexue
销售咨询热线：(025) 83594756